忘れられない中国滞在エピソード

第2回 受賞作品集

中国で叶えた幸せ

衆議院議員 鈴木憲和
早稲田大学院生 乗上美沙
など77人共著

段躍中 編

日本僑報社

前書きに代えて

新しい時代にふさわしい日中関係の構築に中国滞在経験者が貢献を

主催者代表 日本僑報社 段 躍中

二〇一九年の中華人民共和国成立七十周年を記念し、第二回「忘れられない中国滞在エピソード」コンクールを開催しました。駐日中国大使館には引き続きご後援をいただいたほか、最優秀賞「中国大使賞」の授与に対し、孔鉉佑大使をはじめとする大使館の関係各位の多大なるご理解とご支援をいただきました。また、入賞者の表彰式及び祝賀会を駐日中国大使館で開催させていただき、心より感謝申し上げます。鈴木憲和衆議院議員・前外務大臣政務官には大変お忙しい中、特別にご寄稿いただきました。心より御礼を申し上げます。

また本活動に対しては、これまでに程永華前駐日中国大使、二階俊博自民党幹事長、福田康夫元首相、近藤昭一衆議院議員、西田実仁参議院議員、伊佐進一衆議院議員など多くの方々のご支持をいただき、深く感謝申し上げます。

第二回よりご後援をいただいた読売新聞社をはじめ、共同通信、朝日新聞、毎日新聞、東京新聞、NHK、日本テレビ、公募ガイドなど日本のメディア、また人民日報、新華社、経済日報、北京日報、中国青年報、人民中国など中国のメディアにも本活動についてご紹介いただきました。その数は日本メディア四十六社の五十八本、中国メディア十六社の二十一本もの記事に上ります。ここに改めて各社に御礼を申し上げます。

（公社）日本中国友好協会、日本国際貿易促進協会、（一財）日本中国文化交流協会、日中友好議員連盟、（一財）日中経済協会、（一社）日中協会、（公財）日中友好会館、中国日本商会、日本華人教授会議（順不同）からもそれぞれご後援をいただき、厚く御礼申し上げます。各団体の皆様には、それぞれの機関紙（誌）、会報、ホームページなどの媒体を通じて、本コンクールの開催を広く告知し、大きく盛り上げていただきました。

日本の図書取次関連会社、全国各地の書店や図書館、とりわけ日本僑報社の創業二十三年以来、弊社の書籍を愛読し続けてくださる全国各地の読者の皆様には、本活動へのご支持とご協力に心より感謝申し上げます。

第二回となる「中国滞在エピソード」は、中国に行ったことのある、または現在滞在中の日本人を対象に、（一）「私の初めての中国」（二）「中国で叶えた幸せ」（三）「中国のここが好き、これが好き」（四）「中華人民共和国建国七十周年に寄せて」の四つのテーマで、中国滞在時のとっておきのエピソードや新中国成立七十周年を記念するにふさわしい内容のオリジナリティーあふれる作品を募集しました。応募者たちは実名で、自身のリアルな体験をそれぞれ勇気を持って社会に伝えてくださっています。それは新しい時代にふさわしい日中関係の構築に、大きな力になるものと確信しています。皆様のその勇気と責任感に敬服するとともに、ここに深く感謝の意を表します。

今回の応募総数は二百九十三本と、一昨年の「中国留学エピソード」、昨年の第一回「中国滞在エピソード」をいずれも大きく上回りました。応募者の分布は、日本の北海道から九州まで全国各地にわたったほか、国外では中国からの応募も多数ありました。

入選者は、厳正な審査の上で新中国成立七十周年に合わせて原則として七十名とし、そのうち最優秀賞の中国大使賞（一名）、一等賞（五名）、二等賞（二十名）、三等賞（四十四名）を選出しました。

いずれも中国滞在経験者以外あまり知られていない、日本人が見たありのままの中国の姿であり、真実の体験記録です。そこには中国滞在中の悲喜こもごもや国境を超えた心のふれあい、中国の奥深い魅力、そして不幸な歴史の記憶への共感などがつぶさに記されています。この貴重な記録の数々を、一般の日本の方々、特に若い世代の皆さんに伝え、中国に対する誤解を解いて一層の相互理解を深め、新しい時代にふさわしい日中関係構築の一助となるべく、一冊の作品集としてまとめて弊社から刊行する運びとなりました。

本書に書かれた様々なエピソードからもわかる通り、実際に中国を訪れ、ありのままの中国を見たり、現地の人々と真の交流を深めたりした人たちは「中国に対する印象が変わった」「中国にさらに関心を深めた」ことをハッキリと伝えています。そして読者の皆様が、本書を通じて中国により深く関心を持ち、実際に中国を訪れてくださることを心より期待しています。

本活動が微力ながら日中両国の相互理解と文化交流、人的交流の促進に役立つものとなることを願ってやみません。まだまだ至らぬ点もありますが、さらなる努力を重ねて目標を実現してまいりたいと存じます。引き続きご支援、ご協力のほどよろしくお願い申し上げます。

二〇一九年十月吉日

目次

前書きに代えて

新しい時代にふさわしい日中関係の構築に中国滞在経験者が貢献を　主催者代表　日本僑報社　段　躍中　3

特別賞

いつも幸せな気持ちにしてくれる、私にとっての中国　衆議院議員、前外務大臣政務官　鈴木　憲和　12

最優秀賞（中国大使賞）

乗上　美沙　赤い羽根がくれた幸せ　15

一等賞

山﨑　未朝　ヨロシク　18

入江　正　おじいちゃんと上海へ　21

横山　明子　小さなヒマワリの種が生んだ大きな幸せ　24

片山ユカリ　心と心を繋いだ四二・一九五km　27

森野　昭　「小籠包」に魅せられて　30

二等賞

原田あかね　〝人〟を感じる日常……33
為我井久美子　感謝！……36
田上奈々加　最高のタクシー運転手……39
伊藤　美紀　火車　―種々雑多の旅を運ぶ……42
野間　美帆　心より愛している中国……45
逸見　稔　一枚の写真……48
中島さよこ　言語を超えた交換……51
南部　健人　「人に迷惑をかけてもいい」という生き方……54
杉江　裕子　伝えたい　愛しい私の中国……57
南　沙良　あたたかい思い出のワンタン……60
三輪　幸世　女神との出会い……63
芦田　園美　北京の風に吹かれて……66
小嶋　心　心の付箋……69
高橋　史弥　「ナンチエンジュー」を通るたびに思い出す、あの人たちと僕の居場所のこと……72
森原　智美　ひょうたん笛を吹くたびに……75
福島　達也　「熱情」を忘れない……78

澤野友規子　三週間の中国留学が教えてくれたもの　81
神田　康也　中国人の「親切」と「人懐っこさ」が好き　84
岩崎みなみ　衝撃的な一日　87
後藤　明　小さな羽ばたき　90

三等賞

宮崎　圭　好奇心は最高の財産　93
藤盛　耕嗣　人と人とを繋ぐ中国酒の魅力　96
中村　美涼　優しさの伝え方　99
丸山　香織　幸せの半分こ　102
小田登志子　私の息子　105
金子　聖仁　南京での出会いを胸に　108
池田　亜以　貢献の模索　111
永田　容子　京劇の役者さんに一目惚れして中国に行った話　114
伊藤　奏絵　胡蝶の夢　117
岩崎　茜　おせっかいがちょうどいい　120
井上　直樹　一期一会をのせる船　123

合田　智揮　失恋の味、言葉の妙味 …… 126
豊崎みち子　ある中国旅行での出会い …… 129
河原　紫織　酸辣湯がつなぐ人 …… 132
池乃　大　中国の朝、公園で思うこと …… 135
日比野　敏　所変われば品変わる …… 138
大友　実香　人生、長城の如し …… 141
金戸　幸子　私に再起の場をくれた中国 …… 144
張（旧姓岡芹）美紗子　国境を越えた百年の縁 …… 147
大野美智子　想い馳せる国 …… 150
梅舘秀次郎　五大道の黄昏 …… 153
吉田　陽介　中国人のおおらかさを感じた中国の結婚式 …… 156
奥村　眞子　中国のすきなところ …… 159
森　眞由子　大理での思い出 …… 162
辻　尚子　中国での出会いは、私の宝物 …… 165
松本　匡史　何も知らなかった僕から何も知らない君への手紙 …… 168
玉城ちはる　張さんに言い忘れた事 …… 171
日田　翔太　無錫夢うつつ …… 174

五十嵐真未　故郷帰郷……177
原山　敬行　中国で見つけた不思議な縁……180
前川　友太　大西君との出会い……183
松本　健三　建国二十四周年（一九七三年）の中国の旅……186
谷川　靖夫　中国への修学旅行……189
長崎たまき　こんなに心優しい中国人、知らなかった……192
安田　翔　中国で叶えた幸せ……195
田中　敏裕　一期一会……198
新井　香子　近くて遠い国だったはず……201
吉岡　孝行　中国養父母への報恩……204
高橋　稔　中国の若者たちのエネルギー……207
桑田　友美　劇中に観る「中国人」……210
荒井　智晴　日本人に知ってもらいたい日中合作映画……213
伊勢野リサ　中国のこと　もっと知ろう……216
森井　宏典　夢と勇気をくれた恩師、そして中国……219
佐藤　正子　夢追う人……222

特別掲載

横井 陽一 記念写真 ―一度だけの周恩来総理 225
白井 省三 中国建国70周年に寄せて 228
和中 清 感動 中国の旅 232
伊藤 俊彦 中国老百姓(庶民)との交流 236
堀江 徹 世界基準の中国人から学ぶこと 240
安田 太郎 草の根交流のバトン 244
市川 真也 積み重なる歴史に寄せて 248

付録

第二回「忘れられない中国滞在エピソード」募集要項 252
第二回「忘れられない中国滞在エピソード」応募集計結果 253
第一回「忘れられない中国滞在エピソード」受賞者一覧 254
「忘れられない中国留学エピソード」受賞者一覧 255
メディア報道 256

特別報告

东京汉语角第600次交流会 宣读孔铉佑大使贺词 282

特別賞

いつも幸せな気持ちにしてくれる、私にとっての中国

衆議院議員、前外務大臣政務官　鈴木　憲和（東京都）

二〇〇五年一月、春節前の上海を初めて訪れた。

当時、農林水産省への入省が決まり、大学生最後の日々を海外旅行で過ごしていた私は、すっかり上海の魅力にとりつかれてしまった。前年末にニューヨークを訪れていた際に読んでいた冒険投資家が書いたある本の中で、次のような記述が頭から離れなくなってしまっていた。

「二十一世紀において、『オズの魔法使い』に出てくるエメラルドの都は、間違いなく、上海になるだろう。次のニューヨークは上海かもしれない」というものだ。

帰国した私は、早速、年が明けてすぐに初めての中国、上海に飛んだ。余りの近さに、九州にでも旅行する感じだと思ったことを覚えている。そして、万博前の当時の上海の成長するエネルギーにすっかり魅せられた私は、友人を連れて一カ月後に再度上海を訪問することになる。いつか上海で、自分でビジネスしてみたいと思ったことは、今でも私の心の奥にくすぶりながら生き続けている。

振り返ると、私の身近なところには、常に中国の方がいたように思う。小さい頃、マンションの隣人は北京出身のご家族であり、時々お互いの家で餃子を作ったり、すき焼きを食べたりしていた。そして、高校生になった頃からは、母の友人であった中国茶のお店を経営する上海出身の方とも交流があった。みんな、気さくでバイタリティあふれる私の好きな方々である。そんな事もあり、大学入学とともに選択した第二外国語は自然と「中国語」となった。

二度目の訪中（上海）の際に、別の都市も見てみたいと思った私は、杭州にも足を伸ばした。西湖のあたりを

日本僑報社主催の第14回「中国人の日本語作文コンクール」最優秀賞（日本大使賞）を受賞した黄安琪さんが、副賞の「日本一週間招待」で来日した際、東京・霞が関の外務省へ鈴木憲和外務大臣政務官（当時）を表敬訪問した

ブラブラしながら入ったファミレスで、ちょうど隣の席に座っていた同年代の中国の兄弟に話しかける。つたない中国語と筆談で、私が四月から農水省で働くことを話すと、「時間があるなら、龍井茶の畑を少し案内するよ」と言ってくれた。彼らの両親は、お茶の関連の仕事をしていたのだ。タクシーに乗り、普段は見ることのできない、ブランド茶である龍井茶の畑や茶畑の中にある農家の庭先での仕事の様子を見せてもらったことは、いい思い出だ。それ以来、一番好きな中国茶は龍井茶である。

お礼に何が出来るか聞いたら、「お金は受け取れない。これからも龍井茶を飲んでくれたらいい」と言うので、出来たばかりのピザハットでピザを三人で食べて、幸せな気持ちで杭州を後にした。

その後、二〇一九年一月、外務省の政務官として仕事で久しぶりに訪れた中国。十四年ぶりの訪中は、初めて訪れた北京である。故宮の大きさから感じる中国を統治することの大変さと、オリンピックも開催され成熟した都市としての北京を感じる事が出来た。今回の訪問は、日本産の米のPRイベントへの参加であった。そこで大変嬉しかったことは、参加者を一般から公募して行われた日本酒のイベントへの参加者のほとんどが、二十代から三十代の若い世代であったことだ。私の地元の山形のいくつかの日本酒も含めて、様々な日本酒のテイスティングをする同世代の姿に触れると、日中関係の未来は明るいことを確信する。二〇一九年は、日中青少年交流推進年でもあり、次世代を担う日中双方の皆さんの交流を活発化させていきたい。もちろん、明るい日中関係に向けて政治レベルではさらなる努力をしなければならない。そして、成長する中国との経済レベルでの交流を、更にしていく必要がある。

（写真左から）段躍中日本僑報社編集長、第14回「中国人の日本語作文コンクール」最優秀賞（日本大使賞）受賞者黄安琪さん、鈴木憲和外務大臣政務官、岩本桂一外務省アジア大洋州局中国・モンゴル第一課長（当時）

何よりも、これまで私が出会った中国のみなさんは、本当に親切でバイタリティがあった。人と人との交流が、お互いの国のイメージを作っていく。そして、常に今の中国を自分の中で実感できるように、しばしば訪れたい。できれば多くの場所を。私自身も、明るい日中関係の未来のために、これからも努力していきたい。

最後に、寄稿する機会を頂いた段先生と、杭州出身で、日本語作文コンクールで最優秀賞をとったことを私に報告にきてくれた黄さんに感謝しています。黄さんが杭州出身であることから、当時の幸せな茶畑の風景が蘇りました。謝謝。

鈴木 憲和（すずき のりかず）
自由民主党 衆議院議員（三期）。一九八二年生まれ。開成高校、東京大学法学部を卒業後、二〇〇五年農林水産省入省。二〇〇七年、内閣官房「美しい国づくり」推進室に出向。消費・安全局表示・規格課法令係長、同局総務課総括係長を経て、二〇一二年農林水産省退職。同年十二月、第四十六回衆議院議員総選挙にて山形県第二区から初当選。二〇一四年、第四十七回衆議院議員総選挙にて第二期再選。二〇一七年、第四十八回衆議院議員総選挙にて第三期再選。二〇一八年、外務大臣政務官に任命される（～二〇一九年）。

中国大使賞
最優秀賞
★★★

赤い羽根がくれた幸せ

大学院生　乗上　美沙（東京都）

二〇一一年三月十一日。東日本大震災があったその日、私は大連のインターナショナルスクールに通う高校一年生として、何気ない一日を過ごしていた。単身留学ももう七年目。とうに慣れた大連の地で、いつものように日本料理屋でアルバイトをしていた。

当時住んでいた寮にテレビはなく、接客の合間にアルバイト先でテレビを見ることは楽しみの一つであった。その日もテレビを見ていると、信じられない光景が映し出されていた。大量の茶色の水が、街を飲み込み、避難所には老若男女が溢れていた。突然知った母国・日本の災害に動揺を隠せず、私は衝撃のあまり言葉を失い、ただテレビに映る母国の悲惨な姿を見ることしかできなかった。皆、大丈夫だろうか――届きもしないテレビの向こう側に、私は心で語りかけることしかできなかった。

次の日学校へ行くと、当時全校生徒の約〇・五％にも満たない小さい日本人コミュニティーは、東日本大震災の話でもちきりだった。全員高校生の私たちは、すぐに日本に帰国して現場の力になりたいという衝動を抑えながら、中国で何もできない自分たちに対して、もどかしさを感じ始めた。被災地のために、日本のために、何かできないだろうか。お金も、物資も、何もない私たちに何ができるだろうか。

すると、一人の友人が、「学校で募金を募ってみない？」と小さく呟いた。当時私たちが通っていたのは、現地のカナダ系インターナショナルスクールで、在校生はほとんど裕福な家庭の中国人であった。その意味で、募金活動は最適なアイデアだと思った。しかし、その提案を聞いた私は、すぐに同意することはできなかった。

「本当に日本のために募金してくれるだろうか？」その直後に私が頭に浮かんだのは、この問いだった。

2013年、高校の卒業式にて

二〇〇四年に単身留学を始めた私は、同じインターナショナルスクールで中学、高校と進学してきた。小学生の頃は、「日本人」「中国人」といった意識を誰もすることはなかったが、それは中学に入ってから変わった。歴史教科書の一章の文量を使用されて行われた日中戦争についての一連の歴史の授業は、私と同級生の間に「日本人」「中国人」という壁を易々と作った。それまで仲良しだった同級生も、歴史の授業が始まった途端、悪口を言ったり、私のことを無視するようになってきた。私も私で、このような態度を取られることを不快に思い、歴史の授業では先生の話も聞かずにノートに落書きをするようになった。歴史の授業における皆の発言の一字一句が私を攻撃しているように感じ、歴史の先生からの視線でさえいつの間にか敵意があると思うようになってしまった。その一つ一つが心に深く残り、私はどこかで日本人と中国人が同じ方向に向かって分かり合えることは不可能だと思うようになった。

その考えは高校生の頃も続いた。だからこそ、友人が募金を提案した時、私は中国人が快く募金してくれるとは思わなかった。分かり合えることですら難しいのであれば、日本のために何かしてくれることなど期待できないのではないかと、そう考えていた。

　被災地支援の方法が決まらないまま、私たちはとりあえず先生に相談しに行くことにした。恐る恐る話し始めると、先生は頷きながら、二つ返事で募金活動に賛成してくれた。先生のサポートを得て、私たちは募金用の箱を用意し、募金してくれた人に渡すために、赤い羽根のブローチを手作りした。

　不安と緊張に包まれながら、募金活動の一日目を迎えた。放課後に募金用の箱を持っていくと、そこには既に沢山の人が集まっていた。一人、また一人、生徒も先生も関係なく、皆丁寧にそれぞれの思いを箱に入れていった。「募金する機会を作ってくれてありがとう!」「隣国が大変な時には助けなきゃ」かけてくれた言葉の一つ一つに優しさが溢れていて、私は次第に胸が熱くなっていった。言葉を詰まらせながら、ありがとうと声をかけていくことで精一杯だった。

　一週間続いた募金活動を終えた頃には、募金箱も重くなっていて、私たちは途中から募金活動を一緒に手伝ってくれる何名かの中国人同級生に囲まれていた。大連赤十字にお金を届ける日本人の友人を見送った時、私は被災地に募金ができた達成感を感じていた。そして、改めてキャンパスを見渡すと、ほとんどの人が赤い羽根を身につけていたことに気がついた。

　この時総額いくらの募金が集まったかはもはや忘れてしまったが、赤い羽根が太陽の光を浴びて輝いていた情景は、今でも忘れられない。あの瞬間、私は中国の人々の深い愛情と友情で、自分たちが今回の募金活動を成し遂げられたことに気づき、素晴らしい人々に恵まれている幸せを感じた。中国人が日本人のために何かしてくれることはないと思い込んでいた、自分が勝手に作ってしまった壁を、目の前に広がる赤い羽根が、いつの間にか消し去っていた。私の心は、いつしか中国人に対する感謝の気持ちと穏やかな幸福感に包まれるようになっていた。

乗上 美沙（のりがみ みさ）
早稲田大学法学研究科修士課程二年。大阪府出身。小学四年生から高校卒業まで中国・大連にて単身留学。卒業後は帰国し、早稲田大学法学部にて学士を取得。在学中に日中学生会議に参加するなど日中友好の活動に積極的に関わる。二〇一八年四月より早稲田大学院にて国際人権法を専門に研究を行う。麻辣燙と過橋米銭が大好きで、趣味は東京都内の中華料理屋巡り。

一等賞

ヨロシク

高校生　山﨑　未朝（岐阜県）

「ヨロシク」

私にとってこの言葉は、中国を受け入れるために必要な言葉で、忘れられない言葉だ。

私は小学校五年生のとき、父親の仕事の関係で中国へ行くことになった。私はそれがショックで、最初受け入れることができなかった。なぜなら、中国に対していい印象を持っていなかったからだ。日本で流れるニュースでは、

中国の大気汚染最悪！

中国産への不信感消えず

今日の中国でも行われる反日教育の正体とは

など、中国に対してマイナスのニュースばかり。祖父母や親戚から聞かされる中国の話は、治安が悪い、環境が悪い、自分勝手な人ばかりなどとマイナスなことばかり。行く前に、そんな情報ばかり私に入ってきた。だから、余計不安で怖くて仕方がなかった。それでも、父親の仕事の関係上行かざるを得ず、小五の夏、私は中国へ旅立った。

行ってみるとやはり日本で流れるニュースの通りだった。街中ではホームレスの人がいたる所にいるし、道路では所構わず、トイレをする人たちもいる。全体を見ても、日本と違い汚かった。言葉は通じず、誰も助けてくれない。今すぐにでも日本に帰りたかった。そんな私が中国を受け入れ始めたのは、最初に書いた言葉がきっかけだった。

ある日、私の通う日本人学校と現地の学校と交流することがあった。同年代の中国の子と関わる初めての機会で、緊張と不安な気持ちでいっぱいだった。緊張と不安を抱えて教室で座っていると、隣の子が、カタコトの日本語で、

2014年広州日本人学校学習発表会にて

「ヨロシク」

と言ってくれた。私はびっくりした。日本では、はじめましての人とどう距離をとっていいのかわからず、最初は様子見をすることが多かった。その子が話しかけて、初めて会話が始まる、なんて光景は、日本の小学校にいるとき、よく見られた光景だった。だが、ここでは違った。はじめての私に対して、日本語で「ヨロシク」と言ってくれたのだ。とても嬉しかった。仲良くなった後にいろいろ聞いてみると、あの日私のために前日から日本語で自己紹介文を作って準備をしていてくれたようだ。中国人は、反日で、日本嫌いというイメージがあったが、そんなことは微塵も感じなかった。むしろ、その後も、私に対して、カタコトの日本語を使いながら、「どこから来たの？」「何が好きなの？」「私はこれが好きだよ」などと、私に興味を持ってたくさん話しかけてくれた。不安で仕方なかった私は、いつの間にか楽しくてずっとこのまま続けばいいのにと思うほどだった。

その言葉、その体験から、私は中国を、中国の人たちを見る目が変わった。自分勝手で周りの人のことはあまり考えない人たちというイメージだったが、街中をよく見てみるとそんなことはなかった。電車やバスで年配の人や小さい子どもが席に座れず立っていたら、席を譲っていた。それも一度だけでなく、何度でもどこでも。実際に私自身も、電車で立っていたら、何度も現地の人に席を譲ってもらったことがある。他にも私が空港の階段でスーツケースを手一杯持って運んでいたとき、ジェスチャーを使って「上まで運ぶ」と言ってくれ、運んでもらったこともあった。街中を歩いていて、道が分からなくなったとき、道端の中国人が話しかけてくれて、英語やジェスチャーを使って必死に教えてくれた。本当に中国人は優しかった。そして、中国人のその優しさは、教えられたからやった感じはしなかった。困っている人がいるから助けた。ただそれだけだった。日本では教えられない、感じられない中国の良さを、先入観を抜いて眺めてみて初めて気づいた。いかに、私が中国に対して偏った見方をしていたのか、すごく反省した。私はその後、三年間中国で過ごしたが、中国人の積極的で優しくて寛容的な人柄に、すごく惹かれていた。中国は良い国で、良い人柄の人たちだ、と。

今私は中国から帰国して、日本で生活している。日本の高校に通い、日本人に囲まれている。だが、中国での生活は今でも忘れられない。中国で生活して分かったことは、勝手な先入観を持って、その国について批判することはおかしいということだ。だから、今私はとにかく行動しようとしている。中国人の積極性を見習って。そして、将来は、中国と日本の懸け橋となりうる職業につき、活躍したいと考えている。

いまでも日本で流れる中国のニュースは悪いことばかり。行ったことがない人が見れば、中国に対して良い印象を抱かないことは当然だと思う。でも、現地に行かなければ分からない中国の良さがある。中国で生活した私だからこそ、その良さを日本のみんなに伝えたい。中国人のあの積極的で、優しくて、寛容的な人柄という良さを、日本のみんなに伝えたい。その夢をかなえるために、今私は頑張っている。

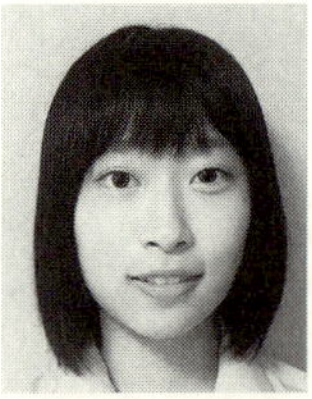

山﨑 未朝（やまざき みのり）

二〇一四年七月大垣市立興文小学校転出。二〇一四年八月広州日本人学校小学部転入、翌年三月同校卒業。二〇一五年四月広州日本人学校中学部入学、翌年三月同校転出。二〇一六年四月大垣市立興文中学校転入、二〇一八年三月同校卒業。二〇一八年四月岐阜県立大垣東高等学校入学。

一等賞

おじいちゃんと上海へ

公務員　入江　正（大阪府）

「おれ、上海に行くのやめるわ」

平成二十七年のお正月。突然、私の父（おじいちゃん）が、この言葉を言い出しました。

実は、一か月前に私の上海日本人学校への赴任が決まりました。その時の我が家の一番大きな問題は「一人暮らしになってしまうおじいちゃんをどうするか」ということでした。頑張っておじいちゃんを説得し、私と妻と一緒に上海で暮らすということを何とか承諾してもらっていたのでした。

おじいちゃんの気持ちは痛いほどわかります。当時八十七歳、今の落ち着いた日本での生活を捨てて故郷を離れ、中国の上海に行って何があるのか。しかし、父を一人で残していくことは心配で……。ここは、私の我儘を聞いてもらおうと心に決めていました。「もう手続きが進んでいて、今更、行かないということはできないわ」。この一言で押し切ってしまいました。

しかし、当時、日本のテレビで流れる中国のニュースは、投石で壊された日本の店、大気汚染で前が見えない街、危険な薬品が検出された食品などの暗い話題ばかりでした。おじいちゃんの心には不安だけが大きく広がっていってしまいました。

桜が咲いた四月、上海でのおじいちゃんの生活が始まりました。朝六時には起きて家の周りを散歩します。いろんな所に行きたくて、迷子になります。私がはらはらしているのにニコニコ笑顔で自慢げに今日のできごとを話すおじいちゃんがいました。

帰る道がわからず困った顔をしていると中国の若い人、年配の人、男の人、女の人が次々に声をかけてくださったそうです。でも中国語は全く分からないおじいちゃんです。手を左右に振って分からないと言っていると、とうとうある人がおじいちゃんの持っているマンションのカードを見つけて、家まで一緒に連れて来て下さいました。「ありがとうございました」と何度もお辞儀をするおじいちゃんと同じようにお辞儀をして笑顔で中国の人は帰って行かれたそうです。

こんなこともありました。散歩の途中で雨が降ってきました。傘を持って行かなかったので慌てて帰ろうとしたら、学生さんが傘の中に入れて下さりマンションの入り口までわざわざ送って下さいました。学生さんはびしょびしょになってしまったそうです。本当に申し訳なかったと神妙な顔をして話をしてくれました。

また、散歩の途中でベンチに座っていると必ず誰かが「大丈夫ですか」と声をかけて下さるそうです。「中国語喋れたら良いのにな」と言うようにまでなりました。

地下鉄にも乗れるようになりました。おじいちゃん曰く、「中国の地下鉄はええわ（良い）。混んでいても座れる」（常に誰かがおじいちゃんに席を譲って下さいます）。更に、路線バスにも挑戦しました。例によって急発進で身体が飛ばされました。その時、周りの中国の人に支えてもらい座らせてもらったそうです（さすがにそれ以降バスに乗ったという話は聞きませんでした）。

2016年、上海で孫とお正月

おじいちゃんがぽつりとひと言、「日本だとみんな知らん顔やな。特に若い子なんかは助けもしてくれへんな」

こんな話もありました。「正（私の名前）の学校の子ども、みんないい子やな。挨拶してくれるし、礼儀正しいな。おじいちゃんって話かけてくれる子もいっぱいいてるで。この子ども達が上海で育ったら、席を譲ってくれる若者に育ってくれるかな」。上海の日本の子どもたちが素直に育っていることに喜んだおじいちゃんは、朝の登校の時間に子ども達のためにマンションのエレベータボーイを始めてしまいました。

私にとって父は、未来の自分の姿です。人は必ず老いていきます。父を見ていると歳を重ね老いるということは、自分の人生という物語の最後の章を書きあげることだというのが分かります。戦争を体験し、今の日本の礎を築いてきた者として、この中国で暮らし、未来に対してどのような夢を持ち、今どのような思いをもって異国の地にいるのでしょうか。

老いて行く自分の身体にムチ打ち、日本を離れ上海まで黙って一緒に来てくれ、中国の人々に心から感謝をしながら、日本人として胸を張って生活している父。「正、よく見ておけよ。そしてお前は、お前の生き方を考え続けなさい」と父の姿が言っているように思えました。

上海の地下鉄の長い階段を、手すりをしっかりとつかみながら、中国の人々の温かい視線に見守られ一歩一歩登っていく笑顔の父の姿があります。『米寿』この歳で、日本を離れ、上海に暮らして、父は新たな歴史に出会い、新しい生き方を追い求めました。上海を去る日、父が突然「この中国の姿、どれだけの日本の年寄りが知っているのかな」と呟きました。この言葉の意味の深さをしみじみと感じます。

上海に父と来ることができ、中国で一緒に暮らすことができて本当によかったと思います。日本で生まれ、世界の中で生きていく者として、何を大切にして生きていけばよいのかが少しわかったような気がしました。

入江 正（いりえ ただし）

昭和五三年四月から大阪府寝屋川市の公立中学校教諭、教育委員会指導主事、中学校教頭、校長として勤務。平成二十七年三月に中学校長を定年退職後、平成二十七年四月から平成三十年三月まで中華人民共和国上海市にある上海日本人学校浦東校に文部科学省在外教育施設シニア派遣教員（校長）として派遣され勤務した。

一等賞

小さなヒマワリの種が生んだ大きな幸せ

大学教員　横山　明子（湖南省）

「幸せ」とは何か、この問いかけに対し、即答できる人はどれほどいるだろうか。この問いは奥が深く、なかなか自分が納得できる答えが見つからない場合が多い。日々の異文化生活の中で幸せを見つけることもまたおもしろく、私は日本と中国の違いをさまざまな位置から眺めている。ある時は日本人の視点で、ある時は中国人の視点で、またある時は学生の視点で物事を眺めている。視点が変われば見方も変わる。これまでの中国生活の中で、さまざまな人、さまざまな物事が私に日本とは全く違うということを教えてくれた。毎日何らかの幸せを感じていると言っても過言ではなく、幸せは日々の生活の中に隠れている。特に印象に残っているのは「ヒマワリの種」にまつわる一連のやりとりである。

ヒマワリと聞くと、人を元気にさせる明るさがあり、いつでも太陽のほうへ顔を向け、すくすく育つ夏を代表する花の一つであることを思い浮かべる。そんなヒマワリが、中国では人々が好んで食べる食べ物にもなっている。

ある日、映画鑑賞時に隣に座っていた観客が、ひっきりなしに手を動かして何かを食べているのが目についた。その食べ物がヒマワリの種だった。中国ではヒマワリの種が映画やテレビ鑑賞時のお供となっている。しかし、なぜ殻つきなのか、どうやって殻の中の小さな種を取り出すのか不思議でならなかった。殻の割り方に興味津々で、その日に見た映画は全然頭に入らず、始終横目で隣の観客の手の動かし方と口元での絶妙な割り方に注目していた。残念ながら、そこは暗闇の映画館であったため、肝心な口元での割り方が見られなかった。

次にヒマワリの種を見たのは学校の教室だった。休み時間に学生がヒマワリの種を食べ始め、その殻を机の中

学生たちとヒマワリの種の割り方を練習中

に入れていた。殻は見事に半分に割れ、次第に殻の山ができあがった。その光景を目の当たりにし、これはチャンスと思い、その日の授業は突如ヒマワリの種の話題に変更し、学生たちとヒマワリの種で交流を始めた。

私は学生に聞きたいことが山ほどあった。学生は意外な質問にはじめは戸惑っていたが、日本ではヒマワリの種を食べる習慣がほとんどないと知り、目を丸くしていた。それから、学生によるヒマワリ講座が始まった。学生は中国でのヒマワリの種の食べ方を実演し、テンポよくリズミカルにヒマワリの種を口に運び、その魅力を語り出した。ヒマワリ講座で私はヒマワリの殻は手で割るのではなく前歯で割ることを学んだ。前歯で割ることはできたが、その後、どうしても殻の中の種だけを口先で取り出すことができなかった。しかし学生は慣れた手つきで食べ、殻だけを捨てていく。学生によると、手持ちぶさたの時、口寂しい時の食べ物がヒマワリの種だそうだ。映画やテレビ鑑賞時に食べる理由がよくわかった。話題がヒマワリの種となった途端、得意げに話し始める学生もいて、普段私の前では見せなかった態度と口調でヒマワリ講座を盛り上げてくれた。職業柄、このような学生の姿が見られて幸せを感じた。そしてこれが中国で初めて感じた幸せとなった。

教室でのヒマワリ講座終了後、学生は私をスーパーへ連れて行き、少量で小袋入りのものや大袋入りのファミリー用、量り売りの物など、陳列棚に並ぶヒマワリの種の数々を紹介し始めた。日本ではヒマワリの種がスーパーで袋売りされることは皆無に近い状態だ。栄養価が高いことから健康食品の一つとして、殻が剥かれたヒマワリの種がさまざまなナッツ類と混ざって売られていたり、チョコレートでコーティングされて売られていたりするのは見たことがあるが、それには「殻」はない。殻のまま売られていることには衝撃的だった。また、ミルク味、キャラメル味などの味付きのものもあった。とりわけ緑茶味は口元で割った後、唇がわずかに緑になり、種を緑色の粉末でコーティングするという斬新奇抜なアイデアに度肝を抜かれたことを今でも鮮明に覚えている。

外国人が抱く素朴な疑問、異なる視点から物事を眺めた結果が時には大きな話題となり、それがきっかけでその後の交流に変化をもたらすことがある。これを教えてくれたのがヒマワリの種である。授業中の何気ないヒマワリの種に関する話題が、絶好の交流機会となったことが何より嬉しかった。幸せは見つけるものではなく、見つかるものではないだろうか。小さなヒマワリの種にも大きな力があり、そこから大きな喜びと幸せが見つかり、私はヒマワリの種に深く感謝している。

異文化に拒否反応を起こしていたら、相互理解は難しいだろう。お互いの国について興味関心を持つのが異文化理解の第一歩であり、それは日々の心掛け次第でずいぶん違った生活になる。各国何もかもが同じだったら楽しくない。お互いに歩み寄り、違いを受け入れ、楽しみつつ、ガイドブックには掲載されることのない中国生活の中から得られた幸せを、自分の言葉で発信していきたい。

横山 明子（よこやま あきこ）
二〇一〇年、中国湖南省吉首大学外国語学院、二〇一一年、吉首大学張家界学院で日本語会話や作文、日本概況の授業を担当。二〇一四年より湖南外国語職業学院勤務。

一等賞

心と心を繋いだ四二・一九五km

主婦　片山 ユカリ（東京都）

二〇一九年三月三日、東京マラソン当日。ゴール前から降り出した冷たい雨に打たれ、白い息を吐きながらランナーたちが黙々とスタートしていく。途切れることなく続く沿道からの声援に励まされ、久しぶりに戻った故郷の風景を目に焼き付けながら走る。とその時、「加油！　加油！」と中国語が、あちこちから聞こえてきた。昨年十一月に走った上海マラソンの思い出がよみがえり懐かしさがこみ上げてきた。

二〇一五年八月、夫の転勤に伴い上海に赴任し、今年一月、約三年半の任期を終え帰国したばかりだった。マラソンを始めたのは、上海で出会った中国の友人たちの勧めだった。六十歳を過ぎてなお、身体は引き締まり、いつもエネルギーにあふれ生き生きと活躍している彼らの秘密が、実はマラソンだったことを知ったのが契機となった。

運動音痴で、苦しいことが大嫌いの私が、フルマラソン（四二・一九五km）を走れるようになるなど夢にも思わず始めたジョギングだったが、気がつくと、走ることに喜びを感じるまでになっていた。自宅付近、フランス租界のプラタナスが続く道を走りだして以来、その楽しさに取りつかれ、交通大学の陸上トラックや、徐家匯公園がお決まりのコースとなった。

そうなると、これまで目にすることのなかった上海市民の普段のありのままの生活に触れるようになっていった。早朝、沿道に積もった街路樹の枯れ葉を掃除する人たち、夜勤明けで家路を急ぐ電動自転車のおじさん、朝食を買おうと人々が列をなす人気のパオズ屋。大きなせいろにびっしり並べられた小ぶりのパオズからは湯気が立ちのぼる。昼過ぎに走っていると、小学校の門前で、かわいい孫を迎えに来た大勢のおじいさん、おばあさんたちが群がっているのによく出くわした。赤いネッカチーフを首に巻いた孫たちを電動バイクや自転車の後ろに乗せ、家路へと急ぐ。門の外で、小さなタッパーに詰めてきた果物を口いっぱいに頬張っている孫の姿を、愛おしそうに眺めるおばあさんの姿。

2018年11月上海マラソンにて

お決まりのマラソンコースになっていた徐家匯公園は、朝五時頃からダンスの練習に余念がない中高年のマダムたちや、散歩をする高齢者たちで大賑わいだ。週末ともなれば、小さな孫を幸せそうに囲む祖父母、若い夫婦の三世代で憩う家族連れで一杯になる。公園内にあるガソリンスタンドは、私にとって大切な休憩処。のどが乾いたら、必ず立ち寄ってエネルギー補給をしていた。顔見知りになった店のお姉さんやおじさんが、「今日は何キロ走るの？」「上海マラソン走るの？　凄いね！　うちの店にも毎年出るやつがいるよ」などと、つたない私の中国語で言葉を交わすこともあった。彼らの多くは、地方から上海に出稼ぎに来ており、中国のお正月、春節が近づくと、故郷に残してきた家族との再会に胸躍らせソワソワしてくる。抱えきれないほどのお土産を持って何時間もかけて故郷に戻っていくのだろう。

上海の普段の風景から見えてきたのは、家族への愛情にあふれた人々のささやかな幸せに満ちた日常だった。上海マラソンが近づくと、ガソリンスタンドの前を通るたびに「加油！」とお姉さんやおじさんが声援を送ってくれた。これがホントの「加油！」だなと思わず苦笑した。

二〇一八年十一月十八日上海マラソン当日も雨だった。年明けて二〇一九年一月には日本に帰国することが決まっていたので、上海生活を締めくくる大会となった。エキゾチックな西洋建築と高層ビルが交差する上海の街に響く声援を受けながら、三年半の様々な思い出が心に浮かんでは消えていった。上海で出会った素晴らしい友人達、フランス租界を走りながら出会った人々、心地よい風の吹くプラタナスの木陰、金木犀が香る上海の美しい秋。いつの間にか、上海の街と人とそして自分が一つになったような感覚にとらわれ思わず涙がこぼれた。

それから四か月後の東京マラソン。「頑張れ！」、「加油！」と日本語と中国語の声援が入り混じる中、二重橋前のゴールに向かって走り続けた。

走りながらふと、これからの日中関係はマラソンのようなものだと思った。途中苦しくても、同じゴールを目指し、時に励まし合いながら走り続ける。走り切るコツはただ一つ、最後まで諦めないこと。ランナー一人一人の体つきや体力が違うように、それぞれの国の体制や抱える問題も様々である。でも、大切なのは、世界の平和と安定の実現という共通のゴールを見失わずに、両国が協力し、たゆまぬ努力を続けていくことではないかと思う。

そんなことを考えながら東京の街を駆け抜けた。結局、四時間三十分でゴールしたその瞬間まで雨は降り続き、頭からつま先までびしょ濡れだったが、爽やかな達成感が私の中で広がっていった。ゴールで、ボランティアの女性が「頑張ったね！　寒かったでしょう」と優しくバスタオルをかけてくれたその時、「ああ、私は日本に帰って来たんだな」と安堵感に包まれた。

片山 ユカリ（かたやま ゆかり）
上智大学英文科卒業後、渡英。英国レディング大学応用言語学修士。海外での滞在は、英国での七年間の留学・研究生活に加え、外交官の夫に伴い赴任した四カ国五カ所（マレーシア、北京、ベルギー、アメリカ、上海）合わせて約二十年に及ぶ。中国滞在は、二〇〇八年～二〇一〇年北京、二〇一五年～二〇一九年上海の二度。二〇一六年～上海理工大学日本文化交流センター名誉センター長を務め、現在は一般社団法人グローバル人材キャリア支援協会 シニアアドバイザー。

一等賞

「小籠包」に魅せられて

日本語教師　森野　昭（滋賀県）

今から十数年前、私は家内と共に上海の名所「豫園」へ行き、「南翔饅頭店」ではじめて小籠包を食べた。湯気が立ち昇る蒸篭から小籠包を一口食べたとたん、家内が感動の声を発した。

「まあ、こんなに美味しいものが、この世にあるとは知らなかったわ！」

私も同感である。

蒸篭に三センチほどの丸くて、深みのある白色の食べ物が十個ほど載っている。箸の扱い方がぞんざいだと皮が破れて中からスープがこぼれ出たし、熱くて舌が火傷しそうだった。隣のテーブルの客を眺めると、箸とレンゲで口へと運んでいる。それがこの繊細なモノを食べるのに重宝であることがわかった。

こうして、中国生活十二年、その最初の日から、私は小籠包の虜になってしまった。

値段はもう忘れたが、昨年、豫園あたりでは、一蒸篭三〇～四〇元（五〇〇～六五〇円）もした。日本の物価感覚からいえば、手頃な価格だが、中国に住み慣れると庶民の味としては、やはりお高い！

日本語教師として中国にやってきた私は、最初に西安の大学に赴任した。この地の小籠包の店に案内してくれたのは、日本語と中国語を互いに教え合う友人で、吉林省出身の劉さんという女学生だった。

小籠包を食べながら彼女がいった。

「上海では小籠包っていうのですか。いいえ、西安では湯包《タンバオ》といいますよ」

西安音楽学院で学ぶ劉さんは、中学、高校、大学と、既に八年間も西安に住んでおり、この地を第二の故郷と思っているのだろう。

――食べ物、名所旧跡、文化、何でも西安は上海ごときに負けるものか！

と、オラが町を誇りにしているのだ。

それ以来、私はしばしば小籠包の店で夕食を摂った。

一蒸篭五元と六元（蟹味が一元高い）と安い上に、味は豫園に劣らない！　二蒸篭に五元の瓶ビールを注文すると、合計一六元（当時の元円レートで約二〇〇円）で絶品の夕食を腹いっぱい堪能できて幸せだった。

数多ある食品の中で、美味で気品のある小籠包こそ、中華料理の王なり

　私は何事によらず、一点集中主義である。日本でも《餃子の王将》へ行くと、お目当ての焼き餃子だけを三人前注文する。中国の小籠包の店でも、目指すはそれ一品だけ、そしてビールが一本付けば、それで十分なのだ。

　こうして小籠包を食べているうちに、私はこの佳き食品のいっぱしの《通》になった気分でいる。ある日、教え子数人と小籠包の店へはいった。学生の一人は、中国人でありながら小籠包をはじめて食べたという。

　彼が小籠包をつまむごとに皮が破れてスープが漏れでて、小皿からタレ（醤油と酢）があふれた。これでは小籠包が可哀相である。

　私は小籠包を美味しく、上品に食べる方法を実演しながら、解説した。

「小籠包はね、まるで美少女の柔肌に触るように、優しく箸で摘まみ上げる。タレに浸けてから、ゆっくりと口元へ運ぶ。小籠包を噛むと、たちまち美味しいスープが口内にパーと広がる。その爽快感ってありゃしない。皮と餡を一緒に噛みしめながら、小籠包を心ゆくまで味わう。羊・豚・牛、それぞれの肉の味も特色あるし、野菜もヘルシーでいいね！」

　食べ慣れると、私はレンゲを使わなくなった。熱くても舌で転がしながら、空気を吸いこめば、頃合いの温度になって火傷をすることもない。レンゲを使うなど野暮天だ！

　ついでに、小籠包の好し悪しについても述べておこう。
一　厚い皮では食感が落ちてよくない。
二　流行らない店では、スープが少ないことがある。これでは日本で言う「ブタマン」みたいで、小籠包の妙味がなくなる。
三　台湾系の店で、千切りの生姜が添えてあった。生姜と一緒に食べると、ちょっとピリッとした乙な味がして、これも絶品だ。
　中国各地の料理には、四大料理とか八大料理と呼ばれる地域差があると言われている。小籠包の甘辛にも地域差が確かにある。

　西安に二年間住んだあと、私は無錫の大学に赴任した。この新たな地の小籠包の味に興味津々で、着任早々、とある有名店で試食した。何と、とても甘い！　これではお菓子（点心・甜食）のようで、ビールに合う夕食にはなり得ないと失望した。

　その数年後に今度は上海の大学に赴任した。

　既に書いたように豫園の小籠包は有名だが高価すぎる。市内のチェーン店では豫園に劣らない味で、安い小籠包を食べることができるし、無錫ほどには甘くないので満足した。

　こうして上海の小籠包の味に舌が慣れた一年後に、私は懐かしい西安に旅行した。回族が多く住む「北院門街」で久しぶりに小籠包を食べたら、塩分の濃い味がして驚いた。北国西安の塩味と南国江南地方の甘味との地域差のあることを再認識した。だが、それぞれに特色ある味で結構だ。

　小籠包こそ中国最大の絶品である。

森野　昭（もりの　あきら）
一九四三年（昭和一八年）北海道網走で生まれる。一九五七年（中学二年）から京都へ移住。京都大学薬学部卒業後、製薬会社研究所に勤務。二〇〇三年（六十歳）定年退職後、中国で日本語教師をはじめる。七十歳まで西安・無錫・南昌・上海・昆明の大学日本語科で八年間勤務。その後、大連交通大で四年間中国語の留学生。現在、大津市に在住。

二等賞

〝人〟を感じる日常

事務員　原田　あかね（茨城県）

中国人の活気とぬくもりが好きだ。

中国では、知らない人に話しかけられることが日常であった。スーパーで牛蒡や蒟蒻を手に取れば、「それ、何？　どうやって食べるの？　どんな味？」と声をかけられる。こちらは拙い中国語で、牛蒡の調理法や蒟蒻の味を説明しようと四苦八苦する。レジに並べば、後ろの〝阿姨《アイ》〟が私のカゴをのぞき込み、「そのコーヒーはおいしくないわよ。こっちにしなさい」と、お節介を焼いてくる。「ブラックが好きだからいいの」と答えても、阿姨は「いいから、クリームが入った方にしなさいよ。」と押してくる。見知らぬ者同士の、つかの間の攻防戦だ。

当初、生活の中で、常に人との触れあいがあることは、大きな戸惑いだった。日本では、知らない人には話しかけられることも、話しかけることも、ほとんどない。しかし、この〝人〟を感じられる生活は、慣れてしまえば却って心地よいものであった。

ある日のことである。

中国人の友人宅へ遊びにいくことになった私は、手土産に頭を悩ませていた。デパートのお酒売り場を眺めていると、店員さんが声をかけてきた。

「自分で飲むの？　それとも贈り物？」

「友達のお宅にお邪魔するので……」と答えると、味や度数の説明をしながら、選ぶのを手伝ってくれた。

「じゃあ、これにします」

散々、ああでもないこうでもないと悩んだ挙げ句、どれにするかが決まり、一安心。支払いに向かおうとして、驚いた。これまで親切だった店員さんが、さりげなくカゴにもう一瓶追加しようとしているのだ。

「えっ、一本でいいんですけど」

「中国ではお酒を贈る時には、必ず二本。同じ物をね」

当時、騙されることに敏感になっていた私は思った。

「適当なことを言って、多く売りつけるつもりだ！」

そこで、きっぱりと答えた。

「いいえ、一本だけでいいです」

2012年冬、旅順にて同僚たちと

しかし、店員さんも引かない。

「悪いことは言わないから、二本にしなさい。それが中国式の礼儀だよ」

「いいえ、いりません」

「でも中国ではね……」

気がつくと、数名の店員さんが私を取り囲み、「そうそう、二本が正しい。一本だけなんて不作法よ」と口々に言い立てている。こうなっては勝ち目はない。渋々、二瓶購入し、「ああ、押し売りされちゃった」と、悔しがりながら帰途についた。


後日、友人宅でこの話をすると、その場にいた全員が大笑いしながら、「騙されてないよ！　中国の贈り物のマナーだよ！」と言う。そのとき初めて、店員さんが全員一丸となって、中国のマナーを教えてくれていたことを知った。恥ずかしいやら、申し訳ないやらである。が、同時に思った。日本だったら、行きずりの外国人に対して、あんなに全力でマナーを説くことなど、あるだろうか。

こうした中国人の活気や温かさが強く胸に迫ってきたのは、意外にも、日本で夏休みを過ごしていた、ある日のことであった。

その日、家族は全員出かけていて、家の中はいつになく、しんとしていた。珍しく一人で朝食を摂り、アルバイト先へと向かった。アルバイト先の研究室も全員が出張やお盆休みだ。静まりかえった部屋で、一人、黙々とパソコンを打つ。電話もかかってこない。訪ねてくる人もいない。終業時刻を迎え、無言のまま帰途についた。駅のショッピングセンターで買い物を終え、家の近くのバス停で降りたとき、ふと目に入った夕日があまりにも大きくきれいで膝から崩れそうになった。

　日本という国は確かに便利だ。電車もバスもＩＣカードさえあれば無言で乗れる。いや、切符が必要な時でも、お金を入れてボタンを押すだけだ。買い物をするにも、言葉を介することなく、物を手に入れることができる。

　ショッピングセンターには、多種多様なものがずらりと並んでいた。どのエリアをのぞいても、同じような品質、デザイン、色合いのものが同じような価格で売られている。商品の棚が空になることなど想像もできないほど充足した空間で、「豊かだ」と感じると同時に抱いた、ある気持ちを一言で表現するならば、それは「寂しさ」であった。

　外国で暮らす中では、寂しさを感じることは、ままあることだ。しかし、まさか母国で、異国のぬくもりを思って、胸が締め付けられようとは。交通も物流も何もかもが発展・発達し、満ち足りていると思っていた母国には、〝人〟を感じられる空間がなかった。夏の夕日を浴びながら坂道を下るうちに、我知らず涙が落ちた。

　数年後、私は中国での仕事を辞め、日本に戻った。帰ってみれば、母国の日常はすぐに自分の中に戻ってきた。何もかもが〝当たり前〟の暮らしである。しかし、当時、中国で体験した温かい触れあいのすべては、今でも生き生きと鮮やかな色合いを伴って蘇ってくる。それと同時に、あの夏、感じた母国の寂しさがチクリと胸を刺す。

　現在の中国は、あの頃よりもずっと経済的、科学的発展を遂げているというが、人と人との距離は、どう変化しているのだろうか。

原田　あかね（はらだ　あかね）
鹿児島県出身。高等学校教諭を経て、二〇〇六年から二〇一四年、大連外国語大学日本語学院に勤務。外籍講師として日本語指導に携わる。

二等賞

感謝！

主婦　為我井　久美子（神奈川県）

二十年ほど前に、夫の駐在の為、初めて中国に足を踏み入れた。一月という、中国では厳冬期。幼い子どもを連れ、しかも〇《ゼロ》歳児を背に負ぶっての事だった。

中国での最初の経験といえるのが、子どもに対し、「寒くないのか?」「帽子をかぶせなさい」「そんな薄着ではダメ」という言葉を頻繁にかけられた事だ。日本には無い冷え込み、そこまで厚着する習慣がなかったので驚かされたが、昔の日本のような〝知らない人のおせっかい〟が、温かく感じられた。

よく、病院に行った。小さい子どもがいると、何かと病気をする。三人子どもがいたので、とにかく病院に連れて行く機会が多かった。中国の病院の風景が、とても印象に残っている。エレベーターの中は話し声で賑やか。しーんとしている日本とは大違い。人の会話に、見ず知らずの人から助言が入ったりする場面をよく目にした。他人の会話を聞いて……、などと日本では失礼に思われるが、中国ではその場が和み、エレベーター中に、その共有感が漂うのである。今でもエレベーターに乗る度に思い出すほど印象深い。

また、昼時には、病院の一階の廊下に、昼食を売る店が並ぶ。冷たい食べ物を好まない中国では、熱々の食事がプラ容器によそわれてテイクアウトとなる。医師達が白衣のまま、食事の匂いを漂わせて、にこやかにエレベーターに乗り込んで来る。漢方薬の匂いと中華香辛料の香りが混ざり合って、中国の病院の独特の空気を醸し出している。

「中医学」には助けられた。私は、ある症状の為、数年間漢方医に通い、薬を煎じて飲んでいた。そのお陰で無事乗り切れた事には、本当に感謝している。日本の医者には、手術が必要とまで言われていたので、奇跡のように思っている。虫がそのままの姿で入った漢方薬、煎じると匂いが家中に漂う。私は、あの漢方の匂いが好きで、珈琲を飲むようなホッとするひとときでもあった。漢方医の診療は、〝脈、舌、目の下の粘膜を見る、症状を丁寧に聞き取る〟だけなのに、その度に、合った処方をしてくれるのは魔法のようだった。

2004年、上海の住居にて。功夫のポーズ

日本人が病院に行くとなると、外国人外来となるのだが、私が通っていた漢方の病院は外国人外来は無く、中国の人達と一緒。人が多いので、待ち時間が長い。初めは廊下の待合場所で待ち、名前が呼ばれて診察室の中に入ると、沢山の椅子が並んでいて、また長く待たされる。数人の医師が、一つの部屋で机を並べて診察。仕切りもなく、他の人の診察の会話が、まる聞こえ。陽の射し込む診察室の光景は、のどかで、待っている間、〝中国の日常〟に自分も入り込ませてもらっている感じがして、何だか嬉しかった。

それがきっかけで、「中医学」にも興味を持った。「医食同源」が身についていて、日常的に取り込まれている中国。こういう時はこういう食材を食べるのが良い、この季節はこういう事はしない方がいい、などという事を当たり前に耳にした。

中国の食堂の看板は、リアルな動物の絵が多い。牛、羊、鶏、豚などが、平原の風景と共に、大きく描かれている。日本では、まず見ない。〝動物を食べる〟〝火で焼く〟という原始の記憶が蘇るようであった。円卓を囲んでわいわいと食事をする、レストランの厨房では驚くほど高く炎が上がっている、動物の形そのままにぶら下げられている肉、水槽で泳いでいて調理されるのを待つ魚……と、「食」の原点を知った。厳しい寒さの街を歩いていて食堂の赤い電灯を見ると、「食する事、暮らす事とは……」と考えさせられたものだった。

「中国武術」も習っていた。もともと武道好きな私は、中国でずっと功夫《カンフー》を習い続けた。功夫に中国文化の神髄がある、と老師《ラオシー》が言っていたが、中国武術も「医」と同じだと気がついた。人体はこんなにも柔軟に動く事、「気」の発勁、意念、関節の調節、呼吸法……など、それまで知らなかった人体の不思議の世界が開けた。

帰国して十一年。心の中は、未だ半分は中国にある、という状況の私である。

中国の人々は、パワフルで人情に厚い、というのが十年間中国で暮らした私の印象である。

うちに来てくれていた阿姨さんは、自転車で四十分もかけて通って来ていて、しかも四時起きで、公園で太極拳をやっているのだという。重い物を要領よく持ち運んだり、自転車に大量の荷を上手に固定して載せて帰ったり……、とそのバイタリティに感心させられた。

頻繁に耳にした「没関係《メイグァンシー》」「没問題《メイウェンティ》」という言葉は、私にとっては〝万能薬〟のようだと思っている。何だか心が楽になる。

現在、中華料理を作れば、「中華は失敗ないね」と家族のお墨付きをいただいている。娘達には「〝実家の母の味〟が中華料理か……」と言われ、複雑な思いである。

有難いことに、今でも中国武術・中医学は続ける機会に恵まれている。

中国との出会いは、私の人生を大きく変えてくれた。

感謝！

為我井 久美子（ためがい くみこ）

一九九八年一月～二〇〇八年三月まで、駐在員家族として、天津～北京～上海～北京に暮らす。娘三人が通った北京と上海の日本人学校に於いて、ＰＴＡ本部役員を務めた。中国語、功夫の他、中国茶道、京劇の立ち回り、推拿なども学んだ。帰国後にＨＳＫ五級取得。趣味は、二十代から始めた「武道」。

二等賞

最高のタクシー運転手

大学生　田上 奈々加（長崎県）

〝ネットの情報を鵜呑みにしてはいけない〟という言葉があるが、中国に留学に来て以来、この言葉の正しさを、身をもって体験した出来事がある。

初めての中国での留学生活、その初日に出会った、一人のタクシー運転手のことを私は今でもはっきりと覚えている。

上海で留学生活を始めたのは二〇一八年九月四日から。元々違う都市への留学を希望していたため、六月ごろ留学先が上海に決定した時は少し落胆した。九月の出発に向けて留学の準備を進めていく中で、さらに気落ちする情報をネットで見つけた。ある留学情報サイトに、「仕事に忙しく、生活ペースが速い上海の人間は冷たい」や「上海のタクシー運転手は危険⁉」などと書いてあったのだ。さらに上海に留学していた先輩や先生方と話していると、彼らは口をそろえて「上海の人は怖い」と言っていた。私の専攻は多文化社会学で、第二言語も韓国語を選択していたため、中国や上海についての予備知識が全くない状態だった。それ故に、何が本当で何が嘘なのかも判断ができず、この情報を信じないようにしようと心掛けていたが、出国が近づくにつれ、留学することのワクワクさよりも「上海に留学するのは不安だな」という気持ちが大きくなっていた。

上海に足を踏み入れた当日は、やはりとても緊張していた。私は一年間独学で中国語を勉強したので、読み書きは出来るが、話すことはあまりできなかった。そのため、夕方五時ごろ空港に到着し、すぐに空港バスに乗らなければいけないというのにバス停を見つけることが出来ず、外貨窓口に聞きに行くものの、目的地の上海南駅を存在しない上海北駅と言い間違え、伝わらず変な顔をされた。ようやく見つけたバス停では、並んでいるのにどんどんと追い越され、さらには二つの巨大スーツケースをバスに積んでいる際に発車しようとしてしまい、乗客に笑われたりなどした。正直、この時点で私の心はすっかり折れていた。だんだん暗くなっていく上海の街並を見ながら、自分の中国語の出来なさに対する悔しさと、助けを求めたくても言えないもどかしさで泣きそうだった。

中国海南島旅行中の筆者

目的地の上海南駅に到着したころは、辺りは既に真っ暗だった。歩いて学校に行こうと考えていたが暗くて周囲がよく見えず、中国用のＳＩＭがなく地図も使えないのでタクシーに乗るしか方法はなかった。仕方がなく、予め大学名をメモしておいた画面を客待ち中のタクシー運転手に見せた。その時、ネットで見た「上海のタクシーは危険⁉」という言葉が頭に浮かび、びくびくしていたが、彼は私の荷物をタクシーに積むと、すぐに車を出発させた。彼は私が留学生だということには画面を見せた時点で気づいていたようだったが、中国の人と話すように気さくに話しかけてくれた。なぜ中国に留学に来たのか、専門は何かなどを聞かれ、たどたどしい中国語で何とか返していると、彼は私の専攻に関係する宗教に関して熱く語ってくれた。正直、なんと言っていたのかは正確には分からなかった。しかし、「分からないです、ごめんなさい」という私に、「ゆっくり勉強すればいいよ、大丈夫」と優しく声を掛けてくれた。しばらくして大学に到着し、いくらですか、と訊ねると「お金はいらないから」と言われ、手持ちのお金を出そうとすると「いいから、いいから。これから頑張って」と言葉を残し、彼は颯爽と去っていた。

　もちろん初日の出来事だけではなく、一年間の留学生活の間でたくさんの人たちが、小銭を立て替えてくれたり、大きな荷物を持っているときは運ぶのを手伝ってくれたりなど、困っているときに手を差し伸べてくださった。また、中国語がうまく話せない私に対して「上手だよ、頑張って」と励ましてくれた人がほとんどだった。

　留学を終えようとしている今、私の中国に対するイメージは留学開始当初とは全く異なるものとなった。いま中国の人に対して抱くのは「怖い」というイメージではなく、人情があって優しいという事実に基づく印象だ。「迷惑を掛け合う、困っている人を放っておかない」という中国の文化は日本にはない部分であり、中国の素晴らしいところの一つであると思う。

　このような様々な温かい思い出の中でも、自分の目で見て体験したことが一番信用できる情報なのだと実感し、ネットの情報やバスでの出来事で落ち込みかけていた私に勇気を与え、その後の留学生活においても中国の方と接するときに「偏見」や「思い込みの情報」を取り除き、一人の人間として向き合う意識を持たせてくれたのは、あの時の運転手と出会ったことが一番大きいと思う。

　私の留学生活は初日から、彼のおかげで気持ちのいいスタートを切ることが出来た。私は今でも彼を忘れられないし、一生忘れることはないだろう。もしもいつかまた会うことが出来たら「あの時はありがとうございました」と心から感謝の気持ちを伝えたい。

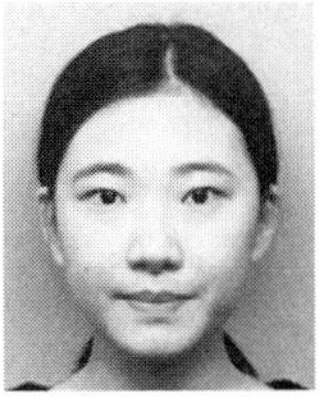

田上 奈々加（たのうえ ななか）

長崎大学多文化社会学部三年。熊本県出身。二〇一四年三月に熊本市立必由館高等学校普通科国際コースに入学。この頃、海外アイドルの中国人メンバーがきっかけで中国に興味を持ち始める。長崎大学多文化社会学部に入学後は中国留学を目標に、独学で中国語の勉強を初める。二〇一八年九月からは中国政府奨学金生として一年間上海師範大学に留学。留学先では社会学の基礎を中心に学んだ。現在は帰国し、ＨＳＫ六級取得と中国語口語能力の維持のために奮闘中である。

二等賞

火車

――種々雑多の旅を運ぶ

派遣社員　伊藤　美紀（福岡県）

中国は広い。そのため、国内線の飛行機のフライト数は多いし、高速鉄道も通って遠くまで旅行するのも便利だ。でも、国内に蜘蛛の巣のように張り巡らされている「中国国民の足」は、やはり列車だ。火車と書いて「フオチャー」と読む。飛行機や高速鉄道と違ってリーズナブル。各町にも停車する。

駅には人がごった返している。火車が一本行くごとに、広い待合室から相当数の乗客たちがいなくなる。なのに、次の火車が到着する頃にはまた人の海になっている。改札口は開いて三列。そこに砂時計のように人が群がり、押し出されるように進んでいく。一般的にエスカレーターはなく、ホームに行くには階段を上り下りしないといけない。

それでも私は、火車が好きだ。

ただ単に安いからではない。

「我来帮你（手伝いますよ）」

私のトランクは小さいけれど重い。火車では座席の上部に荷物棚がある。そこに持ち上げるには力がいるが、それで困ったことは一度もない。なぜなら、毎回必ず男性が荷物を上げてくれるからだ。

中国の男性は優しい。漢《おとこ》である。女性に優しくするのは彼らにとって自然なことなのだ。

火車の車窓からは町並みが見える。そして都市を抜けるとだだっ広い農地が見える。高速鉄道や飛行機では見えない、人の暮らしが見える。ある季節などは、道に広げられたトウモロコシで一面黄色の絨毯を敷いているように見える。

特に好きなのは、広い田園の中に真っ直ぐに伸びる道。そこを走る電動バイクや三輪トラック。中国の広さと、ある種の寂寥感がある。

火車の中に注意を戻す。一人で実家に帰る若者、出稼ぎに赴く労働者、家族旅行に出かける大勢の一家、子供に会いにいく老夫婦。様々な人たちの言葉の海。

火車は始発が東北や南部、西部だったりするので、方言のるつぼだ。同じ中国語なのに、全く聞き取れない。

中国鉄道の駅のホーム

中国人同士でも。それでも気さくに話したりする。中国人は初めは警戒することも多いが、一度打ち解けると、すぐに友達として認識してくれる。無料通信アプリのWeChat（微信）のアドレスも交換してくれる。

「如果你需要帮忙，你随时可以找我（困ったことがあったら、いつでも頼っていいよ）」

一度限り、その場限りの出会いでも、彼らはそう言ってくれる。

一度、上海から湖南省に向けての寝台列車に乗る機会があった。

浦東空港から地下鉄で列車の駅までは遠く、私が思っていたよりも時間がかかってしまった。切符売り場が分からず、近くにいる若い男性に尋ねると、彼は親切にも売り場まで連れて行ってくれた。奇しくも彼も同じ火車に乗るそうだった。

ともあれ無事に乗り込むと、疲れていた私は夕飯前に三段ベッドの真ん中で眠ってしまった。真ん中の段は少し不便だ。荷物の置き場も少ないし、天井も一段めのように高くない。

不意に私は呼び起こされた。目を開くと、私を起こしたのは先ほどの男性。夕飯をご馳走したいと言ってくれた。

食堂車に行ったのは初めてだった。少し値段が張ると聞いていたからだ。注文の仕方もよく分からない。でも彼が適当に選び、大盛りの料理が三皿も運ばれてきた。

彼は仕事や家族の話をしてくれた。今回は出張で上海に行っていたそうだ。週末はこのように家族の元に帰るという。娘の写真を嬉しそうに見せてくれた。

国は違えど、家族を思う気持ちは同じ。出稼ぎのために家族や故郷を離れて仕事する中国人に、これまでたくさんの駅で出会ってきた。彼もまたそのうちの一人。

中国人はとても寛大だ。早朝から晩まで働いて得た収入を、見ず知らずの旅先で出会った人にご馳走するために喜んで使う。それも食べきれないほど多くの料理で、もてなしてくれる。

彼は私よりも手前の駅で降りるそうだ。着くのは夜中の三時ごろ。「そんな時間に起こすのは悪いので、ここでお別れしましょう」と、送ってくれた時にそう言った。食事のお礼がどうしてもしたくて、日本のカロリーメイトやその類の非常食を持たせた。

朝になり、到着時間の一時間前ほどにアラームで目を覚ますと、微信に彼からのメッセージが入っていた。どうやら味がとても気に入ったようだった。上海にはたくさん日本系列のコンビニがある。そのうちまた買うかもしれない。

窓の外に流れる景色は、出た時と随分違っていた。緑が深く、日本の田舎を思わせるような湿気を含んだ景色だった。下車の準備をして、伸びをする。寝台車のヘッドは幅が狭いので緊張していたせいか、起きると少し体が痛い。

降りた先には友人が待っている。初めていく土地なので、降りた先に何があるのかとても楽しみだった。恐らく言語は通じないだろう。

私と同じように、少しくたびれた様子の乗客たちが降りる準備をして、出口に列をなした。小さな鞄と、少しばかりの上海土産。持ち物と彼らの年齢から推察するに、きっと子供夫婦のところから自宅に帰る夫婦なのだろう。

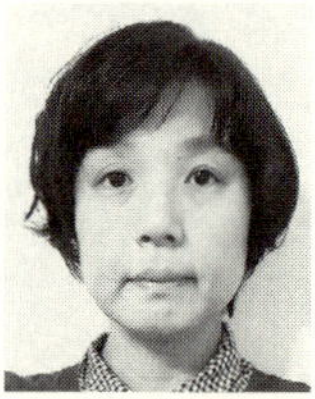

伊藤 美紀（いとう みき）
一九八二年生まれ。福岡女子高等学校国際教養科で中国語を学ぶ。高校卒業後、独学あるいはネットを通じて中国語を学び、中国を旅行したり、留学を経験した。

二等賞

心より愛している中国

中学生・俳優　野間　美帆（東京都）

突然ですが皆さんにとって母国とはなんですか？そしてその母国はどこですか？

私は〇歳から八年間中国、北京で育ちました。つまり、人生の半分以上は中国で過ごしたことになります。そしてもちろんこれが私の「初めての中国」でした。世間一般から見ると私の母国は「日本」なのでしょう。私は父親も母親も日本人です。だから母国は日本だといわれます。もちろん何も間違ったことではありません。しかし、私は自分には母国というものは必要ないと思っています。私にとって中国で育った経験はかけがえのないものでした。中国は私にとって第二の母親のような存在でした。だからこの先、私がまたほかの国で暮らしてそこがなくてはならない場所になれば、また母国のような場所が増えることになるでしょう。

私は中国でとてつもなく多くのことを学び、感じ、触れました。この経験の中にはいくつかつらかった経験もあります。その中でも一番苦労したことを挙げます。それは言語の壁です。〇歳で中国に行ったので自然に話せるようになったと周りにも言われますが、全くそのようなことはありませんでした。インターナショナルスクールに入学してから、中国語も英語も話す必要があり始めはなにもわからないままいろんな国の子とコミュニケーションをとるためにジェスチャーなどで必死になりました。そして次に直面した問題は日本での壁でした。中国語と英語を中心に日常生活をするようになり、次は日本語がうまく話せず大変な思いをしました。そして日本に帰国してからは学校生活でも苦戦しました。中国人だといわれたり、文化の違いでうまくいきませんでした。私にとってそれは大好きな中国に対する偏見のように感じて許しがたいものでした。でも今となっては、このよう

2007年、自宅にてお手伝いさんとの餃子作り

な経験があってこその自分なのだと思っています。外国からの観光客が困っていれば、躊躇なく声をかけることができるようになり、自分の知らない文化にも興味を持つようになりました。

次に私が感じた中国の美しいところについてです。いまだに日本では中国に対して様々な感情を抱く人がいるようですが、私は一回中国で生活をしてみてからそのようなことを言ってほしいと思っています。私は中国はとてもあたたかくて人と人のつながりが強い国だと思っています。中国には忘れがたい大切な大切な思い出が数えきれないほどあります。幼いころに近所のお花屋さんのお姉さんが髪をかわいくアレンジしてくれた。お手伝いさんがよく餃子や肉まんを皮から作ってくれた。道端のおじさんがいろんな面白い話をしてくれた。マンションのおばさんがかわいがってくれて一緒に遊んでくれた。書いても書いても書ききれないくらい多くの思い出があります。中国での生活、そして中国の人は私に「コミュニケーション」の大切さや「自分の個性の輝かせ方」、「グローバルな考え方」など学校だけでは到底学べないようなことをたくさん教えてくれました。さらに、私は良く感受性が豊かだといわれますがきっとその感受性は中国の風景、空気、食べ物、文化、人々など、中国の日本と異なった要素によって育まれ、研ぎ澄まされていったのだと思います。

今、日本人は中国に対してどのようなイメージを抱いているのでしょうか？　少し前、私はある記事で日本人の九三％が中国に対し良いイメージを持っていないという結果を見ました。この結果を見たとき、私はショックのような切なさのような複雑な感情を抱きました。そのように良いイメージを持たない日本人が言う中国とは果たしてなんなのでしょうか。中国人なのか、政治家なのか、単純に国家なのか、環境なのか私にはこの答えを見つけることができませんでした。私はこの結果を見てから、もっと日本中の人に中国の魅力を知ってほしいと思いました。

私にはもう一つ疑問を持ったことがあります。それは日本の「メディア・報道」です。ＰＭ二・五の時期になると、必ず灰色のどんよりとした空に、全く景色が見えないくらいの空気が映し出されていました。しかし、実際はそんな日ばかりではなく日本よりひどくても、きれいに青空が広がることも多々ありました。私にはそれが悔しくて得も言われぬほど景色が美しい日もあるのに悪いところばかりを取り上げるのかわかりませんでした。

私にとってこの中国エピソードは「初めて」の中国の思い出であり、「永遠」の思い出でもあります。私が日本に帰国して、ますます中国のことも、日本のことも好きになりました。そして愛する日本にこそ、私の基を築きあげてくれた中国ともっと親密な関係になって日中両国でこれから先の輝かしい瞬間や心苦しい瞬間も手を取り合って共有できるような関係になれることが私の一番の願いです。この作文がいつか、同世代の人にだけでなく幅広い年齢層の方々に読んでいただき、ほんの少しでも日中関係を支える架け橋になれたらと思っています。

野間 美帆（のま みほ）

二〇〇四年十月五日兵庫県神戸市生まれ。生後五か月で北京へ。九歳で日本に帰国。帰国後、中野区の公立小学校に転入。小学校卒業後、中学受験を経て私立女子校に入学。帰国子女コースに入る。合唱部で全国大会に出場。二〇一八年四月、俳優を目指すため事務所のオーディションを受け、入所する。二〇一九年一月、活動を続けるため文京区の公立中学校に転校。現在も活動中。

二等賞

一枚の写真

元公務員　逸見　稔（栃木県）

私には、宝物となった一枚の写真がある。

私と孫と嫁の三人が、手をつなぎ散歩している姿の一枚である。場所は、中国深圳市南山区のマンションエリア内の園路である。撮影者は、息子。

「忘れられない写真を送るよ」と連絡を受けて、メールを開いたら宝物となる写真が添付されていた。

息子は一九九八年九月から中国の大学に留学、卒業後は、深圳市に工場を持つ日本企業に就職した。既に中国生活二十年である。当然、出会った女性は中国女性であり、二〇一五年に結婚した。

私が古希を迎えた年の二〇一六年九月十九日に、待ちに待った初孫が誕生した。名前はユキである。この時から私は変わった。そして会いたさが募った。成田〜深圳の直行便はあるものの、ビジネス向けなのか、便数が少なく不便である。もっと便数を増やして欲しいと、勝手な願いをしていた。数度の中国旅行は、ツアーガイドや息子のガイド付きの経験のみで、一人で行くことに自信がなかった。

会いたさが募っていたものの、息子は忙しく、なかなか呼んでくれない。三歳ぐらいまでは無理かと、諦めていたところ、嫁さんから直接オファーが掛かった。「深圳に来てください」と。

その後、息子からメールが届き、子育て支援が必要で、特に家事をこなして欲しいという。なぜ妻ではなく私なのかと、二人で話し合った。

「お父さんの方が気楽なのよ。それと家事ができるから」とおだてられ、その気になって引き受けた。

二〇一七年一月九日から二週間の日程で、不安を抱きながら羽田を出発した。香港国際空港で息子の出迎えを受け、深圳で入国手続き。

家族の絆

今日は会うのは無理だからと、ホテルにチェックインし、明日から育児支援することを楽しみにして就寝した。

翌朝、ホテルから見た深圳の空は青く澄んでいる。杜甫の詩「一行白鷺上青天」が浮かぶ。

ようやく会える。期待を膨らませてホテルから外に出た。ホテルは、息子たちの住むマンションエリア内にある。出入り口の警備や園内清掃と、安全と快適な空間が作り出されている。


面会時間が来た。ママに抱かれたユキちゃんは不安顔。それでも、土産のおもちゃを出して遊び始めると、不安もとれたようだ。まだ、言葉はおぼつかない。

私の二週間の役割は、午前と午後のユキちゃんの遊び相手。ママの買い物に出る時の補助。

毎日会うと気持ちが通じ合う。ユキちゃんは公園内での遊びが好きだ。落ち葉を拾い集めたり、花を摘んだりと動きは活発。初体験のジイジは、たちまち腰が痛くなり、ベンチに腰を下ろす回数が増える。室内では、私がフロアのモップかけをすると、それをすぐに真似てやる。パパとママと違う存在を認識し出している。嬉しい。

気楽な役割なので、一人での行動時間もある。南山区は学園都市という。緑も多く快適な環境だ。バスは全て電気自動車と聞かされた。歩道には各所にレンタル自転車が並ぶ。

驚いたのは、近くのショッピングモールでの買い物。レジでの支払いは、ほとんどスマホをかざし、スキャナーで読み取って完了。この光景はびっくり。更に、マンションに宅配される商品の決済も全てスマホで行う。キャッシュレスが、市民生活に浸透している。日本が遅れていること痛感した。

マンションエリア内に幼稚園がある。朝の運動なのか、園庭で先生の声に従って体を動かしている園児たち。リズムに合わせて聞こえる言葉は英語であった。ユキちゃんもたちまち中国語、日本語、英語を話すようになるのだろうと感じた。

　マンションの居住者は、親との同居家族が多い。園路を散歩する祖父母と孫の姿を見かける。日本は、二世帯同居の家族は減り続けている。

　ユキちゃんとの別れる時がたちまち来てしまった。確かに、ご機嫌な時に相手をしているので、パパやママの苦労は分からずじまい。手を焼くような出来事もなく、楽しい時間が過ぎていった。

　また来てくださいね。という嫁さん。抱っこされているユキちゃんは、私が日本に帰るということは分からない。毎朝のパパの出勤姿を見送る時と同じ表情だ。

　嫁さんはいろいろな提案を出した。今度はホテルで無くマンションに泊まってください。私の故郷に一緒に行きましょう。ユキちゃんがもう少し大きくなれば、あちこち観光案内もできます。その言葉に送られてマンションを後にした。

　既にあれから一年半が過ぎてしまった。最近送られてくるのは、動画である。スマホを手にダンスをしている。その音楽は英語だ。ママとのやり取りは中国語。パパとの会話は日本語かと思いきや中国語。

　息子が留学した時から始めれば、ユキちゃんと中国語で会話ができたのにと猛反省しながら、宝物をもう一枚増やしたという思いで、嫁さんからのオファーを待っている。

逸見 稔（へんみ みのる）
一九四六年六月生まれ。一九七一年埼玉県深谷市役所入所。三十三年間勤務、二〇〇五年に定年退職。

二等賞

言語を超えた交換

大学生　中島　さよこ（東京都）

中国に来て、浙江大学で過ごす最初の土曜日。授業で使う教科書を買いに、日本人の友達と古本屋へ向かった。店内は綺麗に整頓されているとは言えないものの、先輩たちのメモ書きや付箋が飛び出た本で山積みになり、店の外まで古本で溢れていた。新宿の大きなブックオフよりもなぜか落ち着く感じがした。ふと店内を見渡してみると、日本語の教科書が目に止まった。中国人はどのように日本語を学んでいるのか気になった私は友達とおしゃべりしながらペラペラめくっていた。そんな時だった。「你们是日本人吗？」と声をかけて来た中国人がいた。初めての状況に戸惑い、新手のナンパなのかと警戒してしまった。話を聞いてみると、彼は働きながら日本語を独学で勉強しているらしく、浙江大学の古本屋さんは品揃えが豊富であるため、度々訪れているとのことだった。その日は微信を交換して別れた。

それから三週間ほど経ったある日のこと、彼から連絡が来た。日本語を教えて欲しいのだが、一時間あたりいくら払えばいいのか、という内容だった。まさか私が留学先で日本語教師を務めることになるとは思ってもいなかった。ましてや中国語もまだそこまで流暢に話せない私が、日本語を教えて対価をもらうのはおこがましいとも思った。彼と何度かチャット上でやり取りをくり返し、お互い無償で言語交換をし合うということで話は落ち着いた。生まれて初めての、ランゲージパートナーの誕生である。初回の授業まで時間があったため、彼の日本語の教科書を写真で送ってもらい、自分なりに質問が来そうなところをある程度予想し、解説を準備しておいた。当時履修していた他のどの授業の予習よりも大変で時間がかかった。

授業時間は中国語二時間、日本語二時間の計四時間。

2019年7月、思い出の浙江大学玉泉キャンパスにて

毎週月曜日、校内のカフェで行なっていた。最初の授業はおしゃべりをしながらお互いを知ろうということになった。もちろん、中国語である。当時の私は、中国語でおしゃべりという行為が何よりも苦手で毛嫌いしていた。留学前にHSK五級は取得していたものの、コミュニケーションとなると話は別である。読みと書き、辛うじて多少の聞き取りはできたため、メモ用紙とペンを片手に、私の発音が伝わらない時は単語を書いたり、彼の単語が聞き取れない時は彼が意味を解説してくれたりした。彼は私が聞き取れなくても言葉に詰まっても、嫌な顔ひとつせず、待ってくれていた。そんな彼への申し訳なさと、自分の中国語レベルの低さに落ち込む日々が二カ月ほど続いた。

決まった時間に決まった場所で勉強していると、不思議とカフェの店員さんや周囲の学生にもだんだん認知されてくる。特に、浙江大学は留学生の六割が韓国人であるため、カフェではいつも韓国語が飛び交っていた。そんな彼らも私たちの授業に興味を持ったらしく、時には私一人：四人ぐらいで日本語の授業をすることもあった。私なりに勉強した日本語の文法の解説を、みんなが必死になってノートにメモしていく光景はなんとも言えないものだった。中国語で相手に言いたいことを伝えるという状況は同じであっても、自分の専門である環境経済学の授業で発言して認められたときよりも遥かに嬉しく、やりがいがあった。

それからというもの、自分の中国語に落ち込む前にまずはなんでも話してみる精神を心がけた。タクシーの運転手、食堂の清掃員、寮の監視員、授業で隣になった学生、授業の教授など数知れない。彼らも日本人の知り合いができたことを喜んでくれ、私は躊躇することなく、自信を持って中国語を発することができるようになっていた。夢だった一人旅行に行き、ツアーに参加するほどまで行動力も身についていた。

ある日、彼から重要な話があると言われて呼び出された。授業日でもないのにどうしたんだろうと不思議になりながらいつものカフェへ行くと、翻訳試験の教科書、ドリル、辞書で埋もれている彼を見つけた。それから彼は、「あなたと出会って、日本や日本人に対するマイナスなイメージがなくなった。あなたが中国人を魅了しているように、私も日本人を魅了していきたい。日中の架け橋になれるような翻訳者になりたい」と言った。十歳も年下の私はいつも彼の足を引っ張っているばかりだと思っていたが、彼にとっては私が最大の影響力になっていたらしい。私の人生の大きな目標である、日中の架け橋となるために行動すること、を自分自身で体現できたと思えた瞬間だった。本帰国まで残り一カ月を切ったこの日は、私にとって忘れられない日となった。彼は私が日本に帰国してからも日本語の勉強を続け、留学資金を貯め、日本の大学で翻訳の勉強をしたいそうだ。それまでお互いに別々の地で、また再会できる日を待ち続けようと思う。十カ月の留学で、これほどまでに私を認めてくれ、影響し合えた彼こそが、将来、日中友好における重要人物になると確信している。

中島 さよこ（なかしま さよこ）

二〇一〇年四月兵庫県宝塚市立南ひばりガ丘中学校入学、二〇一三年三月同校卒業。二〇一三年四月慶應義塾湘南藤沢高等部入学、二〇一六年三月同校卒業。二〇一六年四月慶應義塾大学環境情報学部環境情報学科入学、二〇一八年九月中華人民共和国浙江大学に交換留学。二〇二〇年三月慶應義塾大学卒業見込。

二等賞

「人に迷惑をかけてもいい」という生き方

大学院生　南部　健人（大阪府）

気がつけばこの一年ほど何を食べても美味しいと感じることがない日が続いていた。それはちょうど大学院の修士論文の準備期間と重なる。身体的にも精神的にも無理を重ねすぎてしまい、気がついたときには夜ぐっすり眠れず、食事も喉を通らない日が多くなっていた。やむを得ず一時帰国を決め、後日、日本の病院で診断を受けると、パニック障害の症状が強く出ていると医者に告げられた。

一時帰国の前、黙って帰るのは良くないと思い、お世話になった中国の先生や友人たちと時間を見つけて直接会って話をした。そのなかで、学部生の頃からお世話になっている先生が仰ってくださった言葉が、僕の胸の中で今も強く響いている。

「全部、思うことを話してごらんよ」と先生は切り出した。「日本人の価値観では、人に迷惑をかけてはいけない、とあるかもしれないが、中国では全く逆なんだ。あなたが悩みを話して私たちに『迷惑をかける』ことで、私たちはあなたから信頼されていると感じるんだよ」

その時まで、頭ではそれを分かっていたかもしれないが、心から実感を持って理解してはいなかったことを僕は痛感した。振り返ってみて、自分が中国の友人たちに、長く抱えている深い悩みを相談したことはあるだろうかと自問すると、答えは否、だった。自分としては良かれと思ってやっていたことが、相手にとってはどこか心の壁となって見えていたのかもしれない。先生のその言葉を聞いて、心がすっと軽くなった。

先生の言う通り、日本人のほとんどが自分の親などから言われたことがあるのが、「人に迷惑をかけてはいけない」という言葉だろう。陳腐な例になってしまうが、それなりに乗客はいるのに、乗り物の音だけが静かに響

北京大学・未名湖に映える月

きわたる電車やバスに乗り合わせたとき、僕はいつもそのことを思う。日本は秩序ある社会だ、と言ってくれた中国の友人もいた。それがもたらす良い面があることは確かだ。しかし、そこには、ある種の温度感が欠けていることも否定できない。秩序が整いすぎた世界では、人と人が深く関わりあうことを避ける傾向が生まれてしまうからだ。そして、中国の人たちの間には、その温度感がまだ存在しているように僕は思う。

もう一つ、一時帰国の前に印象的な出来事があった。僕が体調を崩していることを耳に挟んだ北京大学の中国人の後輩が、日本に帰る前に一緒に食事をしましょうと誘ってくれた。ふたりでお粥を食べて色々な話をしながら、研究が大変に忙しいなかで、彼が会いに来てくれたことを嬉しく思った。何か日本からお土産を持ってきて彼に渡せればいいなと思い、僕は彼に、お茶を飲むのは好きか、と尋ねた。後輩の出身地はお茶の産地で有名なところだったので、日本茶を渡せば喜んでくれるだろうかと思ったからだった。

後輩は間髪いれずに、笑いながらこう答えた。「実はお茶って、自分ではほとんど飲まないんです。だって一から淹れると時間もかかるし、面倒じゃないですか」

その何気ない言葉を聞いて、僕は胸の奥が熱くなるのを感じた。お茶を淹れる時間なんて、実際のところたいしてかからないものだ。それを面倒とは思っても、体調の悪い僕を気遣って、こうして会って励ましてくれる時間をとってくれた彼の気持ちに、深く胸打たれたのだった。

特に、北京大学に通う学生のなかには、小さい頃から一日のなかのあらゆる無駄な時間を削ぎ落として、勉強に費やしてきた人たちが本当に多い。デートですら、学内にある大きな池（未名湖）で済ませてしまう、と他の中国人や留学生たちから揶揄されるのを僕も耳にしたことがある。それもあって、彼がお茶を淹れてゆっくり飲む時間を面倒だと思う気持ちは痛いほどよく分かる。それほど激烈な競争を勝ち抜いてきて彼らは今ここに立っているのだ。だからこそ、彼の心の深いところにある温かさが、中国の人たちが持っている温度感が、自分の胸に伝わってくるのを僕は確かに感じた。

日本での休養期間を経て、今はまた北京に戻ってきた。パニック障害はまだ完治していない。食事をするのがしんどかったり、ひとりで出かけることに名状し難い恐怖を覚えることもある。でも、だからこそ、今度は僕も信頼する中国の友人たちに思いっきり「迷惑」をかけてみようと思う。そして、彼らのほうも僕に対してたくさんの「迷惑」をかけてきてほしいと切に思う。そのことで、もしかしたら時にはぶつかり合うことだってあるかもしれない。しかし、人と人が深く触れ合い、頼り合うなかでしか、温かさは生まれない。そう思わせてくれた先生や友人たちに心から感謝している。そして、それが自然にできるようになったとき、恐らく僕は、この病を患ったことにさえも、感謝することができるのかもしれない。

南部健人（なんぶ けんと）

一九九一年大阪府生まれ。創価大学、北京語言大学のダブルディグリーを卒業後、北京大学大学院修士課程へ進む。現在、卒業に向けて修士論文を執筆中。専門は近現代中国文学、北京生まれの作家の老舎についての研究をメインとしている。

二等賞

伝えたい　愛しい私の中国

翻訳者　杉江　裕子（愛知県）

私は中国が大嫌いでした。

私が初めて中国の地を踏んだのは二〇〇四年のことです。今や洗練された広東省広州ですが、当時は「農民工」と呼ばれる出稼ぎ労働者が街にあふれ、不衛生で治安の悪い街でした。タクシーを降りると貧しい子どもが「金をくれ」と集まってくる。スリに携帯をすられている人がいる。タクシーは私が外国人だとわかると明らかに遠回りする。だんだんと外出するのが憂鬱になり、中国に不信感を持ったまま帰国になりました。

中国にネガティヴな感情を抱きつつ、それでも覚えた中国語を使ってみたくて仕事を見つけた私は、そこで日本のことを全く知らない同僚とやり取りするようになったのです。

駐在時のような「賃金が発生する関係」ではなく、同僚は私を対等な存在として扱います。日本とは違う仕事のやり方にイライラする事もありましたが、出張に行ったりプライベートな話をするうちに、私の「中国アレルギー」は徐々に収まりつつありました。そして、私の「アレルギー収束」を決定づける出来事があったのです。

中国人はなにかと理由をつけては集まり、飲んだり食べたりしながら議論することが好きです。そんな集まりに呼ばれたある日、「もし目の前に身寄りのない赤ちゃんが現れたらどうするか」と議論になったのです。

私はごく当たり前に、「養子縁組などの特別な理由がない限りは無理」と即答しました。でも、中国人は皆「それはその子と縁があったということ。だから引き取って面倒をみる」と答えたのです。

私は衝撃を受けました。これがいわゆる「中国人の懐の広さ」なのか。「縁を大切にする」ということなのか。

かつて中国人は利己的だと思っていたけれど、実際はそうではありませんでした。同僚達は私に教えてくれました。縁を大切にし、その広い懐を開いて私を受け入れてくれていたのです。

そんな日々を過ごしていた二〇〇八年、今度は夫に地方都市への赴任話が持ち上がりました。「春が長く続く」ことを願い、その名がついた長春。冬は気温がマイナス三十度まで下がり、日系スーパーも、大した娯楽も、日本語がわかる医師もいない。中国を好きになりかけていた私も心が折れました。そんな所で暮らしていけるのだろうか。セントレアの出発ロビーにあるソニープラザで「あっちにこんな場所はないんだ」と思うと泣けてきました。でも……。

初めて降り立つマイナス二十度の大地。空港から街まで続く白樺並木の道。なんだろう、このどこか懐かしいような大地。タクシーの運転手も気さくでおおらかで、ガハハと高笑いをしながら我々に話しかけてきます。もう話はいいからちゃんと前を見て運転して！　うん、いい出だしかもしれない。

長春に着いて間もなく、やることもなくバスに乗ってみることにしました。たまたま住居の前にバス停があったのです。すると、「あんた中国語がうまいねえ（と言われるというのは、本当は上手くないということなのですが）」と話しかけてきたおばあちゃんがいたのです。私が日本人だと知ると、「横にお座り」と私を座らせ、降りるまでずっと私の手を優しくさすってくれました。

近所のロバ

まるで自分の孫にやるみたいに。おばあちゃんがなぜそんなことをしたのかわかりません。でも、おばあちゃんの手の温もりは、私の不安を溶かしていきました。

　私はここでやっていける。私はその土地を好きになったのです。長春は優しい街でした。

　スーパーで「これが新鮮だよ」と勝手に袋に入れてくるお節介なおばさん。子供のシャボン玉がうまく膨らまないのを見て、ブスッとしたまま売り物のシャボン液をいれてくれたお姉さん。走ってくる人を見ると誰かが「開」を押してしまうので、いつまでも開いたり閉まったりを繰り返すエレベーター……。

　また、部屋の掃除に来てくれるおばさん達とは年も近いこともあり、毎日たくさん話をしました。国が違っても女性の悩みはどこも似たようなものです。

　少ないけれど友達もできました。特に仲の良かった友達は私を色々な所に連れ出し、広州では決して近寄らなかった屋台での買い食いも平気でするようになりました。

　反日デモの時、「私と会っていたら両親が嫌がらない？」と心配する私に「マモリマス」と片言の日本語で言ってくれた彼女。私を少しだけ現地の人の生活に近づけてくれた彼女。彼女にはどれだけ感謝しても足りないくらいです。

　週末になると、私と夫は街を散歩することをとても楽しみにしていました。日本人にとっては娯楽の少ない街でしたが、街を歩いているといつも何か面白い事が起きる。人と触れ合うことができる。それは私たちにとって、何よりも楽しいひと時でした。

　中国が私を拒否したのではない、私が中国を受け入れようとしなかったんだ。

　中国滞在十二年。これが私の人生の一番の誇りです。中国人は懐が広くて、人懐っこくて、自分に素直で、お節介なほど優しい愛すべき隣人。

　我可愛的中国。

　私は中国が大好きです。

杉江 裕子（すぎえ ゆうこ）

中国語語学教育関連企業にて主に翻訳業務を担当。一九六六年大阪生まれ。南山短期大学英語科卒。エレクトーン・ピアノ講師を経て夫の駐在に帯同し二〇〇〇年より台北、広州、長春に滞在。台北で中国文化大学、広州では中山大学で中国語を学ぶ。広州より帰国後、現職の会社に入社し、長春での在宅勤務を経て現在に至る。中国人観光客に日本を好きになってもらいたい一心で、某化粧品通訳を務めた経験もあり。

二等賞

あたたかい思い出のワンタン

銀行員　南　沙良（愛知県）

　私はワンタンが大好きです。ですが中国に留学する前まではワンタンはあまり好きではなかったし、餃子の方が好きでした。留学中のある出来事から、ワンタンは私にとってかけがえのない思い出のたくさん詰まった料理になったのです。

　私は大学三年生の秋から上海にある復旦大学に半年間交換留学していました。当時私の中国語能力はかなり低く、授業にもついていけずに日々落ち込んでいました。ご飯を買うことすらままならず、これではいけないと思い勉強する時間を増やすことにしました。毎日授業が始まる二時間前に教室に行き、誰もいない教室で発音の練習などをしていました。授業が始まる二時間も前なので当然クラスメイトは誰も来ることはありませんでした。ただ、清掃のおばさんが私の勉強中必ず教室に入って来て掃除をしていました。

　最初、そのおばさんに会っても自分の中国語に全く自信がなく挨拶も怖くてできませんでした。失礼な事をしているなと思いつつ、恐怖心から全く話さないまま一カ月程が経ちました。

　一カ月も経つと、毎日の自習の成果か授業にもついていけるようになり多少は自分の中国語に自信を持てるようになりました。そこで勇気を出して、清掃のおばさんに声をかけてみました。毎日掃除をしてくれてありがとう、本当はいつも挨拶したいと思っていたけど勇気がなくて挨拶することができなかったとおばさんに言いました。するとおばさんは私がいつも勉強を頑張っていた事、発音の練習をしている様子から私が自信がない事をわかっていたと言いました。最初の頃に比べたら随分話せるようになったね、と褒めてくれました。

　それから毎朝、清掃のおばさんとおしゃべりをするの

2018年、浙江省の友人宅にて

が私の日課となりました。おばさんはいろんな話をしてくれました。中でも一番多かったのは息子さんの話でした。息子さんは私と同い年で、今は遠くの大学に通っているため食事をきちんととっているか心配でたまらない。息子さんに大好きなワンタンを作ってあげたいけど、遠いからどうすることもできずにやきもきしている、と言いました。

　ワンタンはおばさんの得意料理で餡には格別のこだわりを持っており、息子さんに食べさせるときは二日かけて餡を作るんだよと教えてくれました。私はその話を聞くまでワンタンがそんなに手間のかかる料理だとは知りませんでした。私が今まで出会ったワンタンは具は少ししか入っておらず、ほぼ皮のペラペラなものだったからです。それをおばさんに伝えるとそんなものはワンタンじゃないととても驚いていました。

　そんなたわいもない話を続けていたある日、おばさんが大きな袋を持って教室の中に入ってきて、その袋を私に渡しました。なんとおばさんは私のためにわざわざワンタンの餡を作って持ってきてくれたのです。とても一人では食べきれない量の餡を作って私にくれました。まさか作って持ってきてくれるとは思わず私はとても驚きました。おばさんはどうしても私に自分のワンタンを食べさせたかった、また毎朝私と話してるうちに娘ができたみたいで嬉しかったから何かできる事をしてあげたいと思い作ってきてくれたのだと言いました。

私は感動で胸がいっぱいになりました。授業が終わった後おばさんに教えてもらった通りにワンタンの皮を買い、友人達と餡を包んで食べました。今まで私が思っていたワンタンとは全くの別物で、本当に美味しくて感動しました。味にも感動しましたが、なによりもおばさんが私のことを思って私のために作ってくれたことが本当に嬉しかったです。

それから留学期間終了までの数カ月間、おばさんは定期的に私にワンタンの餡をたくさん作ってきてくれるようになりました。留学中の悩みもおばさんに相談するようになり、私にとっても母のような存在でした。

そして最後の授業の日におばさんに今までの感謝の気持ちを込めてプレゼントを渡しました。おばさんは清掃でいつも手が荒れていたのでハンドクリームのセットをプレゼントしました。おばさんは今までこんないいものもらったことないと泣いて喜んでくれました。

私もおばさんとの別れが辛く、泣いてしまいました。また会いに来るからと約束をしてお別れをし、帰国しました。

今でも日本では中国の人たちに対して誤解している人たちが多くいます。確かに反日感情を抱いてる方も中にはいると思いますが、大半は本当にあたたかくて良い人たちばかりというのを多くの方に知ってもらいたいです。

私は中国に対してネガティブなイメージを持っている人に出会うと毎回この清掃のおばさんの話をするようにしています。大半の人が驚き、イメージが少し変わったと言ってくれるようになりました。私自身大きな影響力はありませんが、日本人が中国に対して抱くイメージを少しづつでも変えていくのが私の使命であるのではないかと感じています。

南　沙良（みなみ　さら）

㈱愛知銀行渉外担当。一九九五年愛知県長久手市生まれ。同志社大学商学部在学中に二〇一五年九月より上海復旦大学へ交換留学。帰国後二〇一七年三月に同志社大学卒業、同年四月㈱愛知銀行入行。

二等賞

女神との出会い

主婦　三輪　幸世（愛知県）

あの出会いがなければ、どうなっていたのだろう？と今も度々思い出す出来事がある。

あれは、夫の中国赴任で江蘇省蘇州市に住み始めて一年が経った二〇一四年七月の事だ。当時、中国語を学ぶために通っていた大学の夏休みに合わせ、一時帰国しようと一人、上海浦東空港へ行き、出国審査を済ませてゲート前のソファーで搭乗手続きが始まるのを待っていた。そこへ空港スタッフと思われる数名の女性がやって来てゲート前に貼り紙を掲示しその場に居た人々に読む様促したのだ。

私も近付いて行って確認すると、中国語で書かれた貼り紙には「名古屋上空に台風が近付いているため、当便は欠航となります」とあった。

その後、搭乗予定だった私達は、空港スタッフ先導の下、出国審査を逆方向に進み、ほんの少し前パスポートに押されたばかりの出国スタンプの上からキャンセルというスタンプが押され、出発ロビーに繋がる扉から外へと出されてしまったのだ。

全員が外に出たのを確認すると、スタッフは扉の内側に残ったまま、お辞儀をして「バイバイ」と言ったかと思うと、すぐさま扉を閉めて姿が見えなくなってしまった。

別のスタッフが今後の対応を説明しに来てくれるのかと、暫く放り出された場所で待っていたが、誰も現れる様子がない。キャンセルになった事は理解したが、預けたスーツケースはどうやって返却されるのか、振替便はどう予約したら良いのか、中国語に不慣れな私には為す術がなく途方に暮れていると、その様子から察したのか、すぐ側に立っていた中国人と思われる女性が「あなたは日本人ですか？　私が状況を聞いて来るから待ってて」

2013年、蘇州大学1.6班のクラスメイトと范先生の誕生日をサプライズで祝う

と声を掛けてくれた。不安で押し潰されそうだった私にとって救世主・女神の登場だ。

その頃、ちょうど近くを通りかかった空港スタッフを大勢の中国人が取り囲み、怒声が飛び交っていたのだが、私に聞き取れる単語はごく僅か。その渦中に先程の女性が入って行き、暫くして私の元に戻って来た。「この場所にスーツケースが運ばれてくるそうだから、待っていましょう。スーツケースが戻ってきたら、私と一緒に別の便の予約を取りに行きましょう」と流暢な日本語で説明し、不安で一杯の私を安心させてくれた。この時、彼女の優しさに涙が出そうになった。

無事にスーツケースを受け取り、二人で明朝便の予約を完了したところで、彼女が「今日はこの後どうするの？帰宅して明日また空港に来るの？」と聞いてきた。空港から自宅までは車で二時間の道程、重いスーツケースを手に往復する事を考えると苦痛に思えたので、「この近くでホテルを探すつもりだ」と答えると、「私もホテルに泊まろうと思っているから地下のホテル紹介カウンターに行きましょう」と。彼女はカウンター職員と何やら二人でやり取りした後、徐に振り返り私に「もし嫌でなければ私とツインルームで一緒に泊まらない？それが一番安く済むから」と提案してきた。最初は戸惑いを感じつつも、明朝、同じ便の隣同士の席を予約している彼女となら恐れる事はない、と思い直し了承する事に。

出会って数時間で同室に泊まる事になり、夕食を共にし、部屋では互いに自己紹介や現在の生活などを深夜に及ぶまで大いに語り合った。彼女は南通市出身、日系企業で中国人研修生の通訳として、頻繁に日本と中国を往き来する生活をしている方だった。

翌日の機内でも名古屋到着までの時間を惜しむように会話に夢中になり、到着後は彼女が乗る電車を見送って別れた。

しかし、彼女とはこれで終わる縁ではなかったのだ。あの夜、ホテルの部屋でＩＤ交換をした微信を通して連絡を取り合い、プレゼントを贈り合ったり、と今もなお交流は続いているのだ。偶然にもあの日、あの場所で出会っていなければ得られなかったかけがえのない『縁』だ。

あの日以来、実際に彼女とは会っていないけれど、こうして今も続く彼女との縁は本当に不思議なものだ。周囲の人々にあの時の話をすると賛否両論、様々な意見があった。しかし、何度同じ状況になったとしても、私は同じ選択をしただろう。私にとってあの出来事は忘れられない体験であり、出会いだ。

夫の赴任期間が終了し、私は二〇一五年五月に帰国した。二年に満たない中国での生活は、多くの中国人と出会い、助けられてばかりの日々だった。

帰国して丸四年が経過した今、忘れつつある中国語に歯止めをかけるためにも勉強を続け、いつの日か彼女と再会できた暁には中国語であの時の思い出を語り合いたい。

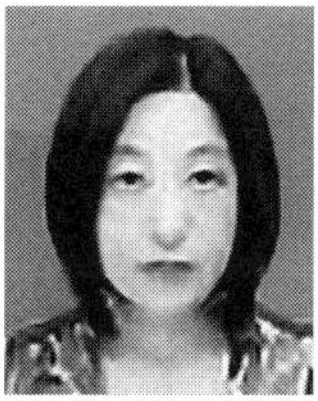

三輪 幸世（みわ さちよ）

愛知県生まれ。結婚後、夫の転勤で神奈川県、静岡県、中国江蘇省、現在は愛知県居住。中国では蘇州大学・海外教育学院で多くの外国人と共に中国語を学び、中国の人、生活、文化に対して興味を持つようになる。

二等賞

北京の風に吹かれて

プロデューサー　芦田　園美（千葉県）

六月の爽やかな風が吹くと、北京を思い出す。目を閉じると、朝、ファンさんと出かけた紫竹院公園の情景が浮かんでくる。細い竹の間を抜けて吹いてくる風、笹の葉が触れあう音。蓮の花が咲いている池の畔から流れてくる歌声。柳の枝をさわさわと揺らす風に吹かれながら、私は大きく息を吸い勇気を出して話しかけた。

私が中国に短期留学に行きたいと言い出した時、家族は賛成してくれた。職場の仲間に五十四歳で初めて語学留学に行くことを伝えると、驚きながらも応援してくれた。二〇一八年六月、夏休みと有休を合わせて十日間しかない留学に、私は迷わずホームステイを選んだ。短期間だからこそ毎日生きた中国語に触れどんなことでも吸収したかった。

しかし、記念すべき短期留学一日目の夜、ホストマザーのファンさんと私は、リビングのソファに並んで座り途方に暮れていた。私はファンさんの中国語が速くて聞き取れず、ファンさんは日本語が出来ない。中国語学習歴四年、中検四級の私が気合いだけで北京まで来てしまった。微信でメッセージを送り合い翻訳したら会話は成立するが、それでは留学に来た意味がない。筆談しかないと思い百均で買ったホワイトボードを取り出し「明日は午前中が中国語の授業なので八時に起床」と書いて指差した。

翌日からはファンさんの中国語に慣れたようで、徐々に聞きとれるようにはなったが、私から積極的に話すことが出来なかった。話す前に単語や語順を考えてしまい、結局知っている単語と身振りでしか伝えることが出来なかったからだ。ファンさんは私の単語を並べただけの質問でも意図を汲み取り、的確に答えてくれ、私が話さなくても様子をみて「疲れただろう。少し休みなさい」と

2018年、北京の紫竹院公園にてファンさんと

母親のように親身になってくれた。十代で母親を亡くした私にはその心遣いが懐かしく有難かったが「謝謝」よりも深い感謝の気持ちを言葉で表現できないことがもどかしかった。

あと一歩の勇気が踏み出せずにいた時、ファンさんが私の肩をそっと叩き「あなたは聞いてこないけど、私の夫は十年前に亡くなった」。拳骨で胸を叩き、「心臓の病気で」とゆっくりと語り始めた。「私は満州族で、祖父は故宮で働いていた」。軽い驚きと共に、リビングに満州族の衣裳を着たファンさんの写真が飾ってあった事を思い出した。兄弟姉妹が何の仕事をしているかも話してくれた。私は一回聞いただけで理解できたことに驚きながら、ファンさんが自分のことを沢山話してくれたことが嬉しかった。私も自分のことを話してみたくなった。伝えたいという強い気持ちを込めれば通じるのではないか。単語や語順や発音や声調が違っても恐れず話してみようと決めた。

次の朝、いつものように一緒に紫竹院公園に行き、ファンさんの仲間と音楽に合わせて踊った。公園内のベンチに座ると涼しい風が吹いてきた。今だ！　思い切ってファンさんに私の住んでいるところや家族のことを、ゆっくり、大きな声で話した。私の話を頷きながら聞いていたファンさんが「どんな家にすんでいるの」と聞いた。私はホワイトボードに自宅の間取りを書き、家族と猫の写真も見せて指差しながら説明した。初めて会話が途切れず続き、言いたいことも伝わったという手ごたえを感じた。「日本の桜はきれい？」とファンさん。「とても美しい。日本人はみんなお花見をする」「日本の桜を見てみたい」「私もファンさんと一緒にお花見をしたいな」。そう答え、「はぁー」と目を閉じふたりでお花見をしている姿を想像した。しばらく幸せな沈黙があり、ゆっくり目を開けると何かが変わったように感じた。気持ちも軽くなっていた。「一緒に写真を撮ろう」とファンさんを誘った。新しい風に吹かれながら、私は髪を整え自撮り棒をあげてファンさんに寄り添いシャッターボタンを押した。

その後は、何気なく思ったこともファンさんに言えるようになり、気負わずに話ができるようになった。半面、余計なことを言ってしまったり、ニュアンスを正しく伝えることが出来ずに勘違いさせてしまうこともあり、それはそれで笑い話になった。

最終日。ファンさんが空港行きのバス停まで送ってくれた。私が「帰りたくない」と言うとファンさんは肩をパンと叩いた。それ以上は言葉が出なかった。ファンさんが空を見上げた。私も見上げると青空に雲が浮かんでいた。爽やかな風と共にバスがやって来た。バスに乗りドアが閉まったとたん、私は号泣した。子どものように顔をグシャグシャにして泣いた。窓の向こうのファンさんの苦しそうな表情が遠ざかる。いちばん言葉が通じなかったファンさんといちばん気持ちが通じ、かけがえのない友達になれた。中国でできたはじめての友に、また会えるだろうか。日本に来てくれるだろうか。花が大好きなファンさんとお花見に行きたい。そして、日本の風に吹かれながらファンさんと語り合いたい。

芦田 園美（あしだ そのみ）

一九六四年千葉県生まれ。一九八六年武蔵野美術大学造形学部芸能デザイン学科卒業。同年テレビ番組制作会社に入社、バラエティ、情報番組、ドラマ、CMなどを制作。現在は日テレアックスオン勤務。二〇一五年から息子が通う清真学園の土曜講座で学生と一緒に中国語を学ぶ。二〇一六年から毎年、全日本中国語スピーチコンテスト千葉県大会に出場。北京のファンさんとは今でも微信で連絡を取り合っている。

二等賞

心の付箋

大学生　小嶋　心（東京都）

付箋が何枚も貼られたノートブックはとうとう開かれることはなかった。彼女がテーブルの影でそっと鞄にしまい込むのを私は見逃さなかった。

その日、朝から北京の道路はひどく渋滞していた。日中友好をテーマにした作文コンクールで入賞した私を含め二十数名は、副賞として一週間訪中の機会を得た。北京首都空港に降り立ってから三回目を数えた朝、一行を乗せたバスは北京のホテルを離れ学生交流が予定されている天津外国語大学へと向かった。しかし出発してからおよそ五分くらいだっただろうか。車窓の移り変わるスピードが明らかにスローダウンしていた。挙げ句の果てには眼下を走る自転車に追い越される始末である。早朝に発生した濃霧の影響で北京から天津へと通じる四つの高速道路が全て寸断されていたのだった。私たちを乗せたバスは終わりの見えない車列の中に埋もれてしまったのだ。

洋館が立ち並ぶ五大道の街並みが見える頃には予定時刻を大幅に過ぎていた。スケジュールでは四十五分後の私たちは南京行きのCRHに乗車していなければならなかった。四十五分というリミットは、学生との市内観光や昼食後の懇談が全てキャンセルされる状況を意味していた。門の前で待っている学生を一瞥し、重い足取りでバスのステップを降りた。

その先で待ち構えていたのは運命のいたずらだった。天津外国語大学の敷地内に足を踏み入れたその刹那一人の女学生が私に声をかけてくれた。彼女の第一声は「こんにちは」でも、「ようこそ」でもなかった。「～について作文を書かれた小嶋心さんですよね」。私の方を自信に満ちた視線で見つめ、流暢な日本語で口火を切った彼女の名は周さんといった。彼女は訪中団全員の作文を読み、名前までも暗記していたのだった。そんな彼女の片手には側面から何枚もカラフルな付箋をのぞかせているノートブックが大事そうに抱えられていた。しかし、昼食会場までの最短経路を並んで歩く彼女がそのノートを開くことは一度もなかった。彼女が予約した日本人好みの味付けで定評の中華料理店に着くと、私は彼女の隣の席に座った。その時彼女が視線を私たちから逸らさずに手元であの付箋だらけのノートを鞄にしまおうとして

わずか45分間で紡いだ友情。天津外大で出会った周さんと私

いる様子が目に留まった。私は何が書かれているのか気になって何の気なしに尋ねてみた。すると彼女は一瞬悲しそうな顔をしてため息混じりに呟いた。「このノートは天津に来たみんなのために名所をリストアップしてまとめておいたの。でも、結局時間がそれを許さなかった。だから今日はもうこのノートの出番はないの」。私を含め円卓に座っていた日本人は全員箸を止めて静まりかえった。誰も即座に「ありがとう」とは言えなかった。単純な感謝の言葉で済ませたくなかったからだ。彼女はすぐに話題を変えて取り留めもない日本のアイドルについての話をし始めた。私は彼女の明るい声色が響く中、立ち上る中華料理の湯気をじっと見つめ彼女の胸中を推し量ってみた。私自身、スケジュール帳に一行「天津外国語大学の学生と交流」と書かれていたからこの場所にやってきた。モチベーションはそれ以上でも以下でもなかった。しかし彼女は違っていたはずだ。この機会をずっと待ち望んでいた。その強い思いはノートという具象となって、私たちとの交流のために相当な時間を割いたに違いなかった。しかし予定が急遽変更され滞在時間四十五分間という残酷な結末になった時、彼女は自らの努力を生かそうとする決断を捨象した。おそらく彼女は

約七時間バスに揺られ続けて疲れ切った顔相の私たちを見て、ノートの存在をおもてなしとの天秤にかけたのだろう。そしてその結果、彼女がノートと引き換えに選んだのは私たちがリラックスして食事を取るための、説明時間を抜いた四十五分間だったのだ。ノートが物語る思いやりの真実を悟った時には、笑顔の彼女の片手にもうあのノートは無かった。彼女とのたわいない会話によって周りはとても暖かな空気に包まれていたが、私はしみじみと寂しい気持ちになった。今も時折あのノートの存在が気になることがある。結局役立つことのなかった付箋付きのノートに実際彼女はどのような思いを重ねていたのだろう。

　別れ際、私は彼女の声を聞くことができなかった。慌ただしくエンジンをふかして大学を去ろうとするバスは、窓ガラス越しに別れの言葉を叫ぶ彼女の声をかき消した。四十五分間、結局彼女がその内に秘める思い伝えようとするチャンスはほとんど水泡に帰してしまった。そして私たちと彼女の間にはごくありふれた時間を共有したという結果が残った。しかし不思議なことにその四十五分間は、鳴り止まぬ深い余韻を心に響かせている。今も目を閉じれば彼女と並んで歩いた道すがらをありありと思い起こすことができる。彼女が抱えていたノートブックに感じた重みを鮮明に蘇らせることさえできる。なぜなら彼女と過ごした四十五分間が私の記憶のノートに刻まれているからだ。

小嶋 心（こじま しん）

一九九八年静岡県生まれ。東京学芸大学教育学部在学中。二〇一七年、第四回Ｐａｎｄａ杯全日本青年作文コンクール優秀賞受賞。現在、同コンクール学生運営委員、日本科学協会主催笹川杯実行委員長を務める。二〇一七年から北京大学で開催した日中学生交流会の企画、司会を担当。二〇一八年には、笹川杯日本知識大会の受賞者と共同して開催する日中若者討論会を企画、運営。二〇一九年、Ｇ20により来日する習近平国家主席に日本青年代表が宛てた手紙を書で代筆した。青年世代における日中友好活動に尽力している。

二等賞

「ナンチエンジュー」を通るたびに思い出す、あの人たちと僕の居場所のこと

記者　高橋　史弥（東京都）

「ナンチエンジューだよ、もう少しであそこに店を開けたのになあ」。

一体何のことだか、全く分からなかった。

上海・復旦大学のキャンパスから、道を挟んで向かいの二階にある飲食店。五十代くらいの店主は、くたびれた常連客の学生が日本人だと知ってからというものの、仕事をサボっては「ナンチエンジュー」への未練を語るのが習慣になっていた。

二〇一〇年に上海での留学生活を始めてから、この店が僕の居場所になるまでそう時間はかからなかった。キャンパスから近いのもあるが、何より安い。お気に入りの「滑蛋牛肉飯」は六元だ。塩味が効きすぎているのが僕の好みだった。

ほぼ毎日やってきては同じメニューを頼む日本人は、ほどなくして店主の好奇の対象になってしまった。店員も僕が注文をするより前に、顔を見ただけで厨房を振り返り「滑蛋牛肉飯！」と叫ぶ。どうせいつも同じものを食べるからだ。五元ほどするココナッツミルクも勝手についてくる。後ろめたさではないが、店主が絡んできても断れなくなった。

だが実際は、仕事をサボる口実を見つけた店主よりも、助けられていたのは僕だったのかもしれない。

全てが順風満帆な留学生活ではなかった。本科生として留学したため、授業も試験も全て中国語だった。それに、単位を落とせば留学を続けられなくなるプレッシャーもあった。そんな状況で、日本人の先輩たちと仲違いを起こした。

やれることは何でもやる、そんな自分の意気込みを「人生疲れるよ」と一笑されたのに反論したことがきっかけだったと思う。「生意気な後輩」への制裁は簡単だ。

食堂のマスターと私

レポートや試験対策の輪から外してしまえば良い。追撃とばかりに、先輩のブログには僕を名指しで批判する記事が並んだ。見るのも嫌になった先輩たちのにやけ顔は、布団に潜っても夢の中にまで出てくる始末だった。

そんな僕にとって、いつもと変わらないあの店はどれほど貴重な存在だったかと思う。滑蛋牛肉飯はいつも塩味がきついし、店主はこっちの気持ちなんてお構いなしに聞き取りづらい方言で「ナンチエンジュー」への思いを語り続けるし、店で飼っていたトラ猫は僕のご飯を狙ってくるし。そこにあるのはいつもの光景でしかなくて、思い出したくもない先輩の顔も、ブログの文面も、不思議と店の中までは追っかけてこなかった。

結局僕は、中国人の友人に助けてもらうことで、無事に復旦大学を卒業できることになった。帰国の前の日、友人が送別パーティーを開いてくれた。楽しかったが、朝までコースはやめにした。どうしても行きたい場所があったからだ。夜十時ごろ。上海の中心地はこの時間でも昼のように明るかったが、大学の周りはもう真っ暗で人気もない。キャンパス目の前の道路を渡り、木製の階段を登っていく。通算百回を超えているのに、どんな顔をしていいか分からない。店の扉を開けると、僕以上に表情に困っている店主と家族が待っていた。

閉店後の店内はしんと静まり返っていて、それにつられて僕たちも言葉少なになっていった。「明日帰るのか?」「そうだよ」同じ会話を何度も繰り返した。思えば、この日々に終わりがあるなんて考えたこともなかった。僕たちにとっては突然「最後の夜」が来たような気持ちで、話す内容が浮かんでこなかったのかもしれない。紙とペンを渡される。当時はウィーチャットがなく、仕方なくメールアドレスを書いて返した。多分、メールなんか送ってこないだろうな、とわかってはいたけれど。

何時間そこにいたかは忘れてしまった。ただ翌日、日本へ帰る飛行機に乗り込む時、全身を透き通るような満足感が包んでいたのを今もはっきりと覚えている。僕にまとわりついていた、消えないインクの染みのような悪意は、もうそこにはなかった。

上海は、飲食店の入れ替わりが極端に激しい。だから、帰国して二、三ヶ月後に、あの店のあった場所が空っぽになってしまったのを耳にしても驚きはしなかった。メールボックスを何度か見直したけれど、店主からのメールは来ていなかった。

今はもう、店主と連絡を取り合う方法はない。それでも別に寂しくはない。目を閉じて、思いを馳せれば、あの滑蛋牛肉飯の、ちょっと危機感すら感じる塩味が浮かんでくる。それで十分だ。きっとあの味を通じて僕と彼らは今もつながっている。彼だって、どこかで飲食店をやっているならば、滑蛋牛肉飯を注文されるたびに、あのくたびれた日本人を思い出すだろう。

それでも、日比谷線に乗ると、ふと彼らを思い出す時がある。電車が南千住に到着する。もしかしたら彼は一度は破れた夢を叶え、ここに店を構えているかもしれない。そしたら、駅くらい使うよな、そう思いホームを見渡してしまう。懐かしい顔が見つかることはない。それでも、あの日々が笑いかけてくれたようで、僕もちょっと笑いながら、また次の駅へ向かっていく。

高橋 史弥（たかはし ふみや）
一九九〇年東京都世田谷区生まれ。高校生一年生から中国語学習をはじめ、早稲田大学法学部在学中の二〇一〇年から復旦大学新聞学院コミュニケーション学科へ本科生留学。二〇一三年に同大学を卒業。卒業後はNHKに記者として入局し静岡県や長野県で勤務。二〇一九年よりハフポスト日本版ニュースエディターとして、中国・東アジア、外国人との共生に関する取材を担当。

二等賞

ひょうたん笛を吹くたびに

ピアノ講師　森原　智美（兵庫県）

二〇〇五年四月、中国の上海で反日デモが勃発しました。その際、日本総領事館にペットボトルなどが投げ込まれたり、日本料理店の窓ガラスが割られたりしました。私は、そのようすをテレビで観て、衝撃を受けました。主人の転勤で、これからこの地に住むことになるのかと思うと、不安に駆られました。

日本を発ち、初めての中国で印象的だったのは、タクシーの運転手がまるでホテルのように星の数によってランク付けされていたり、「マッサージ」ではなく「マサーヅ」と書かれた看板を見かけたりしたことです。このような光景は、日本では皆無です。そのため、初めての中国での生活は驚きと意外性に満ちあふれ、毎日がとても刺激的でした。一方で、中国の人々に目を向けると、彼らは年配の方を敬い、電車では必ずと言って良いほどお年寄りに座席を譲っていることに気づきました。また、家族や親戚との時間をとても大切にし、週末になると親戚を招いて大勢で賑やかに円卓を囲むことは日常茶飯事だと知りました。さらに、一度信頼関係を築くことができると、とことん尽くしてくれると聞き、とても親近感を覚えました。驚きの中にも、このような中国人ならではの素晴らしい国民性を肌で感じつつ、中国はいつしか「住めば都」となってゆきました。そうして一年が過ぎ、私は日本に本帰国することになりました。その時に体験した次の出来事により、中国は忘れられない国となりました。

私は、帰国に際し、中国での思い出にと、以前から吹いてみたかった民族楽器のひょうたん笛を買いに行くことにしました。ひょうたん笛を売っている楽器店が密集している通りを友人が地図に描いてくれたので、それを持って出かけました。しかし、電車を降りてすぐさま、道に迷ってしまいました。そこで私は、目に留まったピアノの販売店に飛び込み、楽器店までの道順を片言の中国語で尋ねました。何人かの店員さんたちが、身振り手振りで口々に説明してくれましたが、私はその中国語を聞き取れませんでした。すると、そのうちの一人が「私が一緒に行きます」と言ってくれたのです。その方は、地図を何度も見て、時おり通行人に聞きながら私を楽器店街まで案内してくれました。お陰で私は、何軒かの楽器店をくまなく見て回り、念願のひょうたん笛を買うことができました。このように、親切に接していただいたことで、私の中国人に対するイメージは一変しました。つまり、「中国の人は優しい」と身を持って実感したのです。私はとても嬉しく、ひょうたん笛を買った後、コンビニエンスストアで中国人がよく食べているひまわりの種を買いました。そうして、道案内をしてくれた方がいるピアノ販売店まで戻りました。「給你《ゲイニー》」と言ってそれを渡し、買ったばかりのひょうたん笛を見せました。すると、その人はにっこり笑って「謝謝《シェイシェイ》」と言ってくれました。「終わりよければ全てよし」。私の初めての中国での生活は、この出来事で終えることができ、とても清々しい気持ちで帰国の途につきました。

中国で買ったひょうたん笛

　私の尊敬する永六輔さんは、「生きているということは、誰かに借りを作ること。生きていくということは、その借りを返してゆくこと」という言葉を遺されています。私たちは、生まれてから常に周囲の人たちのお世話になって生きています。周りの人たちに迷惑を掛けまいと思いながらも、人の手を借りなければならなかったり、知らず知らずのうちに人の手を煩わせてしまったりします。しかし、いつか誰かのためにその借りを返していくことが大切だと思います。中国での体験によって以前耳にしたこの言葉を思い出し、いつか日本で困っている外国人を見かけたら、今度は私が救いの手を差し伸べていこうと切に思いました。

帰国して数年後、私は娘を駅まで車で迎えに行きました。すると、娘が「中国人が乗る電車を間違えて困っている」と言って駆け寄って来ました。私は、数年前に中国で親切にしてもらったことを思い出し、〝借り〟を返せる絶好のチャンスだと思いました。私たちは、その女性を本来乗るべき電車の駅まで送ることにしました。彼女は、日本語がとても堪能で、将来のために憧れている日本で様々な勉強をしていると話していました。別れ際には、丁寧にお礼を言ってくださり、「やっぱり日本人は優しい」と喜んでもらうことができました。私は、あの時の〝借り〟を返せた喜びだけで無く、中国人との縁を感じずにはいられませんでした。

ひょうたん笛は、和楽器の笙に似ていて、深みのある優しい音色です。それを吹くたび、優しい中国人のことが思い出され、私にとって中国は忘れられない桃源郷となりました。

森原 智美（もりはら ともみ）

一九六八年香川県丸亀市生まれ。一九九一年大阪音楽大学を卒業し、ピアノ講師としてカワイ音楽教室に勤務。結婚を機に退職。二〇一四年より作文添削員としてミオン株式会社に勤務。二〇一八年に作文添削技修士準一級を取得し、年間約千五百枚の小・中学生の作文添削を行う。二〇一九年四月より、ぽこあぽこ音楽教室にも勤務し、週二回ピアノの個人レッスンを行っている。

二等賞

「熱情」を忘れない

自営業　福島　達也（長野県）

私が初めて中国を訪れた時の第一印象。それは、中国人は親切だということだ。親切を中国語に翻訳すると「熱情」。私は中国語の「熱情」という言葉が大好きだ。なぜなら、中国語の「熱情」という言葉には人間の温かさや、熱意が込められていると感じるからだ。そして、中国人の「熱情」との出会いは、私の人生を豊かにしてくれた。

私が初めて中国を訪れたのは一九九九年の夏だった。当時、私は日本の大学で中国語を学ぶ十九歳。中国語を上達させたい熱意に燃えていた私は、大学の夏休みの期間を利用して中国の北京師範大学に短期留学をした。初めての中国で、私を感動させたのは、中国人がとても友好的で、いつも親切に私に接してくれたことだった。私の中国語は決して上手ではなかったが、「ニーハオ！」自分の心を開いて笑顔で話しかけると、中国人はいつも笑顔で快く応じてくれて嬉しかった。

そんな私だったが、ちょっとした事件を経験した。当時、留学していた北京師範大学の近所にはお洒落な喫茶店があった。私は中国で初めて一人で外食でその店を訪れた。しかし、代金の支払いになって、私は焦った。財布の中のお金が足りなかったのだ！　どうしよう……まさかの事態。正直、生きた心地がしなかった。仕方がない。私は店員さんに正直に事情を話した。「本当にごめんなさい。珈琲の代金は明日必ず持ってきます」。初対面の外国の若者を信じてもらえるのか、心の中ではとても不安だった。しかしその店員さんは言った。「代金は私が立て替えておきます。また後日に持ってきてくださいね」。私はその店員さんの態度に深く感動した。その店員さんは二十代の若い女性だった。私はその夜、中国語の辞書を引きながら、その女性に心からの感謝の気持

1999年、八達嶺長城にて

ちを伝えるために、中国語の文章を一生懸命に考えた。翌日、珈琲の代金を持ってその喫茶店を訪れた。直接にその女性に自分の感謝の気持ちを伝えた。その女性の名前は張さん。北京師範大学の大学院の音楽科の学生だった。五歳年上の張さんは実の姉のように親切に接してくれた。そして時々私に簡単な中国語を教えてくれるようになった。私はいつしか張さんとおしゃべりするのが楽しみで喫茶店に通うようになった。

また、こんな事件もあった。私が不注意でガラスのコップを床に落として、割ってしまったのだ。張さんは動揺して必死に謝る私に「大丈夫よ。気にしないで！」と笑顔で言った。「弁償させてください」と私が言ってもお金を頑として受け取らなかった。後日、私は別の店員さんからコップのお金は、実は彼女が代わりに弁償してくれていたことを知った。私は彼女に対して申し訳なさで頭が上がらなかった。でも彼女はいつでも「没事！没事！（大丈夫よ）」と笑顔で優しく接してくれた。そして、留学が終わり帰国する前日。私は張さんに今までお世話になった感謝の気持ちを伝えるとともに、「これからも友人でいてください」と伝えた。張さんは「もちろんよ」と、やはり笑顔で返してくれた。こうして私達は帰国後も文通をしながら交流を続けることを約束した。帰国後、私はすぐに張さんにお世話になったお礼の手紙を書いた。辞書を引いたり、中国語の手紙の文例を調べたりしながら、自分の思いを伝えることに一生懸命だった。一カ月後、張さんからの返信の封筒がポストに届けられた時は、跳び上がるほど嬉しかった。しかし、すぐにある問題に気づいた。張さんが書いた手紙は字が達筆で、文章表現も高度だった。当時、中国語学習の初心者だった私には張さんの書いた文章を読んで理解する能力がなかったのだ。私は同じ大学に通う友人で、福建省出身の留学生の謝君に助けを求めた。謝君は私に張さんの手紙の文章をわかりやすく翻訳してくれた。本当にありがたく謝君の友情に感謝した。しかし、それだけではなかった。謝君は私が張さんと中国語で交流するのに困らないように、個人的に中国語を教えてくれることになったのだ。毎朝、授業が始まる前に大学の食堂で謝君は親切に丁寧に私に中国語を教えてくれた。謝君は深夜のアルバイトで疲れているのに「友達だから」と、嫌な顔をせずに私に中国語を教え続けてくれた。私の大切な思い出である。

あれから二十年が経って私は三十九歳になった。現在は日中友好協会に所属していて、ボランティアで中国との友好交流活動の通訳をしている。日中友好に貢献することで、少しでも張さんや謝君の「熱情」に対して恩返しがしたいと思う。また、昨年は地域の日本人を対象に中国語教室を開催した。一人でも多くの日本人の中国語学習の手助けをしたいという思いだ。そして、一人でも多くの日本人に実際に中国に行き、中国人の「熱情」に触れてほしい。ぜひ、中国語の「熱情」の言葉の奥深さに触れ、自らの人生を豊かにしてほしいのだ。

福島 達也（ふくしま たつや）

長野県生まれ。㈱ふくしま新聞店代表取締役。愛知大学現代中国学部卒業。上海復旦大学大学院国際関係学院中退。前・飯田日中友好協会副理事長、青年委員会委員長。中国留学の経験を生かし、現在はボランティアで日中友好交流事業の通訳に携わる。また、日中の学術シンポジウムや、大学の公開講座において中国側の資料の翻訳に携わるなど、地域の日中の文化交流の発展に貢献している。

二等賞

三週間の中国留学が教えてくれたもの

銀行員　澤野　友規子（静岡県）

私達を乗せた車は北京首都国際空港を出発した。車内ラジオから聞こえる早い中国語。しかし、中国語を勉強して一年の私には断片的にしか聞き取れない。私はそれよりも車窓からの景色に心を奪われていた。車六、七台分はありそうな道幅の道路。ぶつかりそうなくらい迫ってくる車。車体の長いバス。ヘルメットも被らず、信じられない量の荷物を原付に積んで走るおじさん……。

二〇一五年二月。私達六人の大学生が中国北京に三週間の短期留学に来た。目に入るもの全てが中国語表記。何もかもが日本と違って目新しかった。しかし、理解できる中国語は少なかった。ずっと憧れていた中国へ、やっと来られたというワクワクな気持ちと裏腹に、三週間暮らしていけるだろうか、という一抹の不安もあった。

中国に来てすぐに元宵節がやってきた。キャンパス内には赤い提灯や中国結があちこちに飾られ、ライトがピカピカしていた。食堂ではお団子が出てきたので、食堂の阿姨に何かと尋ねると、「これは元宵というお団子で、元宵節に食べるんだよ」と教えてくれた。食堂ではそのお団子をスープに浮かべたものが出てきたが、興味津々の私達の為に、お団子を揚げたものもわざわざ作ってくれた。中国のお母さんのような阿姨たちと一緒に元宵を食べ、「元宵節快楽～！」と笑い合っていると、まるで中国の家庭にいてお祝いしているような温かい気持ちになった。夜になると五、六カ所で花火が上がり、爆竹が鳴っていた。このド派手な中国のお祝いモードは、私の中で今でもとても熱い思い出となっている。

キャンパスの外に出ると、少し緊張する。まずバスに乗るためバス停に行く。そこで時刻表がないことに驚いた。始発と終バスの時間しか書いていない。ひたすら待った。それから初めての地下鉄。切符の買い方がわから

2015年2月、留学先である北京華文学院の絵画の授業にて

ず、窓口に聞いた。お姉さんは最初こそ不愛想だったが、私がドキドキしながらつたない中国語で話しかけると、外国人だと気づいたのか、最後はニコッと笑ってくれた。少し緊張がほぐれた。街中を歩いていると、中国風のレイアウトでお洒落なお茶屋さんを見つけた。こっそり携帯で店内の写真をとっていると、突然店員のおばちゃんが登場。びっくりして「ごめんなさい」と謝ると、「こっちも撮るといいよ～」とさらにお洒落なところを紹介してくれた。おばちゃんの人柄の良さが一瞬で分かった。「この二種類のジャスミン茶は何が違いますか?」と聞くと「這個 zhiliang 比較好」という。「zhiliang ?」と私が聞き返すと、紙とペンを持ってきて、「質量」と書いてくれた。私が電子辞書で調べ始めると、おばちゃんも一緒に覗き込んできた。なるほど、「こっちは、品質がいいよ」と言っていたのか。私が「わかった!」と笑顔で頷くと、笑顔で頷き返してくれるおばちゃん。心が通じ合ったような気がした。こうして、私はおばちゃんおススメのジャスミン茶を購入できたのだった。

さらに、北京のイトーヨーカ堂で私が中国の茶道具を見ていると、「歓迎光臨(いらっしゃいませ)」と声をかけてくれる店員さんがいた。若い女性の方だ。何か私に話しかけてくれたが、例の如く聞き取れない。私は「分からないです」という表情をして「只是看看（見ているだけです）」と言った。それでも店員さんはさらにゆっくりと茶道具の説明をしてくれた。「この〝套〟はどういう意味ですか？」私が質問をすると、「これはセットのものを数える量詞です。一套、两套、三套……というふうにね」と教えてくれた。私がメモをとっていると、それを見て説明を待ってくれた。最後に私が「謝謝」と言ってお店を去る時には、「加油学習（勉強がんばってね）」と言って笑顔で手を振ってくれた。あの時感じた優しさは、今でも忘れられない。

　当時の私の中国語力は低く、言葉だけでは意思疎通が難しいこともあった。しかし、表情やしぐさから中国人の人たちの優しさと温かさがとても伝わってきた。そして、テレビのニュースや本からでは分からない、本当の中国の良さを肌で感じることができた。貴重な三週間だった。もっと中国を知りたい。中国人の方と関わりたい。私の初めての中国留学は私の中国への興味をより掻き立てた。

　私は現在、池袋や横浜、静岡など日本各地で日曜日に開催されている「星期日漢語角」に参加し、中国人や日本人と直接会って交流を楽しんでいる。インターネットが発達した現代では、ネット上で簡単に国を超えた会話ができる。しかし、私が留学していた時に感じたあの言語を超えた優しさや温かさは、直接会って交流したからこそ得られたものだ。私がこの漢語角に参加する理由は、その温かさをこれからも大切にしていきたいからだ。メディアのニュースはほんの一部分でしかない。本当の中国とはどんなものか、本当の中国人とはどんな人たちか。それを自分の目で確かめようとする人が増えていけば、本当の「日中友好」が実現する日がくると私は信じている。

澤野 友規子（さわの ゆきこ）

二〇一五年静岡大学卒。卒業直前に北京へ短期留学。卒業後は中国語を独学しながら、東京や神奈川、静岡、名古屋の日中交流会や中国関係のイベントに参加。一方で、Instagram を中心に中国語学習に関する内容や各地の日中交流会の様子などを発信、中国語学習者を集め中国語勉強会を主催している。また、静岡市日中友好協会主催の春節会や浙江国際チャイナドレス会の来日イベントでは司会を務める。本業は銀行員。

二等賞

中国人の「親切」と「人懐っこさ」が好き

会社員　神田　康也（東京都）

自分が中国人の好きな点は、「親切」と「人懐っこさ」である。

まずは中国人の「親切」に関するエピソードを紹介したい。

かつて映画化もされた『敦煌』など、シルクロードを題材にした井上靖氏の様々な小説、そして高校の世界史の授業で使用していた資料集に掲載されていた甘粛省敦煌市にある莫高窟の壁画に魅せられ、二十代最後の節目の年、しかも誕生月である十月に、自分への誕生日プレゼントとして、初めて海外を旅行しようと、陝西省西安市と甘粛省敦煌市を訪れた。

西安市近郊のとある観光名所に行こうと、現地の旅行会社が中国人向けに設定したツアーに参加したところ、東京のはとバスのように添乗員があれこれと世話してくれるのかと思いきや、往復のバスと食事だけが付き、バスが規定の観光名所を巡って参加者を降ろした後、参加者が自分でその名所を散策し、ガイドが指定した集合時間と場所に戻ってバスで次の観光名所に行くという形式であった。

しかしながら、自分の拙い中国語のせいか、あるいは中国人向けのツアーに外国人が参加したからか、若い男性のガイドが心配して、付きっ切りでそれぞれの観光名所を廻って、そこの由縁を説明してくれたことに驚くとともに、「見ず知らずの外国人、しかも言葉もろくに通じない人間にここまでしてくれるものなのか」と感動した。

ツアーの開始時に万が一の連絡先としてもらったガイドの名刺は、すっかり擦り切れてボロボロになってしまったが、今でも大切な思い出の品である。

次に中国人から受けた「親切」で感動したのは、映画『ラストエンペラー』のファンとして、二回目の中国旅行で東北地方を訪れたとき、遼寧省瀋陽市で宿泊したホテルのスタッフから受けたものである。

そこのホテルの朝食はバイキング形式だったのだが、自分は生まれつき右手が奇形なので、「(右手が不自由で)大変だろう」ということで、わざわざホテルの女性スタッフが自分の代わりにトレイを持ってくれて、料理を取り分けてくれた。

2016年、瀋陽故宮にて

自分の産まれた国を悪く言うようで恐縮だが、日本では障害者に対する差別や偏見が強いため、学生時代は「お前が近づくと俺達の手も腐る!」という理由で、同級生から黴菌として扱われ、就職活動では面接官から「うちの会社に障害者は要らない」と言われた。

なので、中国で受けた現地人のこうした些細な親切はひとしお身に染みた。

ましてや「旧満州国」として、かつて日本人が支配していた土地であるから、なおさらのことである。

次に中国人の「人懐っこさ」に関するエピソードを紹介したい。

旅行中は少しでも費用を節約するため、食事は現地の住民向けの大衆食堂で済ませることが多い。

そういった店では、当然のことながら日本語はもちろんのこと、英語すら通じないので、中国語で注文する必要があるわけだが、自分の中国語は拙劣なため、筆談と身振り手振りで何とか注文するといった状況である。

そうすると店員は、客が外国人だとわかり、「どこから来たのか?」「今まで中国はどこを旅してきたのか?」と聞いてくるので、拙い中国語と筆談でしどろもどろに答えるようにしている。

特に印象に残っている出来事としては、最近日本と中国で上映された『空海 -KU-KAI- 美しき王妃の謎』（中国語のタイトルでは『妖猫伝』）のロケ地を訪れるべく、昨年の十月に湖北省襄陽市を訪れたとき、昼過ぎに街を散策していると、なかなか良い雰囲気のお店を見つけた。

休憩がてら中に入ってお茶を飲んだところ、やはり内装がお洒落でお茶の味も美味しかったので、夜のバータイムにも再び訪れた。

頼んだビールを自席で待っていると、一人の若い男性スタッフが話しかけてきて、「日本に興味があっていつか訪れたいから、日本のことを色々と教えてくれ」と頼まれたので、彼が訪れたいという富士山や、日本人の女性と知り合うにはどこに行けば良いのかなど、色々な話をした。

残念ながら自分の中国語が未熟なので、最終的には微信のチャット機能を使って、コミュニケーションを取ることになったが、今でも偶に「元気でやっているか?」「日本の様子はどうだ?」と連絡をしている。

このように中国人の「親切」で「人懐っこい」に魅せられた自分は、現在学習している中国語の実践訓練も兼ねて、毎年一回は必ず現地を訪れるようにしている。

今までは観光が主な目的で、一週間程度の滞在であり、何となく相手の言っていることがわかりかけたときに帰国するというパターンだったので、今年の夏から秋にかけて、二週間程度の短期留学を現在計画中だ。

まだどの都市に行くかは決めていないが、どこにせよ中国語を鍛えて、もっと現地の人々と交流していきたい。

神田　康也（かんだ やすなり）

一九八五年十月二十日生まれ。埼玉県所沢市出身。現在は東京都中野区に住んでおり、民間会社で就業中。

中国を初めて意識したきっかけは、地元の所沢市に中国残留邦人を対象とした教育訓練施設があり、小学三年生か四年生の頃に、学校の課外活動としてご本人の体験談を聴きに行ったことである。

二等賞

衝撃的な一日

中学・高校教師　岩崎　みなみ（広東省）

「私、今度中国に行くんだ。」と友達に言いました。「へぇ、中国って餃子とか小籠包とかがおいしいらしいよね。パンダを見に行くの？」「ううん、仕事だよ」私がそういうと、友達の顔が曇りました。「え、大丈夫？中国って空気があまりきれいじゃないらしいし、日本より遅れているんでしょ？」それに続けて、もう一人の友達が言いました。「中国の人ってマナーもあまりよくないし、喧嘩っ早いって聞くよ」その話を聞いて、私は不安になりました。これから中国で働くと言った時、家族にも友達にもとても心配されました。そして、二〇一八年五月三十日、どんよりとした曇り空の中、不安を抱えながら東京を飛び立ちました。

中国の空港に到着した時、中国人とドイツ人の同僚が待っていてくれていました。晴れ渡った空でした。ニュースで見る中国は靄がかかっているイメージが強かったから、「空気がきれいなんですね」と言うと、「いつもこうですよ」と言われました。これは一つ目の驚きです。それからみんなでご飯を食べました。会計の時に私がお財布を取り出そうとすると、他の全員が携帯電話を取り出しました。私が困惑していると、ドイツ人の同僚が「中国ではキャッシュレス化が進んでいるから、携帯で会計を済ませるんだ。地下鉄にもバスにもこれがあれば乗れるよ」と教えてくれました。中国人だけでなく、私を含めた外国人もそれを使えるんだ、とまた驚きました。

私たちが地下鉄の駅に行ったとき、ホームでは既に乗車口の両側に列ができていました。そして、日本と同じように、降りる人が降りてから、お客さんが電車に乗り始めました。正直に言えば、私にとってそれは意外なことでした。海外では列を作らずに乗り込むイメージがあったからです。

2019年高等部にて、高校一年生と同僚と

さらに、私は你好や謝謝がやっと分かるレベルで、ほとんど中国語が話せない状態で中国に来ました。私が空港内で迷子になってしまった時やスーツケースを全然見つけられなかった時、身振り手振りで職員の方に自分の状況を伝えました。私は怒りっぽいという先入観を持っていたので、職員の方に怒られるかもしれないと思っていましたが、職員の方は私が行きたい場所へわざわざ連れて行ってくれたり、スーツケースを見つかるまで一緒に探してくれたりしました。声が大きかったので少し怖かったですが、それは怒っているのではなく、真剣に協力してくれようとしているのだと私には分かりました。空港の職員だけではなく、道に迷った時には通行人が目的地まで連れて行ってくれたことなども何度もありました。助けを求めると、多くの人が熱心に協力してくれます。その日何人もの中国人の方とコミュニケーションを図りましたが、誰も怒りませんでした。また、街や店で喧嘩をしている人も見かけず、みんなおおらかに笑っていました。

こうして見事に、空気が汚れている、日本より遅れている、マナーが悪い、喧嘩っ早いなどという私の中の先入観が、初日にすべて裏切られてしまいました。

この衝撃的な日から、もうすぐ一年がたとうとしています。今まで中国で暮らしてきて、空気が汚いと感じた日は一日もありません。また、今では私もキャッシュレス化の恩恵を受け、財布やクレジットカードを持たずに、携帯電話とカギとパスポートという簡単な装備で出かけています。また、中国人が喧嘩っ早く見えていた理由もわかりました。一つ目に、中国人の皆さんが感情を豊かに表現すること、二つ目に、中国語の言語上の理由から通常の場合日本語に比べて大きい声で話す必要があることです。大きい声で話されると、中国語が分からない日本人の私の感覚では怒っているのかな、と感じてしまいますが、中国人の方たちにとってはそのトーンが普通だったのです。もちろん、本当に怒っていることもありますが、私の感覚ではそんなに頻繁に怒っている印象がある人はいません。皆さん穏やかで情熱的で、そして優しいです。また、実際に住んでみて、中国の方々のほとんどが中国でのルールをきちんと守っていることも分かりました。日本でマナーが悪く映ってしまうのは、中国で許されているマナーが日本で良くないとされているということをただ単に知らないという理由があるかもしれません。もちろん、中国にも中国でのマナーを守らない人もいます。しかし、そのような人は日本にもいるし、世界中にいるでしょう。

　私や私の周りの日本人が持っていたイメージの中には正しいものもあります。例えば、餃子や小籠包はおいしいし、四川省にはかわいいパンダが保護されています。しかし、「知らない」ことによる誤解や、「文化差」による認識のずれによって、誤解してしまっていたことは紛れもない事実です。無自覚を自覚することができました。

　私の初めての中国。その日は中国のイメージだけでなく、私の国際感覚をも変えてくれた衝撃的な一日でした。

岩崎 みなみ（いわさき みなみ）

一九九五年茨城県生まれ。文教大学文学部日本語日本文学科卒業。大学時代に日本語教員一級（主専攻）を取得、日本語教育能力検定試験に合格。中学校と高等学校の一種教員免許状（国語）取得。日本で日本語学校の講師を経験したのち、二〇一八年から中国の広東省にある中学校と高等学校で日本語ネイティブの教師として、日本語や日本文化、日本人の考え方などを教えている。

二等賞

小さな羽ばたき

銀行員　後藤　明（北京市）

二〇一八年の春、私と妻と娘の三人は、北京に引っ越すことになった。ランドセルを祖父母に買ってもらい、自宅近くの公立小学校で新一年生になる準備をしていた一人娘の紡希《つむぎ》は、北京で初めての小学生生活を送ることになった。

二〇一七年の暮れに北京への転勤を告げられた私は、ビザの取得や部屋探しなど、新生活の準備を始め、妻は以前に使っていた中国語のテキストを本棚の奥から引っ張り出した。そして娘は、幼稚園の友達との別れを惜しんでいた。

四月になり、北京日本人学校で始まった娘の小学校生活は予想以上に順調であった。自宅マンションから学校までの送迎バスがあることや、給食ではなくてお弁当であることなど、日本の一般的な公立小学校とは違う部分も多い。しかし、日本全国から北京日本人学校に集まっている先生たちはとても熱心で、安心して任せることができる学習環境だと感じることができた。そして、中国語の授業があることは、北京日本人学校の特色の一つであった。

小学一年生の娘には、まだ中国の文化や歴史を学ぶことは難しいかもしれない。しかし、中国で生活をするからには、娘にも中国語を学んでもらいたい、というのが私たち両親の願いであった。なぜなら中国語を学ぶことは、知識が身につくだけではなく、中国での交流の幅を大きく広げるということを、私たちは身をもって知っていたからである。

「子ども同士は、言葉がなくても仲良くなれる」と言う人もいるが、日本語という道具を手に入れてしまった六歳の娘には、言葉を介さずにコミュニケーションをすることが難しくなっているように見えた。日本語では挨拶ができても、中国語では恥ずかしがって挨拶すらできないこともあった。公園に行って同年代の子どもがいても、一緒に遊ぶ様子をみることはなかった。

北京での日常生活の一場面

大人になってから中国語を学んだ私たち夫婦は、最初に発音（ピンイン）を学び、次に日常会話を学ぶことを当たり前のように考えていた。しかし、アルファベットが読めない娘にいきなりピンインを教えることは難しい。その上、ピンインを習う段階で、娘が中国語に対する興味を失ってしまう、もしくは中国語を嫌いになってしまうのではないかと懸念していた。手始めに、中国人の幼児が言葉を学ぶための単語カードを買ってみたが、なかなか娘に興味をもってもらうことはできなかった。そんな試行錯誤の日々が続いていた。

「日本はいいな、日本語のアニメをやってるし」、「日本はいいな、幼稚園の時の友達もいるし」と繰り返す娘に、「そんなに帰りたければ、ひとりで日本に帰れ！」と言葉を荒げてしまい、後で反省するような日々の繰り返しではあったが、中国のいろいろな景色を見せたくて、週末にはできるだけ娘を街に連れ出した。

初夏になり、娘を近所にある中国語教室にも通わせ始めた。遊びを取り入れたレッスンのようで、喜々として教室に通っているようであったが、娘の口から発せられる中国語を私が耳にすることはなかった。

中国はとても子どもに対して優しい国だと思う。日本では六歳ぐらいにもなれば、電車やバスで席を譲られることはないが、中国では離れたところから娘を見つけて席を譲ってくれるような優しい人々にも頻繁に出会う。また、娘をつれて街に出掛けた際に、「何歳？」だとか、「どこの国から来たの？」と人懐っこい目で見ながら、中国語で問いかけられることは、一度や二度ではなかった。ある日、中国語で年齢を聞かれて、もじもじしている娘の背中をつつくと、「六歳（六岁）」という中国語が娘の口から現れた。これを聞いた相手は、満足そうに「六歳なんだね、かわいいね（你是六岁啊，很可爱！）」と笑顔で応じてくれた。自分の発した中国語が、相手にちゃんと届いたことがわかったその瞬間、娘が自信に満ちた顔をしていたことが、とても印象的であった。

妻は買物の時に、娘に対して商品の値段を店員さんに聞いてくるように頼むなど、日常生活で中国語に触れる機会が増えるように工夫をしているようだった。そうしているうちに、だんだんと娘も中国語を話すことに自信がついてきているように見えた。

北京に来てから季節が一巡し、娘は小学二年生になった。中国語の発音に関しては私よりも上手いと感じることも増えてきていて、少し悔しい気持ちもあるが、それよりも嬉しい気持ちの方が格段に大きい。娘は恥ずかしがって、中国語を話すところを私にあまり見せてはくれない。しかし、そっと離れて見守っていると、お店の人などと、簡単な会話をしている場面を目にすることも増えてきた。

日本人である娘が、新しく手に入れた言語を使って、中国人とコミュニケーションをしている姿をみると、外の広い世界に羽ばたき始めた、勇敢な娘の姿を目撃しているような、とても幸せな気持ちになることができる。中国で生活している私たちは、現在進行形で、家族の幸せを叶えることができている。

後藤 明（ごとう あきら）

一九七八年四月生まれ、東京都出身。二〇〇二年に大学を卒業し、政府系金融機関に入行。東京、香川及び新潟での勤務を経験した後、二〇一八年四月より同行の中国現地法人にて勤務。現在は、妻と娘（小学二年生）の三人で北京市内在住。日本では、NGT48を応援することと、新潟の海鮮を肴に日本酒を飲むことが趣味。中国では、羊肉料理を食べることと、日用品や骨董の市場を巡ることに熱中。二〇〇〇～二〇〇一年と二〇〇七～二〇〇八年にかけて、中国留学を経験。

三等賞

好奇心は最高の財産

大学教員　宮崎　圭（湖南省）

二年前から湖南省の大学で日本語教師をしているが、現在の発展した中国とは違う、初めての中国体験を語りたい。

遡ること約二十年前、大学二年の夏休みに大学のプログラムで私は初めて二カ月間北京大学に短期留学をした。大学のクラス約二十人と一緒に行き、寮、授業のクラスともに東京、広島の他大学からの留学生も含めて全て日本人と一緒だった。午前中は授業、午後は引率の先生と一緒に観光地を回る毎日だった。旅行気分で楽しい日々が過ぎていったが、少しずつ不安も感じはじめていた。それは場所こそ北京であったものの、授業以外殆ど日本語を話す生活をしていたからだ。このままでは短期留学の意味が無いと感じた私は、引率の先生や友達に相談して、一日だけでも日本人の一人もいない環境に身を置く為に一人旅をさせて欲しいとお願いした。

当時、今程日本人が留学しておらず、反対意見も多かったが、熱弁するうちに、その日の門限夜十時には必ず帰ることを約束して何とか了解を得た。約二十年前の北京は地下鉄はほぼなく、トロリーバスや黄色いバンのようなタクシーが主流で、大学からは北京市内自由に使えるバスのフリーパスを渡されていた。だが、今までは北京大学付近や市内中心の観光地までの短距離でしか使ったことはなく、中国の農村に一度行ってみたかった。

初めて一人行動になり興奮しながら、北京市街地から出来るだけ離れようとフリーパスが使用可能な地図の端を目指して一時間以上バスに揺られながら、ある小さな村に着いた。そこでは全員が日本人に会うのは初めてという環境で、片言の中国語で交流した。珍しいもの見たさに村人が集まってきたが、当時は日本人というだけで不快感を抱く村人もおり、一人でのこのこ来たことに少

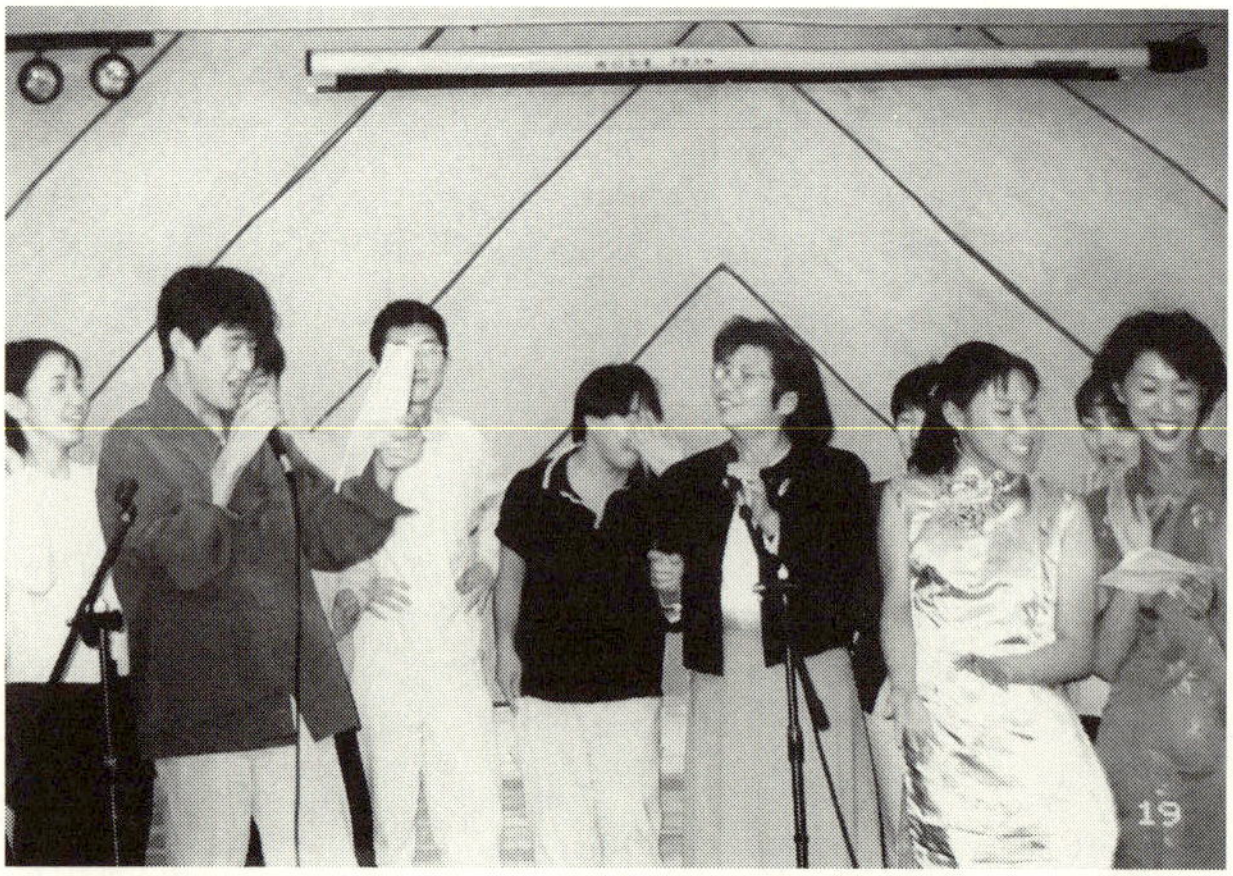

短期留学最終日、お別れ会にて（筆者は前列左、中国語で歌唱）

し不安の予兆を感じたが、一人旅をしている充実感から気にしなかった。村の見学や交流をひと段落終え、夕方になりバスで戻ろうと思ったところ、何とその日のバスはもう終わっていた。

不安が的中し、村人にどうにか北京大学まで送ってもらえないか頼んだが、村人は「そんな遠いところへ行きたくない」の一点張りだった。不安でたまらなくなった私はどうしても帰りたい為、お金の交渉をすると、「二百元だったら送ってあげる」と言った。当時の二百元は現在と物価価値も違い、例えば学食の食事代も一元か二元でお腹いっぱいの時代だ。きっと私が日本人だから、そんな高額な金額を言ってきたのだろう。緊張と興奮で言葉がうまく伝わらず土の地面に棒で字を書き必死で交渉していたが、早く帰りたい不安から途中で値切り交渉を諦めた。その後、村の長みたいな老人が若者に送ってやれと言い、しぶしぶ若者が送ってくれた。

そこで、帰りのトラックの中で暇つぶしのように色々運転手が話してきた。途中から簡単な日本語を教えると少し覚えた簡単な挨拶を話すうちに運転手の強張っていた顔が笑顔になり、だんだん上機嫌になってきて、「日本人は悪い人だけではないんだ」と言った。彼は機嫌が良くなり北京大学に着いてから、お金を払おうとすると、「百元で良いから、また来て欲しい」と言われ、私に握手を求め「また会おう」と笑った。その時は言葉にならないくらい嬉しかった。夜九時をまわっていた。当時PHSを持っていたが圏外で先生や友達と連絡が取れなかった為、みんな心配して北京大学の門で私を待ってくれていた。無事に着いて、みんなに会えた安心感と運転手との心が通じた感動で一気に涙が溢れそうになった。

今振り返ると二カ月間の短期留学の中で、唯一濃厚な異文化交流が出来たかけがえのない一日だった。本当に自ら行動して良かったと心から思っている。

現在の中国は言わずもがな、凄まじい発展途中である。旅行で行く度に当時の北京の面影が無くなっていくことが残念であり、一方胡同など残り続けている街並みを歩くと変わらない街にやはり安心もする。北京では以前、バスやタクシーから見える地続きのどこまでも続く街の景色に中国の悠久の歴史を感じたが、現在地下鉄で街の中心をくまなく移動出来ることで便利になったが、景色も異文化を感じることが少なくなってきた。

特に現在の大学生の生活は本当に様変わりしていると教育現場から直に感じる。携帯電話がないと生活できないくらい便利な機能が多く、休みの日は外で誰とも会わず一日中寮の中で過ごす学生が多く見られる。食事、買い物、ゲームなど全て携帯電話で済まし、実際に面と向かった心の交流が少なくなっているのが残念であるが、経験を通して自ら行動すると素晴らしい世界が広がることを伝えていきたい。

私自身、古代中国に浪漫を抱いていた少年時代から、現在も様々な日中問題やビザ緩和による大量の中国人観光客来日まで良くも悪くも中国のニュースが絶えない昨今、今も興味の対象が継続して変わらないのは、あの時の心の交流があったからかもしれない。

宮崎 圭（みやざき けい）

一九七七年生まれ。奈良県出身。湖南文理学院日本語教師。一九九七年八～十月北京大学短期留学。二〇〇〇年三月北陸大学外国語学部中国語学科卒業後、楽器業界勤務と音楽活動をしながら、ほぼ毎年中国へ旅行。学生時代北京へ短期留学した事が忘れられず、二〇一六年九月から半年間、北京第二外国語学院に留学。北京で沢山の日本語教師との縁があり、二〇一七年より湖南文理学院日本語教師として日中両国の文化交流に従事する。二〇一八年に大学内の即興スピーチを編集した『日本語即興スピーチ実践技巧』を出版。

三等賞

人と人とを繋ぐ中国酒の魅力

銀行員　藤盛　耕嗣（千葉県）

中国文化を代表する物の一つは「酒器」ではないでしょうか。殷の時代から多くの青銅酒器が製造されていたことを見ても、中国では古来より「お酒」が非常に重要な位置付けだったことが判ります。

私にとっても、中国を旅する際に最も楽しみなのはお酒です。中国大陸には通算十二年駐在しましたが、時間を見つけては各地に旅行に出かけ、地元のお酒を堪能させて貰いました。

多くの日本人にとって中国酒といえば「紹興酒」を思い浮かべるのではないかと思います。もしかすると少し中国に詳しい方ならば「茅台酒」などの名前も出るかもしれません。然し白酒《バイジュウ》はまだまだ日本では「匂いが強くアルコール度数が高いお酒」として敬遠されているようにも思います。

実は私も以前はそう思っていたのですが、二〇一二年から三年間、内陸部の重慶に駐在している間にすっかり白酒ファンになってしまいました。白酒というと、日本人のイメージは中国でも北方のお酒という印象をお持ちの方も多いかと思いますが、実は重慶市と四川省にも美味しい白酒が沢山あり、私も幾つかの産地を訪れました。

その中の一つが、重慶市中心部から約百七十㎞、四川省に入ってすぐの省境にある街、瀘州です。市の中心部が長江と沱江の交差する場所にあったことから古来より発展し、漢代以降もほぼ一貫して現在と同様の瀘州という名で都市が設置されていました。

然し、この街を一躍有名にしているのは白酒の名品「瀘州老窖」です。

瀘州には数多くの酒蔵がありますが、その中でも最大且つ歴史を有する場所が「瀘州老窖旅遊区」として観光開放されていました。高速道路と市中心部を結ぶ国窖大橋の袂にあり、橋を降りるとすぐに非常に強い酒粕の発酵臭が漂ってきます。

　白酒の香りが苦手な日本人は少なくないかもしれませんが、正に発酵している白酒の製造過程の香りは日本酒ともそれほど大きな差は感じられず、食欲をそそります。

　瀘州老窖旅遊区の入口には「中国第一窖」という石碑が建っています。「窖」という字は日本語では殆ど使用しませんが、中国語では「jiao（ジャオ）」と発音し、貯蔵用穴倉を意味しているそうです。

2015年、「中国第一窖」石碑にて

　この酒蔵は明万歴年間（一五七三年）に中国で最初に作られた「舒聚源（温永盛）」という名前の酒坊を発祥とし、保存状態も良く、現在まで実際に製造利用され続けてきた酒蔵であることから、「中国第一窖」「古法伝承」「活文物」「濃香第一窖」などと呼ばれています。

　ここ温永盛で作られた「三百年大曲酒」という白酒は、一九一五年のサンフランシスコ万博に出展され金賞を受賞したとのことで、当時のメダルが博物館エリアに展示されていました。

　内部は酒蔵上部に見学用の廻廊があり、ガラス越しに酒造りの様子を見学することが出来ますが、その大きさに先ずは圧倒されます。ほぼ体育館だと言ってよい規模の大酒蔵の中で、多数の高粱を蒸して発酵させる作業が行われていました。

　日本の酒蔵やワインセラーも見学したことはありますが、この規模は流石に中国だと感心させられます。これだけの規模で昔からお酒が造られていたというのは、やはり中国文化とお酒は切っても切れない関係なのであろう、と実感させられました。

　白酒は材料となる高粱等穀物の品種の他、どのような麹が使われるかによって味が異なってきます。瀘州で生産されている「大曲」と呼ばれる白酒は曲霉と呼ばれる麹を使い「濃香」が特徴となる白酒に仕上がっています。

有名な白酒の茅台酒や五粮液と飲み比べてみると、日本人の味覚的には「濃香」というよりも、寧ろすっきりとして飲み易い印象です。

工場見学の後、街中のプラスチック椅子と、ガタガタするテーブルを路上に並べた小さなお店で瀘州老窖と地元料理を堪能しました。

お酒は料理を美味しくしてくれるだけではなく、見ず知らずの人と人とを繋ぐ潤滑油のような役割を果たしてくれます。旅先の街角にある小さなレストランや街から街へと移動する寝台列車の車中で偶々隣り合った地元の方々との交流が出来るのも、お酒の素晴らしい効能です。

さて、最後に白酒に纏わる思い出話を一つ。

ある日、重慶人の友人を家に招いて宴会を開いていたところ、彼らが持ち込んでくれた大量のお酒も宴会の途中で底をつき、友人の一人が酔いに任せて我が家の台所からワインを勝手に持ち出し飲み始めました。然しそのワインは家内が楽しみにとっておいた秘蔵の一本。家内が怒りを抑えつつその旨を話したところ、なんとその人は翌日、某高級白酒をお詫びにとして持ってきてくれ、更に交流が深まりました。

お酒はときに人間関係を壊すこともありますが、作ることも出来る、とても不思議なツールだと思います。

藤盛 耕嗣（ふじもり　こうじ）
一九六八年東京生まれ。一九九二年に慶應義塾大学経済学部を卒業後、住友銀行（現三井住友銀行）に入行。一九九五年より企業派遣留学生として上海交通大学に一年間語学留学。二〇〇〇〜二〇〇二年香港、二〇〇四〜二〇一一年上海、二〇一二〜二〇一五年重慶に勤務するなど、一貫して中国ビジネスに従事。帰国後、東アジア統括部・国際統括部付部長等を経て、現在は同行監査部にて中国を含む東アジア地域の監査を担当。

三等賞

優しさの伝え方

大学生　中村 美涼（湖南省）

「あなたの中国語は本当に上達しないね」。ついにベトナム人のルームメイトに説教をくらい、やっと危機感を覚えた私は、この日他の日本人を頼らず決死の思いで一人銀行へと向かった。

中国で留学を始めて約一カ月、実を言うとこの期間、周りの優しい日本人留学生たちに甘えっぱなしで一人行動もろくにせず、授業以外ではほとんど日本語しか喋らないという、中国にいながらにして非常にもったいない日々を送っていた。

私が銀行でやらなければいけないことは二つ。日本から送金されたお金を中国元に換金すること、それからその中国元を自分の中国の銀行口座に入れてもらうことだ。これを中国語でどう話そう……。必要そうな単語を調べて文を作り、銀行に入った。

そこでまず直面した問題は、換金以前に自分がどこに行けばいいのかわからないという問題だった。どうしよう、とりあえずうろついてみよう。今まで周りに頼ってきたせいで、順番待ちのレシートを自分の判断で取ることさえ怖かった。

もたついていると、警備員のおじさんが笑顔で近寄ってきて、何やら話しかけてきてくれた。しかし何を言っているのかさっぱり聞き取れない。

変わらず困っていると、今度は銀行員のお姉さんが事情を聴きに来た。警備員のおじさんが状況を伝え、私も拙い中国語で何とか要望を伝えようとした。

しかしやっぱり面白いほど伝わらない。困ったお姉さんは私を上の階の別の人に引き渡そうとエレベーターに連れて行ったのだが、その時同じく上の階に行こうとしていたお客さんと思われるお姉さんに、この日本人を上の階まで連れて行ってくれと頼み元の場所に戻ってしまった。しかしお客さんのお姉さんは嫌な顔もせず一緒に目的の場所まで付いてきてくれて、その後またエレベーターに戻っていった。上の階で働いていたお兄さんに再び自分の要求を伝えようとしたが、ここでも意思の疎通ができない。事前に作った文が伝わらず、そして相手の質問が聞き取れない。

留学を始めて一カ月も経つのに、何やってるんだろう私。精神的にかなりダメージを負いつつ、結局上の階の銀行員のお兄さんと一緒に一階に戻った。

銀行員のお姉さん、お兄さん、そして警備員さんに囲まれながら要望を説明する。少しずつだが理解してもらえるのがわかった。みんな辛抱強く私の話を理解しようと聞いてくれた。パスポートのコピーが必要だと言われた時、警備員のおじさんが一緒についてコピーを手伝ってくれた。この時沢山話しかけてくれたのだが、本当に何も聞き取れなかった。

コピーを終えて、おじさんは私のパスポートを見ると、私の名前を中国語で読み上げ、「君の名前?」と聞いた。いくら中国語ができなくても、自分の名前は聞き取れた。それまでずっと「ごめんなさい、聞き取れません」しか言えなかった私は、ここぞとばかりに大きく頷いた。やっと聞き取れた、やっと意思の疎通ができた。この時おじさんもとても嬉しそうにしてくれた。

銀行を出る時、警備員のおじさんが「中村美凉!　拜拜!」と大きな声で遠くから手を振ってくれた。

2019年、長沙の橘子洲にて

この日、無事目的を果たすことができたが、それ以上に自分の中で考えることがたくさんあった。ほとんど中国語のわからない外国人に終始笑顔で協力してくれたり、面倒くさいながらもなんとか問題を解決してくれようと話を聞いてくれたり、また外出先で突然見ず知らずの外国人を目的の場所まで連れて行かされても特別なんとも思っていなかったり、中国人の人々は日本人の私からしたらびっくりするような情の厚さを持っていた。

　自分の中国語の能力不足を痛感すると共に、この人たちともっと喋りたいと強く思った。この話は銀行に行ったというだけの話だが、それでも私の中では心境に大きな変化のあった一日であった。

　日本人は笑顔での接客が当たり前で、中国に来たばかりの頃中国の店の人の無愛想さに驚いたものだが、みんな別に怒っているわけではなく私が外国人だとわかるとみんな笑顔になって優しく話しかけてくれる。時には日本語で「日本人ですか?」と話しかけてくれて、それだけで心の底から嬉しくなるし、どこか安心する。

　日本では、日中関係が良くないという認識が報道により民間にまで根強く存在していて、実際に中国人と関わりを持ったことのないような人たちが中国の印象を膨らませ、中国人を批判している。きっと日本に留学をした中国人は、少なからず嫌な体験をしているのではないかと想像し胸が痛む。

　日本にいた頃、中国人の留学生と思われる子達を何度か見かけたが、どうしても中国語で声をかけられなかった。

　あの時、拙いながらも私が中国語で話しかけていたならばその子たちはもっと日本を好きになってくれていただろう。

　留学を終えて日本に帰ったら、中国人の人々がくれた優しさを上達した中国語を使ってお返しをしよう。「你是中国人嗎?」

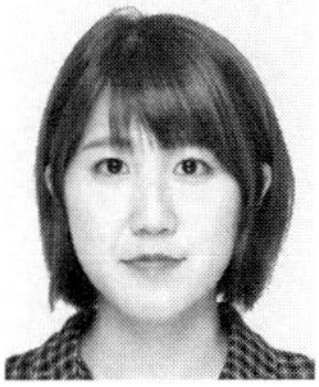

中村 美涼（なかむら みすず）
一九九七年愛知県生まれ。二〇一六年大学入学、大学三年次に取っていた中国語の授業をきっかけに、二〇一九年二月から二〇二〇年一月まで湖南師範大学に留学。現在長沙の激辛料理に舌が着々と順応中！

三等賞

幸せの半分こ

大学生　丸山　香織（宮崎県）

「傘買って下さい」「日本人？　じゃー、買ってよ」町を歩けば強引に物を押し付けられる。日本人と分かればお金持ちと思われ更にそれが強まる。これは二年前に訪れた中国での思い出だ。初めての中国であり、非常に楽しみにしていたが、正直残念な記憶だけが鮮明に残った。辺り一面にいるホームレス達や強引な物売り達。そしてツアーガイドですら、観光客である私達に物の購入を強いていたのである。それだけでは無い。付近のコンビニエンスストアに並んでいた商品は埃まみれ。ホテルは三ツ星と言いながらも、風呂場の排水口からは汚染水が逆流してきた。あまりの悲惨さにホテルのスタッフに英語で訴えるものの、英語すら通じなかった。次から次に悲惨な出来事が起き、驚きを隠せなかった。

この様にハプニングだらけの旅で、自身の中国への印象は帰国時には非常に悪い風になっていった。たった一度の短い滞在であったが、中国で見た光景や出来事が中国全体を悪く捉えてしまったのだ。だがその思いは二年後に一気に覆されることになる。

中国旅行から二年後。カナダの大学に半年間留学した。大学には世界各国からの生徒が学びにきていた。しかし一三億八六三九万人という世界一人口が多い中国だ。クラスメイトの七割近くが中国人で占めていた。それ故、最終的に仲良くなった友人らのほとんどが中国人であった。だが初めの頃は友人らが中国出身であると知ると、あの時のことを思い出し少し心に突っ掛かる物があった。それは彼らが母国語である中国語を使いあっている時にこそ強く感じていた。もしかすると彼らは私の悪口でも言っているのではないのか。ただただそのことばかりが頭を過り、不安で不安で仕方なかった。授業中でこそ一緒になって話すが、休み時間はそれほど話すことをしていなかった。今思えば、私自身の気持ちが言葉でなくとも伝わっていたのではないかと考える。留学してすぐに出来た親しい友人らの中に中国人の顔はほとんど無かった。

2018年、バンクーバーにて友人宅での餃子パーティー

そんなある日の休み時間のこと。隣に座っている中国人の子の手がヌッと差し出されてきた。突然のことで一瞬何が何だか分からなかった。だがよく見れば、その子の手にはフライドポテトが握られていた。当時、彼女とは授業内で少し会話するぐらいであった。すると彼女は笑いながら「TAKE IT」と言ってきた。正直驚いたがその場でお礼を言い、一本のフライドポテトを貰った。だが彼女は「MORE MORE!!」と言い、机の上に大量にポテトを置いてきたのである。さすがに貰いすぎと思い、遠慮したが彼女は断固として受取らなかった。その日をきっかけに彼女とは少しずつ話をするようになった。彼女は思い描いていたような人では無く非常に優しい人であった。しかしそれは彼女だけでは無かった。彼女以外にも似た様な中国の子達が大勢いたのである。

ある人は授業中にガムを内緒でくれたり、ある人は自販機のお菓子を半分もくれたり。また、家に呼ばれた時には食べきれない程の量の餃子が山盛り用意されていた。そして次から次にお皿に盛ってくれるだけではなく、持ち帰り用の餃子まで持たせてくれたのである。

このように事あるごとに良くしてくれる中国人に対しいつのまにか、心を許していった。だが必ず自分の持っている物をシェアする友人らに疑問すら抱いた。そこで直接聞いてみることにした。「なぜそんなに物を分けるの?」と。すると以外な答えが返ってきた。「分けるのが私達の文化だよ。美味しい物は皆に試してもらいたいしさ。分けることは一つの趣味かもね」と。その時だ。私の中国に対する思いに亀裂が入り、崩れいくのを感じた瞬間であった。彼らに尊敬の念すら抱いたのである。中国人は決して自分達の幸せだけを考える様な自分勝手な人ではなかった。寧ろ自分達の幸せより他人の幸せを考えられる様な人達が沢山いるのが中国であった。それに気づくと自分が情けなくて仕方無かった。それまでは中国をある一点でしか見ていなかった。たった一度の短い滞在で見た中国が全てと考え、彼ら全てにレッテルを貼っていたのだ。

もしカナダに留学していなかったら、彼らに出会っていなかったらと考えると恐ろしい。帰国後二カ月しかたっていないが、未だに自身の犯した過ちの重さを覚える。二年前に見た中国とカナダで知った真の中国の大きさの違いは計り知れない。それは人口や国の大きさではなく、心の広さを含む。中国人というだけで偏見してしまっていた私に対し、誰にでも食べ物を分け幸せをも分け与えてくれる中国の人々。そんな素敵な彼らの国の良さに気づけていなかったこと。そして彼らを否定的に見てしまっていたこと。いくら謝っても許されることでは無い。だからこそ自身の犯した過ちと中国の素晴らしさを多くの人に知って欲しい。

今は自信もって言える。皆に幸せを半分こする中国人。そしてそのシェアの文化を持つ中国が大好きだ。

丸山 香織（まるやま かおり）

一九九七年宮崎県生まれ。宮崎イングリッシュ・キンダーガーテン卒園後、赤江小学校入学。鵬翔中学校、鵬翔高等学校卒業後、宮崎公立大学入学。二〇一八年バンクーバーアイランド大学に留学。現在宮崎公立大学に在学中。

三等賞

私の息子

大学教員　小田　登志子（東京都）

子どもがいなかった私は、思いがけなく中国で息子を一人得ました。この息子は私が産んだ子ではなく、干儿《ガンアール》子《ツ》です。そして息子は私を干媽《ガンマー》と呼びます。この干媽という言葉を、中国になじみのない人に日本語でどう説明したら良いのか、今でも困っています。「母のように慕う人」ぐらいが適当でしょうか。私は英語教員のため、英語圏の人と付き合うことも多く、干媽を英語で説明する時はもっと大変です。「Godmother《ゴッドマザー》のようなもの」と言うと、皆なんとか納得してくれます。

息子に会ったのは、東京の大学から派遣されて、北京の大学で一年間の交換教員として日本語を教えていた時でした。当時、中国語ができなかった私の生活はトラブルだらけでした。そして、疲れた時に一杯のコーヒーを求めて通ったコーヒーショップの店員が息子でした。日本料理店で働いたことのある息子は、私が日本人だとすぐに気づき「ナニ、ノミマスカ」とカタコトの日本語を話してくれました。

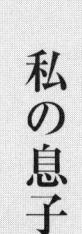

私は、中国語の勉強を自分に強制するためには、日本語も英語も話さない友人を見つけなければダメだと考えました。そこで目を付けたのが、コーヒーショップで働いていた息子です。もともと日本語に興味があった息子は、微信《ウィーチャット》を使って私と中国語・日本語のやり取りをする事に同意しました。

毎日苦心しながら中国語の便りを書くうちに、私は彼がとても頭がいい青年だということに気がつきました。「あなた優秀ねえ。どうして大学に行かなかったの？」すると、彼は身の上をぽつりぽつりと語り始めました。内モンゴル自治区の農村に生まれたこと、家が貧しく、高校では成績優秀だったが大学に行くことができなかったこと、母親が病気がちであまり面倒をみてもらえなか

筆者が撮った内モンゴルの風景

ったこと、文化的な環境を求めて故郷を離れ、北京の大学内のコーヒーショップで働き始めたこと……。しかし、自分と歳が変わらない学生が、大学で勉強し、北京の生活を満喫しているのを見て、悔しかったと彼は言いました。「世の中は不公平だよ。なぜ他の人は大学に行って僕より良い仕事に就けるの？　なぜ僕にはチャンスがないの？」私はいたたまれない気持ちになりました。「あなただって大卒と同じように頭がいいということを日本語で証明すればいいのよ。そのへんの日本語専攻の大学生なんかすぐに追い越せるわよ！」こうして、我々の学習は使命を帯びたものとなり、彼はいつしか私を干媽と呼ぶようになりました。

　息子は良い給料を求めて仕事を転々とし、自分の居場所は宿舎のベッドの上だけです。日本語を話した録音を送って寄こすと、同室の同僚がスマホでゲームをしている音も入っています。休憩時間に飲食店の裏口から録音を送って寄こす時は、たいてい老板《ラオバン》が何やら文句を言っているのが聞こえます。「あなたの老板はいつも怒ってるわよね」「うん、だからすぐに店員が辞めちゃうんだ」こうしたやりとりが続くうちに、私は何とか言いたいことが中国語で言えるようになってきました。そして、日本語がうまくなった息子は高級日本料理店に転職し、給料も上がりました。しかし将来自分の店を持ちたい息子は、もっとお金を稼ぐために仕事を掛け持ちするようになりました。「外売《ワイマイ》の配達を始めたよ」「儲かるの?」「うん、調子がいいと一晩で百元ぐらい稼げるよ」「そうなの。でも、危ないからバイクに乗る時はヘルメットをかぶったほうがいいわよ。疲れたら無理しないようにね」「うん、わかった、お母さん」

　そのうち私は、自分がずいぶんおせっかいな人間になっていることに気が付きました。「早く寝たら?」「ご飯食べた?」「セーターを洗う時は袋に入れてから洗濯機に入れるように」など、息子に言う事が山のようにあります。何ということでしょうか。アメリカに留学し、欧米風の思考を好む私は、ドライな人間だったはずです。なぜ他人のセーターの洗い方などに口出しをしているのでしょうか。息子も負けていません。「お母さん、タクシーに乗る時は気を付けて。悪い運転手もいるからね!」「お母さん、果物を買ったから食べてね」そして深夜に仕事を終えると、自分も疲れているのに、「お母さん、疲れたでしょう。よく休んでね」と大きなスタンプつきの便りを寄こします。私は、自分を母と呼ぶ人がこの世にいることにふと気づき、不思議な気持ちになりました。

　私は干媽という中国の文化を通して中国の人々をより理解すると同時に、ささやかな幸せを得たと感じます。いつの日か、息子は故郷の村に近い町に自分の店を構えるでしょう。私は産みのお母さんの手を引いて、一緒に爆竹を鳴らしてお祝いできたらいいと思います。「我是《ウォーシー》他干媽《ターガンマー》!」と言ったら、故郷の村人はどんな顔をするでしょうか。

小田 登志子（おだ としこ）
東京経済大学准教授（英語・言語学）。専門は理論言語学。二〇一五年度に北京対外経済貿易大学に交換教員として赴任し、日本語・日本語言語学を担当。

三等賞

南京での出会いを胸に

独立行政法人職員　金子　聖仁（北京市）

二〇一一年三月、故郷である日本海に面した山形県の港町で、大学の合格通知とともに送られてきた「第二外国語選択の手引き」のページをワクワクしながら繰っていた。さる東日本大震災の直接的影響は少なかったものの、余震は断続的に続いている最中だった。被災した同じ東北の港町に心を痛め、これからの日々に対し漠然と不安を感じながらも、来たる大学生活に対する尽きぬ希望を抱いていた。

さまざまな外国語のラインナップから中国語を選んだのは、「世界で最も話者の多い中国語、話せるようになったらきっと友だちもたくさんできるはずだ」という極めて安易な理由だった。かくして念願の大学生活が始まり、週三回程度あった中国語の授業も、単位を疎かにはできないという理由からそれなりに真面目には取り組んだが、さほどの思い入れはなかった。

時は流れ、きっかけは大学二年の秋だった。当時私たちのクラスの中国語を担当されていた先生が、授業中にある国際交流プログラムを紹介された。内容は、中国・南京大学の学生たちと、テーマを決めて東京および南京でそれぞれ約一週間のフィールドワークをするというもの。それまでは勉強中心で内にこもっている方だったので、せっかくの大学生活、いろいろな人と交流せねばと思っていたところだった。授業後、早速申請をした。

明くる三月、南京へ向かった。これが私にとって初めての中国訪問だった。

渡航前、両親や友人に南京を訪れることを話した際、ものすごく心配された。「そんなところに行くのは危ない！」。当然の反応だったと思う。前年の二〇一二年、日中関係は極度に悪化し、反日デモのセンセーショナルな写真や映像が連日テレビや新聞に躍っていた。なおかつ「南京」と言えば日本人の誰もが、戦中のあの出来事に思いを起こす。

私も、もちろん不安だった。しかし、このような時期だからこそ一人の日本人として、「この目で見たい」と思った。

2013年3月、南京の有名な城壁から見た玄武湖

かくして南京へ渡り、早速現地の学生と組んでフィールドワークが始まった。街頭でのインタビューを積極的に行うこととなった。中国人チームメイトに通訳をお願いしながら、調査を進めた。

インタビューで得られた回答も然ることながら、南京の人々の反応にとても驚いた。みんな、とても優しい。「あら、日本から来たの？　遠いところようこそ」「日本のアニメ大好きだよ」「中国語話せるの、すごいね」……。私の拙い中国語でもとても喜んでくれた。報道で見ていた「中国のイメージ」とはまったく正反対だった。どうやら南京は日本人があまり訪れない都市のため、珍しいというのもあったようだ。

繁華街を離れ、市内の公園でも聞き取りを行った。川が園内を流れ、市民の憩いの場のような公園だった。柳が風に揺られている「まさに中国」といった風情のある川沿いの通りで、一人のおじいさんに取材しているときだった。

「私の祖父は、抗日戦争で亡くなりました」

学生の通訳を介して聞いたその言葉に、背筋が凍った。まさか……？　どんなことを言われるのか、またどんな言葉を返せばいいのかわからなくなり、緊張が走った。

しかし、続く言葉に再び驚いた。

「たしかに、祖父は戦争で死にました。しかし、それは過去の話。今は若い人の時代だ。君たちのような若い日本人に南京に来てもらえて嬉しい。これから日本人も中国人も、他方の文化や歴史を学びあっていかなければならない。特に君たちのような世代がね」

先ほどの緊張が一瞬で解けていった。と同時に、それまで抱いていた不安を恥ずかしくすら思った。

実は、そのフィールドワークで結局どんな発表を最後にしたのかは覚えていない。が、このおじいさんの言葉は、鮮烈に私の脳裏に刻まれた。「中国を遠ざけているのは私たち日本人なのではないか。もっともっと互いに知り、学びあうべきではないのか」

その後、「まずは自分が」と思い、大学での専攻は国際関係論であったが、副専攻でアジア地域研究を選択し、特に中国関係を中心に勉強した。中国語の学習も以前より力を入れ、大学三年時に北京で一カ月間の短期留学をした。長期の留学は経済的事情で叶わなかったが、それでも負けないぐらい話せるようになってやる、というがむしゃらな気持ちだった。

大学卒業後、国際文化交流を専門的に行う機関に就職した。現在は北京のオフィスで、中国の日本語学習者・教師に向けた支援事業を担当している。「大切なことは互いの文化を学びあうこと」――同僚、中国各地の中高や大学の先生方、多くのカウンターパートの方々と、その言葉を胸に日々職務に当たっている。

もしタイムマシンがあって、大学入学前の自分に会えるとしたら、こう声をかけるだろう。

「君の選択は間違っていない！　中国語を選ぶことで、すばらしい〝友だち〟との出会いがこれから待っているよ」

金子 聖仁（かねこ まさひと）

山形県酒田市生まれ。二〇一五年、東京大学教養学部（国際関係論専攻）卒業。在学中の二〇一三年、北京語言大学にて短期語学留学（夏季）。大学卒業後、独立行政法人国際交流基金入職。経理部会計課、日中交流センターを経て、二〇一八年八月より現在まで、北京日本文化センターにて勤務。中国における日本語教育支援事業を主に担当している。

三等賞

貢献の模索

大学院生　池田　亜以（東京都）

二〇〇五年の夏、大学三年生だった私は中国のとある施設にいた。広東省にあるハンセン病患者の療養施設である。ハンセン病は、らい菌が皮膚や神経を侵す感染症で、身体の変形などが見られる。感染確率は低いが、十分な理解が得られず、感染者は隔離施設での生活を余技なくされていた。お世辞にも整った環境とは言えない設備であった。

日本の大学生たちが企画運営する、この療養施設の設備改善工事をする三週間のボランティア活動の募集があり、私は学生のうちにしかできない経験ができるのではと感じ、参画したのだった。参加者は日中の大学生十四人であった。

広州で中国人メンバーと合流して市内に一泊し、翌日は電車に数時間揺られ、さらに手配したマイクロバスで数時間かけ施設まで向かった。都心から離れるにつれて建物が減り、田舎の風景が広がっていった。到着時にはすっかり日も暮れ、見上げると目の前に満点の美しい星空が広がっていた。

施設にシャワーはなく、蛇口に繋いだ短いホースに合わせて体をくねらせながら汗を流し、薄い板を並べたベッドに、これまた薄い布を敷いて十四人で川の字になった。連絡手段も交通手段もないこの地から、三週間後、自分の家に無事戻ることができるかという一抹の不安を感じながらも、長い移動の疲れでいつの間にか眠りについていた。

前夜の不安を払拭するかのような快晴となった翌朝から早速、施設内の空き地でレンガ作りに着手した。日中は土木作業、夜は施設の患者の元に伺い、話を聞いてまわるという生活だった。現地の工事業者や施設の方々の話す中国語は全く理解できず、コミュニケーションはも

次第に形になる建設中のキッチン

っぱら中国人メンバーに頼り切りであった。

当初、初対面の中国人メンバーといきなり三週間も一緒にやっていけるか不安でいっぱいであったが、彼らは多国語を操る有能さだけでなく、慣れない環境に戸惑う日本人メンバーにいつも配慮してくれ、ときには活動方針でもめる日本人たちの仲裁までしてくれた。それまでは、中国人の友人がいなかったため、中国の方に対して、正直特別いい印象を抱いていたわけではなかったが、そのイメージががらりと変わった。いつでも笑顔を絶やさないJや、謙虚ながらもリーダーシップのあるM、日本アニメオタクで日本語の流暢なS、ひょうきんなRなどと毎日話すにつれ、国の違いは関係なく、あくまで個人の違いであって、魅力は世界共通なのだと初めて知ることができた。

おかげで慣れない環境での生活も徐々に楽しめるようになった。太陽を浴びて日に日に黒くなる肌や、日本製の虫よけにはびくともしない大きな蚊たちに刺された大量の跡が残る脚を見て、美白やエステに勤しむ東京の二十歳女子とはかけ離れた生活をしているなと皮肉に思いつつも、みんなで刺された数を競うのもなかなか悪くない経験だなと楽しんでいた（最終的には数が増えすぎて数え切れなくなってこの競争は終了した)。

そんな風に充実感を感じ始めていたある晩のこと。尋ねた部屋の方に、病院に行く手段はどうしているのか?と聞いた。その答えが衝撃的であった。

「病院なんていけないよ。医療費を払うどころか、病院までいく交通費すらない」

私はショックで言葉が出てこなかった。

正直、このボランティアに参加するために、アルバイト約三カ月分の給与を貯金し、はるばる日本から数十時間かけ、三週間の労働を提供している自分は、この施設に住む方々に貢献できている、と自負しているところがあったのだ。しかし、この言葉で気付かされた。この取り組みは意味がないとまでは言わないが、あまりに微力である。悔しさや悲しさを覚えた。そして何よりも、患者の方々の悩みの根本に向き合えていなかったにも関わらず、そんなことにも気付かずにいた自分が恥ずかしかった。施設の患者の困りごとを解決するという一番大事なことをなぜもっと考えられなかったのだろうと思い、涙が止まらなくなった。

この経験はその後の私の価値観を変えてくれた。自分ひとりでできることはあまりに小さい、ではより多くの人に、より効果のある貢献をするにはどうしたらいいかと考え、ひとつの手段として選択したのが、法人という大きな組織で動くということだった。大規模な法人であれば予算や人をかけられ、世の中にインパクトの大きなことができると考え、私は国内のインフラビジネスを担う事業会社に就職を決めた。しかし、大きな企業では、ターゲットとする市場の規模が大きい。金銭的体力があっても、市場規模の小さい収益性の低いビジネスには注力できないことを痛感した。あの部屋のあの患者のような方の力にはまだなれていないが、これから自分が力になりたいと思う人たちを、少しでも助けられる社会的貢献の仕組みづくりに従事したい。

三週間の中国生活は、自分に新たな価値観を与えてくれる、私の人生にとってかけがえのないものとなった。

池田 亜以（いけだ あい）

一九八五年神奈川県横浜市生まれ。県内の公立高校卒業後、早稲田大学商学部へ進学。大学三年時に中国でのボランティア活動に参画。二〇〇七年情報通信関連会社へ入社。二〇一九年早稲田大学大学院経営管理研究科修了。現在、早稲田大学大学院商学研究科博士後期課程在学中。

三等賞

京劇の役者さんに一目惚れして中国に行った話

会社員　永田　容子（東京都）

私が京劇を初めて観たのは高二の時で、学校の観劇会だった。中国の伝統芸能？　全然興味ないし面白くなさそう……。しかし開始わずか五分でその世界に引き込まれてしまった。

荒々しい音楽、激しい立ち回り、特に初めて見る打出手という技は衝撃だった。面白いし好き！　こうして京劇にはまった私は日本公演がある度に観に行くようになった。

ある日、北京京劇院の西遊記公演があった。張り切って席は最前列。そして観ているうちに一人の人物に釘付けになった。孫悟空と戦ってる白龍という人物。白装束、長髪、そして何よりも大きな瞳が印象的だった。特に見得をきった目力に圧倒された。何この人、超カッコいい！　完全な一目惚れだった。

終演後、一緒に観ていた父と妹に誰が一番好きかと聞いたら二人とも「白龍が一番好きだ」と言ったので、とても嬉しかった。パンフレットで顔写真を確認すると素顔もなかなか素敵な方。名前は……へえー黄京平さんっていうのか。また白龍観たいな。

しかし京劇の日本公演は一年に一回か二回。でも黄さんの舞台観たい！　どんどん思いは募っていくばかり。よーし、だったらこっちから会いに行っちゃえ、絶対行きますから待ってて下さい！　さすがに親には、京劇の役者さんに会いたいからとは言えず語学留学とか京劇をやってみたいからとかそういう理由で三年後、二十一歳になった私は日本を飛び出した。私は中央戯劇学院の留学生として寮に住んでいた。午前中は授業、午後は劇場通い、劇場に行けばどこかで出演しているはず。しばらくして、出演表をチェックしていたら黄さんの名前があった。演目は三岔口でしかも主役。やっと見つけた。私

黄さんに初めて会ったときの写真。緊張しています

はもう一心不乱に観ていた。そして思ったことは黄さんって白龍といい三岔口の人といい白の衣装が映えるな。こうして、予定表に黄さんの名前がある度に劇場に足を運んだ。

そんなある日のこと寮の先輩が「ねえ、ロンズ（私の中国語名）ちゃんは楽屋に行かないの？」えっ、楽屋？考えたこともなかった。「楽屋行ってもいいんですか？」「全然大丈夫だよ。」日本と中国は考え方が違うらしく、中国では普通に楽屋に行ってもいいそうだ。もちろん全員ＯＫという訳ではないが。そっか……だったら行ってみようかな、直接会って白龍の感想言いたい。私は楽屋に行く決心をした。後日、花束を買い気合充分で乗り込んだら劇場の人に呼び止められた。「あんた、その花束誰に渡すんだい？」「黄京平さんです。」「黄さんは今日休みだよ。」「えっ」「今日は風邪で家で寝てるよ」なんじゃそりゃー！　結局この日は泣く泣く帰った。ただ、この頃体調をくずされていたみたいで今日は休みとか、今香港に行ってるとか、行っても行ってもことごとく会えない日が続いた。しかし有難いことに見かねた先輩がわざわざ劇場に電話して黄さんが出演するかどうか聞いてくれたのだ。「ロンズちゃん、今日出るってよ。」よーし、次こそは絶対何が何でも会う！　しかし、一体何度目の正直か……。終演後、楽屋に先輩に連れて行ってもらい黄さんを呼んでもらった。ついに、その時はやってきた。もう心臓はバクバクドキドキ。口から心臓が出てくるのではないかという位、緊張してた。三年越しの夢が叶うんだ。

　もちろん、黄さんは私のことは知らないので誰だ？　この人？　という感じだった。「あの、お疲れ様でした」と震える手で花束を渡した。よっしゃ！、行くぞ、言うぞ、息を深く吸い込むと「三年前、あなたの白龍を観て感動しました！　すっごくよかったです！」。この時は頭が真っ白。とにかく顔を真っ赤にして一生懸命に無我夢中で話したということしか覚えていない。黄さんは「えーっ、白龍!?」と大きな目を更に見開き本当に驚いていた。一通り話をした後、黄さんは満面の笑みで力強い握手をしてくれた。この時一緒に撮った写真は私の宝物だ。

　その後も黄さんはチケットをくれたり、楽屋に会いに行く度暖かく迎えてくれた。中でも一番驚愕したのは、梅葆玖さんに会わせてくれたことだ。私は黄さんの娘でもなければ身内でもない。ただただびっくりした。しかも黄さんは「彼女は僕の日本の友達です」と言ってくれた。梅さんはとても優しく穏やかな方だった。私のつたない中国語を一つ一つ聞いてくれた。この時書いてもらったサインは我が家の家宝だ。

　私は中国に一年半留学して、帰国後の日本公演を最後に黄さんと再び会う事はなかった。ただ今になって考えると、どうしてファンになっただけで中国に行ってしまったのか不思議でしょうがない。勢いと会いたい一心で行ってしまい本当に自分の行動が恐ろしくて仕方ない。ここで黄さんに改めてお礼を言いたい。黄さん、こんな突然現れた日本人の私に優しくして頂き本当にありがとうございます。

永田 容子（ながた ようこ）

一九七八年福岡県生まれ。九州女子高等学校（現福岡大学付属若葉高等学校）在学中に京劇を初めて知り衝撃を受ける。一九七七年北京京劇院の「西遊記」を観て白龍役の黄京平氏に深く感動したことがきっかけで、二〇〇一年北京の中央戯劇学院に一年半留学。現在は会社勤務の傍ら、中国語検定三級を勉強中。

三等賞

胡蝶の夢

大学生　伊藤　奏絵（山梨県）

大学入学と同時に、何か新しいことを始めてみたいと思い、能楽部という馴染みのない部活の見学に行った。和室では着物と袴を着た先輩が、扇を持って舞っていた。何を演じているのか、全く分からなかったけれどはっと息をのむような、荘厳な雰囲気に圧倒されて、自分もやってみたいと思い入部を決めた。

しかし、平安時代から受け継がれる能楽は、数年で習得できるものではなかった。崩し文字で書かれた謡と、シテの軌道を曲線でなぞっただけの図はいつまでたっても読めるようにならない。ほかの部員は古典と歴史の知識がある日本文学や歴史専攻の学生ばかりで、明らかに私は一番能楽のセンスに欠けていた。毎回大会の前になんとか動きを覚え、その場しのぎの舞をしていた。自分がなんの役をしているのか、この扇のひと振りが何を意味するか、全く分からなかった。

一方で同じく大学から始めた中国語は、順調に上達していた。四声と日本語にない発音を徹底的に練習すると、なめらかに教科書が読めるようになった。中国語の朗読大会や、スピーチコンテストで優秀賞を受賞したこともあった。能楽と違って、私の周りには勉強をサポートしてくれる教科書があり、動画があり、ネイティブの中国人もいた。能楽よりもはるかに実践的で、将来に向かって進んでいる実感があった。

三年生の九月から一年間中国に留学することを決めると、資金を貯めるためのアルバイトや中国語の試験の勉強で一気に忙しくなった。週に一度の部活はだんだんと行くのが億劫になり、時間の無駄だとさえ感じるようになってしまった。

留学と同時に部活は一旦辞めた。少しだけ寂しさは残ったが、もうあの退屈な練習に行かなくていいと思うと

文化祭当日のステージ

解放された気分だった。そして北京で念願の留学生活が始まった。

留学してから一カ月が経ち、北京での生活にも慣れてきた頃、先生が国際文化祭の参加者を募集していると話した。ステージで自分の国の民族衣装や、パフォーマンスを披露してほしいとのことだ。締め切りが近づいても、日本人の学生は誰も参加する様子がなかった。他の国の学生が着々と準備を進めていくのを横目で見ながら、わたしは自分の心の声を無視できなかった。「能楽、やればいいじゃない」。でも学校の一大イベントの文化祭、そのステージで舞うなんて、そんな勇気があるのか。しかもしばらく練習してないし、着物も扇もない。不安ばかりだったが、日本の代表になる貴重な機会だと思って挑戦することに決めた。ギリギリで出ることを決めたから時間がない。日本国大使館に行き着物を借り、インターネットで扇を買った。能楽部の友達に連絡して謡の録音と謡本の写真を送ってもらった。久しぶりに聴く能楽の古くさい旋律に、少しだけ日本が恋しくなった。それから毎日、寮で練習をした。

文化祭当日、屋外の会場はたくさんの人で溢れていた。十数カ国の留学生が自国のブースを出していた。わたしは日本のブースで団子と豚汁を売りながら、ステージパフォーマンスの出番を待っていた。南米系留学生数人の、陽気な歌に合わせた民族舞踊の次がわたしの出番だった。「続いては日本から、伊藤さんが能楽を披露してくれます」。司会のアナウンスの後、下駄を脱ぎ、足袋でステージに上がった。

「春夏秋の花も尽きて……」息を吸い、お腹から声を出す。ゆっくりとしたシテ謡のあと、すり足で進むと、ステージの周りが静まるのがわかった。いろんな国の留学生が、珍しいものを見るようにわたしを見ている。

「花折り残す枝を廻りめぐり廻や……」演目は「胡蝶」。京都の一条大宮が舞台だ。梅の花に出会った胡蝶の舞である。能を舞うと決めた時、この演目がすぐに頭に浮かんだ。中国でも有名な荘子のエピソード「胡蝶の夢」ともリンクする幻想的な舞。日本の能楽と中国の文化が密接に関わっているのを表す演目だ。またこの演目はわたしが能楽を初めて初舞台で披露した思い出の演目でもある。扇を顔の横でかざし、くるりくるりと回る。喜びの舞を踊る胡蝶。荘子が夢に見た胡蝶。「人間が胡蝶になったのか、胡蝶が人間になったのか……」

　舞い終わると静寂の会場が拍手に包まれた。クラスメイトが「ブラボー！」「好！」と叫んでいる。震える足のまま戻ると、知らない中国人の学生に何度も写真を求められ、日本の文化は素晴らしいと褒められた。これがきっかけで、友達もたくさんできた。

　もうすぐ留学が終わり、日本に帰国する。わたしはまた能楽部に戻ることを決めた。中国でのあのステージは、わたしに少しの勇気をくれた。まだまだ未熟な中国語と能楽、対照的なふたつの羽根を広げ、いつかは日本と中国、そして世界を行き交う胡蝶になれるかもしれない。

伊藤 奏絵（いとう かなえ）

一九九七年山梨県生まれ。現在は愛知県立大学外国語学部中国学科の四年生。大学では宝生流能楽部と剣道部に所属。二〇一八年九月から二〇一九年七月まで、北京第二外国語学院に語学留学。留学中には日中友好成人式広報部や、日本語演劇大会司会など日中友好活動に参加。また、中国の魅力を日本人に伝えたい気持ちからブログ「中国留学つれづれなるままに2018」を始める。北京で忘れられない味は食堂のマーラータンと、夏のサンザシ飴。

三等賞

おせっかいがちょうどいい

会社員　岩崎　茜（東京都）

二〇一八年五月、わたしは生まれてはじめて中国・上海に降り立った。中国語ができない三十四歳・日本人の上海ライフがスタートした瞬間だ。そんなわたしがなぜ上海での生活をスタートすることになったのか。それは会社のチャレンジ制度で異動を志願したところ、上海勤務を命じられたから。海外で働いてみたいという思いがずっとあり、チャレンジすることを決意。ただ、わたしが漠然と考えていた場所は中国ではなかった。わたしの人生計画（というと大袈裟だが）において、中国で生活することをこれまで一度も考えたことはなかった。極端に言ってしまえば、あまり興味もなかった。中国語は一度も勉強をしたことがない。中華料理は大好きだが、中国の文化はよく知らない。家族や友人はあからさまに心配をした。「空気大丈夫なの？」「中国のごはんは危険じゃない？」というのが類のものばかり。わたし自身の心配ごとは、「水で肌が荒れたらどうしよう」くらい。どうにかなる、というのがわたしの信念だ。

上海ライフをはじめた場所は、上海の中心部でプラタナス並木がきれいなエリア。日本人が多く住むエリアには住まない、と日本にいるときから決めていた。その結果、地元の方が昔から住んでいる築百年クラスの小区ビンテージアパートに決定。あえてビンテージという表現をしてみたが、ただのオンボロだ。東京で住んでいたときのマンションはオートロック。このおうちはおもちゃのような鍵がついているだけ。三階の部屋までは真っ暗かつ、急こう配の階段を登らなくてはいけない。一緒に家探しをしてくれた中国人でさえ、「本当にここでいいの？」と不安そうだった。部屋のなかはフルリフォームされており、ベッドも洗濯機も真新しく、キッチンもおしゃれなタイル張りで気に入った。アパートは三階建てで屋上があり、となりの棟の屋上が丸見え状態。ジャッキー・チェンだったら軽く飛び越えられそうな雰囲気だ。アパートの一階には高校生くらいの娘がいるお母さんが住んでおり、二階には住民がいなかった。

引っ越してから初めて出勤する朝。一階で朝ご飯を作っているお母さんに遭遇した。わたしがしっかり伝えられる唯一の中国語・你好で挨拶をしたら、とびっきりの笑顔で你好と返してくれた。「え！　中国人ってこんなに笑顔で挨拶してくれるんだ」と素直に驚いた。日本の中華料理屋さんにいるぶっきらぼうな中国人スタッフに慣れてしまっていたので……。それ以降、一階のお母さん以外にも小区を出るまでに通るアパートの住民さんとは、挨拶をしてから出社するのが日常になった。最初は訝しげにしていたおじいさんでさえも、「今日は帰りが早いね」と話しかけてくれたり、子どもたちも挨拶してくれるようになったのは本当にうれしかった。

引っ越しして一週間くらいが経ったころ、タオバオで生活用品を購入したのだが、予定より早く配達完了の連絡がきた。しかもそのメールには荷物は玄関の前に置いておきましたと書いてあった。中国に再配達文化がない

古き良き上海のビンテージ小区は私の第二の故郷だ

ことを知らなかったわたしは、激しく動揺。それにわたしの部屋の玄関に行くには、一階玄関の鍵を開けないといけない。おかしい。仕事を終わらせ、急いで帰ってみると自宅玄関前には何もなかった。やっぱり、おかしい。ちょうど家から出てきた一階のお母さんに聞いてみると、「あぁ、それならここに置いておいたわよ」と室内に保管してくれていた。宅配員が雑な仕事したのかと思っていたが、わたしの不在に困った宅配員に遭遇したお母さんが預かっておくわよ、といったのではないかと思っている。残念ながらわたしの中国語レベルではそこまでコミュニケーションが取れず、ただただありがとうと感謝を述べるしかできなかった。情けない。しかし、それにしても、よくわからない日本人の荷物を室内で預かってくれるその気持ち、行為に感動した。日本では薄れてしまったというより、消えてしまった近所付き合い、助け合いの精神がここにはある。中国人の懐の広さを実感した瞬間だった。

結果的にわたしの上海ライフは六カ月と非常に短い期間だった。しかし、この期間に出会った中国のみなさんのことは忘れないし、忘れられない。この出会いによって、わたしは中国、そして中国人に対するイメージが一八〇度変わったのだから。わたしだけでなく、遊びにきてくれた母や友人までもが中国に対するイメージが変わったと口々に言った。「来てみないとわからないことがあるね」と。上海という街の特性かもしれないが、日本人だからといって怖い経験もしなかった。常に優しくしてもらった記憶ばかり。困った素振りをしていると、必ず誰かが助けてくれた。ほっといてくれていいのに、と思うことも正直あった。おせっかいだなと思うくらい親切な中国人。ＩＴ技術や経済発展で急成長を遂げているなかでも、人間の温かみを残している中国。人との交流を通じて得られたものこそ、人生の財産だと感じた。

岩崎 茜（いわさき あかね）

一九八四年北海道生まれ。大学ではスペイン語を専攻。大学卒業後、制作会社にて制作ディレクターとして雑誌・Ｗｅｂ制作に携わる。二〇一二年パーソルキャリア株式会社（旧株式会社インテリジェンス）に入社。求人広告サイトｄｏｄａの求人広告制作ディレクターを経て、現在は外部委託会社のマネジメント、育成、新規開拓などに携わる。二〇一八年五月～十月の間、上海に滞在。

三等賞

一期一会をのせる船

会社員　井上　直樹（天津市）

私が住む天津市と神戸市の間には「燕京号」という船がありました。

初めて乗船したのは留学生だった二〇〇五年の夏です。当時はＬＣＣもなく、実入りもありませんでしたから、運賃が安い船を選ぶしかなかったのです。確か、十人一間の雑魚寝部屋で、往復の運賃は二千五百元くらいでした。乗る前こそ「何もない海の上で缶詰か」と気持ちが萎えていましたが、三日間の船旅はとても楽しいものでした。

燕京号の船旅には三つの魅力があります。

まず、メールはおろか携帯電話の電波すら届きません。何だか自分が「完全な自由」を手に入れた気がしました。社会人になって、Ｅメールやウェイシンと格闘している今なら、この喜びはひとしおだと思います。

次は景色です。外海を走っている時は浩浩とした大海原に抱かれ、瀬戸内海では多島美の風情を味わうことが出来ます。船で知り合った中国人の青年と、沈みゆく夕陽に乾杯したことが今でも忘れられません。

すっかり虜になった私は、その一カ月後も天津行きの乗客となりました。それから帰国のたびに利用していましたが、残念ながら二〇一二年をもって運航を終えてしまいました。

中国での生活も今年で十五年目になります。折に触れて燕京号のことを思い出してみると、あの短い船旅には海外生活のエッセンスが詰め込まれている様な気がしてなりません。それがこの船の三つ目の魅力です。

乗船したばかりの時こそ、甲板から景色を楽しんだり、船内を散策したりしますが、これに飽きてくると話し相手が欲しくなります。だからと言って、見知らぬ団体客や家族の間に混ざっていくほどの勇気はありません。なので、まずは年齢が近くて話の合いそうな人を探すことにしました。こう考えているのは相手も同じだった様で、私が展望デッキで中国語の教科書を読んでいると、劉さんという若い男性が話しかけてくれました。同じ留学生ということで意気投合し、一緒に夕食を食べることに。

2010年8月、燕京号にて。知り合ったばかりの旅仲間たちと

レストランで劉さんが来るのを待っていると、彼は同じ船室に泊まっている日本人留学生も連れてきてくれました。それぞれのお国自慢で話は盛り上がり、夕食が終わった後も、レストランの隣にあるカラオケバーに行きました。私達が歓談していると、カウンターでお酒を召し上がっていた日本人の男性と船長（舵取りは副船長の仕事らしいです）も飛び入り参加し、海の上の宴は船内が寝静まるまで続きました。このようにして二日目の午後には国籍も話す言葉も違う人間が寄り添う大所帯へと発展していったのです。

　中国で生活を始めるのならば、ゼロから交友関係を作っていかなければなりません。誰か一人と繋がる事により、その関係が新たな人間関係を生んでいく。そして、日本国内では到底知り合えないような人とも知り合うことが出来る。これこそ船と中国生活における共通の醍醐味だと思います。

　もう一つ面白い共通点を見つけました。集団がある程度の規模になってくると、今度は同じ穴のムジナ同士で派閥を作っていくのです。実際、あの時の私も日本人留学生同士で固まってしまいましたし、劉さんは劉さんで中国人の若者グループとトランプに夢中になっていました。中国に住む日本人同士が「○○県人会」や「○○同好会」といったものを立ち上げ、親睦を深めるのと同じです。

明石海峡大橋の下をくぐり抜けたあたりで船旅は佳境に入り、知り合った人たちと連絡先を交換しました。ただ、頻繁に連絡をくれる人よりも、梨のつぶてになってしまう人の方が多いことは残念です。意外だったのはあの劉さん。彼とは五年前に天津日本人会のイベントで偶然の再会を果たすことが出来ました。すっかり日本語も上手になり、「このご縁を末永く」と言って握手を交わしました。この縁はもちろん今でも続いています。

長い中国生活の中で、数えきれない人と出会い、数えきれない人がこの地を去っていきました。「いつか」とか「また」がすっかり口癖になり、別離の悲しさに対して鈍感になってしまった自分がいます。あの船での生活を思い出すたびに、一期一会という言葉の意味を考え、海外での素敵な出逢いを大切にしたいという思いに駆られます。

最近、中国の方にとって日本は行きたい国ランキングの一位だそうです。実際、私の周りにも日本を訪れた人が増えています。彼らに感想を聞いてみると、「どこどこのラーメンが美味しかった」とか「どこどこの景色は素晴らしかった」というものが多く、モノに関心が集まるばかりで、日本人との交流が不足しているように感じました。

天津と神戸は、日中国交正常化のあと最初に姉妹都市提携を結んだ二都市です。燕京号はこの二つの土地を、距離的にも心理的にも近づけてくれました。船はなくなってしまいましたが、心の距離を縮めたいという思いは、いつまでも消えないことを願っています。

井上 直樹（いのうえ なおき）
一九八二年、兵庫県赤穂市生まれ。二二歳まで日本で生活。二〇〇四年八月から南開大学での語学留学を始め、二〇〇九年に同校社会学部卒業。その後は天津の外国人コミュニティー媒体で編集職を勧める。二〇一八年より天津の友人が経営する人材紹介会社にマネージャーとして入社後、現在に至る。

三等賞

失恋の味、言葉の妙味

大学生　合田　智揮（東京都）

今更二年前の話をするのも気が引けるが、それ以上に生々しい恋愛を語ること自体が躊躇われる。だが、尾を踏まば頭まで。世に蔓延る淡いひと夏の恋話で恐縮だが、要点だけかいつまんで駆け抜けようと思う。

以前、告白する言語には気をつけるべきだと聞いたことがある。相手が知らない自国の言語を使うのは論外だが、相手の言語で伝えれば、それは自分が相手の言語を練習しているだけ、と相手に解釈の余地を与える、つまり「告白」にならない可能性がある。

なるほど言語の妙味、などと思ったこの雑学をまさか自分が真剣に考える日が来るとは思わなかった。

大学一年の夏。日中韓（台）の大学が集い開かれる国際学生会議に参加した。そこで猛烈に恋しい、中国の大学の参加者に出会った。出会った時から、あるいは数日経った後だったたか、今となってはどっちでもいいが、とにかくひたすらに美しかった。無償の優しさ、清楚な俤《おもかげ》、透き通った声、時に四十度にも達する真夏の上海の中で、涼しげな光を湛えた眼差し。初めは無意識に、自分の気持ちに気付いてからは意識的に、たかだか十日間の期間中ずっと、連絡を取り続けた。実際には自分の気持ちに気付いたのは五日目くらいだったと思う。人生で初めて感じる激情は胸の内に留めることができず、自分と同じ大学の親しい友人には打ち明けた。

光陰矢の如し、会議の閉会式の後にぼくは彼女を呼び出し、その日の夕方にご飯に誘うことに成功した。ご飯の後、彼女の大学内の、木に囲まれた落ち着いたベンチに腰をかけ、最後は愚直に好きだと言った。

「ありがとう、とっても光栄だわ」恋のいろはも知らなかった当時のぼくは、それが〝Ｂｕｔ〟の枕詞であると知らなかった。導かれたその語が聞こえた刹那、ぼく

国際学生会議の集合写真

は失恋が完了する音をぼくの中で確認した。だが聞こえないふりをした。

彼女がずるいのは、いや、世の素敵な男性女性が用いる卑怯な言葉第一位に「こんな私のことを好きになってくれてありがとう」というのがあるだろう。相手の想いを受け止めつつ適度に遮る。発する側がどれほど打算的にその言葉を用いようと、言われた相手は既に夢中なのだから、「そんな言葉を選ぶ相手のことを、そんな優しさを持つ相手を、どうして嫌うことができようか」などと思ってしまう。

彼女に、参加者が集っているバーまで送ってもらった。それぞれの間隔が遠く薄暗い大学内の電灯とは違い、カラフルなネオンサインがけたたましく光っていた。僕ら二人だけが世界であるような不思議な空間から、人間《じんかん》に戻ってきた感があった。最後は、「またいつか会おう」「もちろん」と、握手をした。もう会わないかもしれない、そんな思いを抱えながら、自分の手で感じた贅沢な重みをいつまでも覚えていた。肉感以上の、勲章のような重み。

初恋の味、そして失恋の味など、読者の皆様方は覚えているだろうか。相手と会った時間よりも夜に一人で呻いていた時間の方が圧倒的に長く、相手からのメッセージを見返してはプロフィール写真を拡大するキモい行為を繰り返す。悩みに悩みぬいた後にメッセージを返しては後悔する毎日の逡巡。そして失恋とは恋を失うことではなく、果たされなかった恋はむしろより一層強く残り続ける。太宰治のような文才があれば、「斜陽」みたいな傑作だけをこの世界に残しその想いを抱えたまま消えてなくなりたい。そんな気持ちであったと記憶している。

未練を空港で滂沱と滴る涙に変え、文字通り水に流して大陸を去ろうと思ったが、そううまくいくはずもなかった。帰国後は、満たされない思いを埋めるように狂ったように中国語を勉強した。

学べば学ぶほど楽しいのは、学問の常である。無知はぼくに自身の気持ちの詳細な解明を迫ったことがなかった。思いと言葉と言語。一連の恋が僕の心に残した形見は、その美しさの止まるところを知らない。拙い英語で彼女とやりとりしたこと。さらに拙い中国語が彼女の耳に届いたこと。言葉に自分の思いを乗せて相手に届けること。一つ一つの忘れがたい会話を反芻する中で、思いを伝える僕と受け取る相手の間に言葉が介在するということは、高次の抽象物を低次なものに置き換える不可逆的な変換であることを悟った。とはいえ、たとえ解像度の低い思いが現像され、認識や意思疎通に支障をきたしてもそれを言語の限界のせいにしてはならない。確固たるように見える思いはその実、いつも綱渡りのような不安定さの中にある。

そのような観点で言語を捉えなおすと、より一層愛おしくなった。言の葉と書いて言葉と読む日本人の感性も、たった一文字の方向補語が運ぶ中国語のニュアンスも。

僕の初めての中国は、失恋の味と言語の妙味を考えるきっかけを与えてくれた。他国に渡って得る経験など千差万別で結構、僕は僕自身の体験をとても誇らしく思っている。

合田　智揮（ごうだ　ともき）

東京大学工学部都市工学科三年生。一九九七年群馬県生まれ。二〇一七年八月に上海での国際学生会議に参加、その後HSK五級を取得。趣味は読書、まちあるき、海外限界一人旅。二〇二〇年から北京へ留学予定。

三等賞

ある中国旅行での出会い

会社員　豊崎　みち子（千葉県）

湖北省の世界遺産を見るために中国にやって来た。北京空港で乗り継ぎ便の出発をひとり機内で待っているところだった。昼間とは打って変わって、雨が激しく機体を叩きつけているのが分かる。後十分程で出発と言う時になって、前方からワンピースを着た女性が急ぎ足で乗り込んできた。通路を挟んで私の右手の席に着くなり誰かと携帯で話し始めた。そろそろ出発なのに、話し終えられるのかなと思っていたところ、機内アナウンスが入った。

「天候の影響により出発が遅れます」

それ以上は具体的にどの程度遅延するかは説明がなかった。まいったな。目的地にはすでに同行者が到着していて、明日は早朝からその世界遺産を見て歩く予定になっている。その時点で十八時半。順調にいけば、到着地の空港からはタクシーを飛ばして一時間ぐらいだから、二十一時半にはホテルに到着できると予測していた。それが遅延の上、万が一欠航になったらどうすれば良いんだろう、と不安が重なった。一日一便しかないその機内は六～七割程度の乗客で埋まっていたが、日本のように「遅延」に対するどよめきや不安は特に感じられなかった。不安から気を逸らすように隣のその女性を見ると、彼女はバックからスモモのような果実を取り出し、齧りだした。へぇ、中国では皮をむかずに齧りつくのか、と感心していたところ、彼女と目が合った。そして笑顔で返してくれた。もしかして話しかけても大丈夫なのかも知れない、と思い中国語で話しかけることにした。

「この飛行機はどれぐらい遅れるんでしょうか?」

「よくあることだけど、山間にある空港だから二時間遅れることもあるし、私が今回北京に来る時なんて六時間遅れたからね」と気さくに答えてくれた。そんな彼女は、到着地に程近い地元の人だった。聞けば、目的地の空港から車で一時間程の陝西省の出身とのこと。その空港はよく利用すると言う。

穏やかに私の質問に答える彼女に親近感を覚えた。そして、そこから会話が弾んだ。緊張をほぐすため、まず、なぜ飛行機の中でその果実を食べているのか聞いてみることにした。すると彼女はこう答えた。

2018年、湖南省武当山にて

「お菓子を食べるより自然の物を食べる方が体に良いでしょ。私は仕事で美容健康に関する事業をしていて、その会議のため今日まで北京に滞在していたの。あなたは？」

私は、世界遺産を見るために中国に来たことや、随分昔に北京に留学したこと、帰国後は仕事でも中国語を使うため、中国語学力を維持するために小説を読んだり映画をよく観ている。今回はその映画鑑賞中に知った武当山に興味を持って、是非訪れてみたかったことなどを話した。

その後、どんな仕事をしているとか、武当山のおすすめスポットや、中国にまた来ることがあったら、連絡してくれれば西安だったら息子がいるから車で案内するから、と言ってくれた。そんな会話をしているうちに、一時間も経っただろうか。離陸の準備が始まり、飛行が始まった。しばらくして簡単な機内食が配られ食べ終わった後、彼女が訊いてきた。

「ホテルはもう決まっているの？　ホテルまではどうやって行くの？」

ホテルは、中国旅行に慣れた日本人の友達がとってくれていて、その彼女はホテルで私の到着を待っている。

ただ、空港から武当山の麓のホテルまではタクシーしかないときいていたので、それがずっと気掛かりだった。事前にネットで情報を検索してはみたが、二、三年前にできたばかりのその新空港の情報は皆無だった。後は行き当たりばったりでなんとかするしかないと思っていたので、そう答えた。その時の彼女はそれに対しては特に何も言わず、話題を他に移した。

着陸したその空港は、陝西省と湖北省に跨るようなエリアに位置していた。空港バスもなければ、ネット通信もできない。そんな時に、例の隣の席の彼女がまた話しかけてきた。

「この辺は白タクしかないけど、配車アプリでタクシーを呼べば事前に金額も分かって安心よ。呼んであげるからちょっと待ってて」

飛行機で隣の席に居合わせただけなのに、そこまでしてくれるなんて、有難かった。そして何かあってもなくても、私に連絡して、とWechat IDを交換した。お蔭で予定より三十分程度遅くなっただけでホテルに到着した。そしてその日はゆっくり眠り、次の日は早朝から七時間かけて、武当山を登った。

七月半ばを過ぎようとする湖北省は、中国三大ボイラーと言われる暑さを感じる土地でもあるが、新緑に包まれたこの雄大な山を、大汗をかきながらも私たちは清々しい気持ちで歩いた。昨日のほんのわずかな彼女との出会いを胸に、また中国のどこかを旅しようと思った。

豊崎 みち子（とよさき みちこ）

メーカーで貿易事務や翻訳業務に従事。一九七五年高知県生まれ。二〇〇八年より千葉県在住。小学生の頃に見た台湾のTVドラマ「来来！キョンシーズ」で中国語や異文化の魅力を知る。一九九五年九月より北京師範大学へ一年間国費留学。一九九七年駿台外語国際専門学校卒業。二〇〇三年台湾大学語学センターへ語学留学。趣味は海外旅行、映画鑑賞、ペン習字。中国語検定準一級取得。第一四回ＪＴＢ交流創造賞 一般体験部門優秀賞受賞。

三等賞

酸辣湯がつなぐ人

会社員　河原　紫織（広島県）

私が大学生時代に下宿していた寮は、日本人だけでなく、アメリカ、カナダ、中国、韓国と海外留学生がたくさんいた。朝晩の御飯、お風呂は一緒だ。大学で、どんな研究をしているのか、どうして日本を選んだのか、今後の進路はどうするのか、皆が分け隔てなく、楽しく普通に生活していた。

ある日、中国人留学生が進路変更に伴い、退寮することが決定した。毎日のように顔を合わせ、同じ釜の飯を食べ、裸の付き合いをした仲間だ。気軽に会えなくなるのは、想像できないほど寂しい。そうだ、送別会を開こう。十名の寮生が共同の食堂に、手料理を持ち寄った。テーブルの上には、サラダやパスタ、唐揚げにデザートと所狭しに料理が並んだ。その中で、酸っぱい香りと辛い香りを放つ、強烈な存在がテーブルの真ん中に鎮座していた。臭い？　いや、美味しそうな香り？　初めましての香りだ。とろみがついたスープのようだ。卵の黄色、ラー油と唐辛子の赤、きくらげの黒、緑と茶色の香辛料がスープを漂う。

「これ、誰が持ってきたん？　見たことないんじゃけど」「酸辣湯よ」。初耳だし、早口だし、聞き取れない。「もう一回」「じゃけん、サンラータン」。退寮する彼女が答えた。私の強烈な広島弁を理解したのは驚いた。半年の共同生活で、広島弁が移ってしまったようだ。嬉しい、申し訳なさ。

「温かいうちに食べて」。これまた早口。「ありがとう」。つられて早口。

口に入れると、ピリッとした辛み、中華出汁の旨み、卵の甘さが一気に出現。「うまい」と一言呟いて、もくもくと食べ続けた。おかわりもした。その様子を、彼女はほほえみながら見つめていた。

三度目の上海旅行にて。友人と

三年後、上海に大きなテーマパークが完成した。十カ国以上、共に旅をしてきた大学の友人と行くことにした。私は、辛いものが苦手な友人に秘密で、酸辣湯を食べる旅を企てていた。日本でも何度か酸辣湯を食べたが、中国人留学生の彼女が作った美味しさを上回ることは無かった。

テーマパークに到着すると、走り出してしまうほど、全力で遊んだ。次は、このショーに行こう。写真を撮りに行こう。次から次へと、背中に羽が生えたようにパーク内を飛び回った。

「このアトラクションは、いつ再開しますか」。英語で中国人従業員に訪ねた。ここで待っていて、とジェスチャーをした後、英語が話せる従業員を二人連れてきてくれた。私が理解しやすい簡単な単語やジェスチャーで教えてくれた。私一人の問い合わせに、三人掛かりの丁寧な対応。

「謝謝」。御礼の言葉だけ、中国語で伝えた。三人の従業員は、私の姿が見えなくなるまで笑顔で手を振った。

翌日、いよいよ企てていた酸辣湯の旅が始まった。友人と街を散策する。私の目は、ひたすら「酸辣湯」の文字を探した。日本でも見慣れた文字がたくさん並ぶ。

「あった！」フードコートに入店した時だった。あの独特の香りが漂っている。「何が？」急に大きな声を出した私に、友人は驚いている様子だ。

「酸辣湯よ！」私は注文口に駆け寄り、従業員のおばさんに注文した。すると早口で、捲し立てるように中国語で何か訴えている。中国語が分からず、英語で話して、とお願いしたが、おばさんは話せないようだ。話すスピードは、どんどん速くなる。私もおばさんも、あたふた。もしかして、怒られているのかな。

「英語は話せますか？」突然、若い男性に英語で話し掛けられた。「少しだけ話せます」と英語で答える。

「ここのお店は、現金が使えません。ＱＲコードを読み取って、電子マネーで支払いです」。驚いた。電子マネーが主流とは聞いていたが、まさか現金もクレジットカードも使えないなんて。「あそこのお店なら現金が使える」。別の店を指差し、現金で食事ができるお店を教えてくれた。

「謝謝」救世主のお兄さんにも。おばさんにも。

お兄さんのお陰で辿りついた酸辣湯。独特な香りと色鮮やかな佇まい。ゆらゆらと湯気が立っている。やっと食べられる。深みのある大きなスプーンですくい、一口。

ピリッ、甘い、とろり、ツン。これだ、これだ、食べたかった味は。中国人留学生の彼女が作ってくれた酸辣湯と同じくらい美味しい。

国は関係なく、美味しいものは美味しい。そこに人の温かみがあれば、さらに美味しい。酸辣湯は、中国人留学生の彼女とお兄さんとの思い出を繋いだ。最高に楽しかった上海の旅行は、無事に幕を下ろした。

今、私は中国旅行の準備をしている。行き先は上海。三度目の上海だ。大学を卒業し、社会人になっても、一緒に旅をするのは、いつもの大学の友人。もちろんテーマパークで遊び、酸辣湯を食べに。あの日を辿る。今度も、テーマパークの従業員やフードコートのおばさん、助けてくれたお兄さんのように、人に助けられながら楽しい旅行になるだろう。さあ、上海へ飛び立とう。

河原 紫織（かわはら しおり）

一九九三年二月二日生まれ。広島県呉市育ち。広島県立呉三津田高校に進学後、同志社大学政策学部に入学。学生寮にて、多国籍（中国含む）の留学生と生活を共にする。大学卒業後、複合書店チェーンへ入社。その後、技術派遣・請負事業の会社に人事採用担当者・国家資格キャリアコンサルタントとして入社。三度の中国旅行へ。

三等賞

中国の朝、公園で思うこと

漫画家　池乃 大（京都府）

私にとって中国とは太極拳だ。どこで見たのか、広大な場所で大勢が太極拳をしているところを思い浮かべる。皆、揃いの色の表演服を着て一糸乱れぬ様子は圧巻だ。ゆったりと、その動きは大河の流れを感じさせる。二胡の音色も聞こえてきそうだ。まるで地球が呼吸しているかのような、そんな光景が浮かぶ。

これらは私が、太極拳を学び始める前から抱いていたイメージだ。私は中国には壮大なスケールと武術という二つの印象を子供の頃から持っている。おそらく昔観たカンフー映画の影響だろう。中年以上の男性であれば、誰しも子供のころにカンフーの真似事をして走り回った記憶があろう。

太極拳も本来武術である。実際陳式太極拳には激しい動きや素早い打撃技が套路に多く含まれている。太極拳の持つ老人の健康体操というイメージは一つの側面でしかない。中国には常勝無敗を誇る太極拳の達人の伝説がいくつもある。しかし太極拳が優れているのはそのような物理的な強さではない。太極拳の動きは芸術である。そして太極拳への理解は哲学である。その二点が太極拳と西洋の格闘技との違いだ。効率よく合理的に敵を倒すこと以上の、思想に基づいて作られたのが太極拳である。流転する陰と陽、自然法則との調和、それを武術に取り入れたのが太極拳。自然法則を理解することがすなわち太極拳の道といえる。しかしその道を極めるには人の一生はあまりに短い。先人が蓄積してきたものを理解し後人へと繋ぐことでしか極めるすべはない。それゆえ、底なしに突き詰め切れない奥深さがある。私はそこに魅了される。

三年前、私は初めて上海に行った。早朝の魯迅公園は賑わっていた。太極拳、太極扇、社交ダンス、皆様々に

上海、魯迅公園の朝

楽しんでいた。広場に整然とうねる太極拳の大波。思い描いていた中国がそこにあった。日本では目にしない光景だった。住み慣れた地元であればせいぜいジョギングしている若者をみる程度だ。私は試しに太極拳をしている集団の端で、一緒に太極拳をしてみた。その当時、私はまだ太極拳を学んでいなかった。見よう見まねで、さぞ不恰好だったことだろう。ただそれを咎めたり笑う者はいなかった。初めての国で知らない者の輪に入り、できもしないことをする。日本での自分からはおよそ考えられないことだった。しかし中国の大陸的な大らかさが私にそのような行動をとらせた。周りの中国人は別段私を気にする様子もなかった。それが私には中国人の寛容さに思えた。

たった三日間の中国旅行であったが、その印象は深く刻まれた。特に魯迅公園には毎朝通った。皆が生き生きと自由を満喫する姿、こういう空間を日本にも作りたいと思った。しかしどうすればよいのかわからなかった。帰国後、試しに私は早朝の公園で太極拳をしてみた。数週間続けてみたが依然独りだった。自然と人が集まるかと思っていたが、そうはいかなかった。民族性の違いだろう。日本人は人前で人と違うことをするのを好まない。

一年前にもう一度上海へ行った。この時行った江浦公園はごく小さなものだった。しかしそれでも太極拳や書道を楽しむ人で賑わっていた。このときも私は、なぜ日本ではこのように盛り上がらないのかを考えていた。ひとつ気付いたことがあった。それは中国人は自己のアピールに遠慮も照れもないということだ。例えば太極拳なら、自分の技がいかに素晴らしいかを人前で披露することにはばからない。人を見て、別の者がまた負けじと披露する。そうやって筍のように競い合って技を磨く。

そう思いながら公園を見渡すと、実に様々な太極拳があった。太極拳には五大流派がある。陳式、楊式、呉式、孫式、武式がそれだ。その他にも様々な細かい流派はある。しかし陳式ひとつとっても、全く別物のようなものがいくつも存在する。師匠と弟子で印象が大きく異なるケースも多い。日本では、亜流の太極拳はあまり好まれない。しかし中国では、独自の解釈による様々な亜流が認められているように感じられた。クセの強い、独特な太極拳もその公園では多く見られた。自分の太極拳は間違っているのではないかとは微塵も感じられない。自信に満ちた力強さがある。やはりこの国では、我こそはと出る杭が歓迎されるのであろう。

私は四十三歳から太極拳を始めた。それまで運動らしい運動はしてこなかった。太極拳の素質も身体的能力も乏しい。だがそれでも、太極拳で人に認められたいのである。たった二度の中国旅行が、大陸の空気が、そんな子供じみた願望を許容してくれる気がするのだ。幸いなことに、太極拳の選手寿命は長い。六十歳でも若手である。願わくばいつか自ら編み出した太極拳で、中国の公園で、他の老人と、誰の太極拳が一番優れているかというようなことをやってみたい。子供の意地の張り合いのようなことを、百歳になっても続けていたいのだ。それが許される場所がある。一生現役で居られる場所、それが中国の朝の公園なのだ。

池乃 大（いけの だい）

漫画家、ゴム銃作家。一九七三年京都府生まれ。四十歳を目前に中国語を始める。以来中国にハマリ、太極拳、花文字、中国語カラオケなど、文化を通じて中国のことを学んでいる。二〇一七年より中国語学習者向け月刊誌『聴く中国語』の漫画、パン君奮闘記を担当。二〇一六年に関西外国語大学孔子学院主催『第七回西日本地区中国語歌唱コンクール』一般部門三位。太極拳一級。主な著書に『路上に蹲る絵描き達』、『ゴム銃保安官弾』など。

三等賞

所変われば品変わる

工学博士　日比野 敏（茨城県）

万里の長城に向かって車で走っているとき、しだいに車が増えてきてノロノロ運転になってきたなと思っていたら、一台の車が空いている上りの反対車線を走りだし次々とそれに続く車が出てきた。上下一車線の道路で上り車線も空いてはいるが車が走っていてこれではトラブルになってしまうなと思った。しかし意外なことに上り車線の車はクラクションを鳴らすこともせずに押し出される形でさらに外側を走り抜けてゆく、いわば道路が三車線になった形。もともと三車線の広さは無いので道路際にある店の商品陳列台が邪魔になり、店の人が出てきて陳列台をずらし車はなんとか間をすり抜けてゆく。

日本で同じことが起きたらたぶん上り車線の車は車線を譲らないでクラクションを鳴らし喧嘩になるか場合によっては衝突事故になるのではないか。

別の時であるが、交差点で車と自転車と人がごちゃまぜで各々が勝手の方向に渡っているのを見て、よくあれで事故が起きないものだとびっくりしたこともある。

〝所変われば品変わる〟で、自分の常識が覆されるところにも海外旅行の面白さがあるが、このような違いは国民性によるものだろうか。

文化の違いでは、中国のもてなしの精神に感銘を受けたことがある。武漢の研究所から講演の依頼が来たときに小小三峡を見たいと言ったらＯＫということで案内をしてもらった。通常の三峡下りは大河揚子江の雄大に迫り来る峡谷を大型客船で下り、ついで小型の動力船に乗り換え支流に入り、途中では浅瀬の急流や山水画のような風景もある峡谷、小三峡下りで終わりとなる。小小三峡は支流のさらに支流を行くもので、峡谷はより狭く浅いので動力船で行くことができないので人が小舟を綱で引っ張って峡谷を上り、下りはゴムボートに乗って下る

万里の長城にて

こともできる。日数も一日程度余計にかかる（その後三峡ダムが出来て水位が上昇し現在では景観や状況が異なっている）。このような希望を受け入れてくれる中国の懐の深さを感じた（この例以外でも同様な精神を感じたことがある）。

それに対して日本での対応は真逆である。中国から帰って所長にリターンビジットとして先方の研究者を招待したいと言ったら、そんなことをしていたらキリがない、ダメだと許可が出なかった。そこで本部まで行って相談し了解が得られ招待することができた。その研究者が九州大学を訪問したいというので所長に話したら、そのことが当所にどのように利益があるのかと問われ絶句した。招待した人の希望をできる限り叶えようとする中国の精神と自分達のためにどのような利益があるのかをまず考えるという違いのあまりの大きさに驚いた。

物事の進め方でも彼我で大きな違いがある。瀋陽で開催された国際会議の案内はウェブで三、四回更新されその都度組織等が変化した。最初は組織委員会一つだけであったが日時の経過と共に変化し、最終的には国際顧問委員会、会議議長、プログラム委員会、ローカル組織委員会という大組織に変貌した。正に融通無碍である。思うにこれは主催者が会議の開催を決意してまずアナウンスし、進めてゆくうちに生ずる様々な事態や変化を取り入れ、その都度組織も変化して行った結果と思われるが、まさに〝走りながら考える〟、中国人の得意なところかもしれない。日本では組織委員会ができれば会議の終わりまで変更はまず無いし、このような芸当は柔軟な思考力を必要とするので難しいのではないだろうか。

この会議で私は論文を発表することになっており、当日の朝会場へ行くと自分の発表時間が午後に変更になっていてびっくりした。聞いてみるとキーノートレクチャー（他の発表に比べて重要性が高い発表）が午前と午後に分かれていたが纏めて午後にしたほうが聴く人に取って都合が良いからとのこと。たまたま私の発表はそのキーノートレクチャーになっていたので午後に回されたわけである。このような直前の時間変更は日本ではまずありえない。ここまで融通無碍となるとなかなか我々にはついて行けないが、これだけ枠にとらわれないと新しい発想も出てくるかも知れない!?　この例は極端な例かもしれないが、時間や効率などを最優先するあまり本来の姿を忘れかけている昨今、逆に羨ましい感さえする。

反対車線走行や論文発表予定の突然の変更などに驚くと言うことは、逆に考えてみると我々日本人の考え方が余りにも硬直化していることを示しているようにも思われる。下り車線が混雑してきたら若干空いている上り車線も使って走る、しかもおまわりさんの手を煩わせないで自然発生的にできる……。

中国のほんの一面を見ただけで他の場面ではどうなのか不明ではあるが、融通無碍、走りながら考える、中国の悠久の歴史から得たのかこの〝柔らかさ〟。

是非また中国を旅したいものだ。

日比野 敏（ひびの さとし）

一九三八年日本愛知県犬山生まれ。京都大学大学院工学研究科鉱山学専攻、工学博士。㈶電力中央研究所地下構造物研究室長兼理事、東京工業大学客員教授、山口大学客員教授、ＩＳＲＭ（International Society for Rock Mechanics 国際岩の力学学会）副総裁など歴任。主な著書『技術者に必要な岩盤の知識』（鹿島出版会）。二〇〇六年退職。趣味は卓球、ビリヤード、吹き矢など。

三等賞

人生、長城の如し

翻訳者　大友　実香（千葉県）

私が初めて中国を訪れたのは、忘れもしない一九九七年。当時、中学三年生だった。真っ新なパスポートを持ち、家族で関西空港へ向かった。そこに父の姿は無い。私たちは北京で仕事をする父に会いに行くのだ。

それは突然のことだった。「お父さん、中国に行くことになったから」——父が放った言葉に私は耳を疑った。二つ上の兄は「すごいじゃない！」と父を讃える。母を見ると、もう話はついていますと言わんばかりの半ば諦め顔。私はというと「なんで⁉」この一言につきる。驚きと心配、不安。加えて、その決断への小さな恨みとも言うべき感情が入り混じる。父親が中国に行ってしまう……。私たち家族にとってそれはそれは大きなことであるにも関わらず、さらっと言ってしまう父の性格に呆れている自分がいた。

父の一時帰国は嬉しかった。しかし、ひまわりの種をかじったり、寝言で中国語を呟く姿を見るたびに、何だか遠くへいってしまったような気がしていた。

そんなこんなで一年が経った頃、家族全員で父に会いに行くことになった。それが冒頭に書いた北京旅行だ。点心や北京ダックを堪能し、故宮博物院にも行った。

二日目の朝、明け方に目が覚めた私はホテルの窓から下を覗いてみた。遥か下に見えた脇道は舗装がされておらず、砂埃が舞っていた。観光名所の華やかさとは打って変わって妙な静けさがあった。決して綺麗とは言えない外壁、崩れそうな屋根、自動販売機はおろか街灯ひとつない。日本と全然違う——心の中でそう感じた。

北京旅行で最後に訪れた場所、それが万里の長城だった。石の階段を上り続けてへとへとになった頃、ようやくあの有名な景色が見えてきた。思わず出た声「うわ！大きい。すごいね」。その姿は想像を超えていた。どこまでも続く一本道。この道が、果てしなく遠い場所へとつながっている。これが中国か……！　そのスケールの大きさに心奪われたのを憶えている。

2016年、上海在住時に両親が遊びに来た。私たち家族にとって中国は特別な縁を感じる場所だ

それから一年が過ぎた頃、父が日本に帰ってきた。私の反抗期が悪化して家庭崩壊レベルに達していた。その状況を見て帰国を決めたという。今でもそのことを言われるのは、北京の地を離れざるを得なかったことに対するちょっとした恨みなのか、それだけ娘が大事だという遠回しのアピールなのか。前者ならば少し申し訳ない気がする。

父はよほど北京が気に入ったのか「いつかまた中国に返り咲く」と事ある毎に言っていた。その度に家族皆が「勘弁して」と笑う。その時は誰も想像すらしていなかった——十八年後、まさか娘の私が父に代わってその夢を叶えることになろうとは。

二〇一五年、私は東京にいた。三十三歳、食品メーカーでの仕事は非常に充実したものだった。大学卒業とともに実家を離れて仕事一筋だった私が結婚するという報告は、親戚一同を驚かせた。そして、もう一つ驚かせたことがあった。それは、新居が上海になるということ。

不思議な運命に導かれるとはこのことなのか。夫に中国勤務の辞令が出たのだ。私にとって青天の霹靂だった。

結婚と上海行きを最初に伝えたのは母だ。とても喜んでくれたが、電話を切る前に一言「お父さんには私から言っとくからね」。翌朝、父に電話をかけた。「もう聞いたと思うけど、結婚するから。あとさ、私、中国に行くことになったから」。十八年前に言われた台詞を、今度は自分が口にしていた。こんなに大きなことをさらっと言うこの性格、きっと遺伝だから許してね。心の中でそう呟いた。このとき父は何を思っただろう——。

数カ月後、上海行きの飛行機の中で私は父が北京に行った日のことを思い出していた。図らずも同じ経験をして、父の気持ちが少しわかった気がした。

上海に来て驚いたのは中国の経済発展のすさまじさだ。十八年前に見た姿とは全く別の国になっていた。天まで伸びる高層ビル、網の目のように張り巡らされた地下鉄、スマホひとつで何でもできるデジタル化社会。「日本よりも格段に進んでいる」これが最初に受けた印象だった。

それから二年半の月日が流れた。日本への帰国が決まったのは、二〇一八年春のことだ。まだ肌寒い三月、中国を離れる前に北京を訪れた。そして、もちろんあの場所にも——。二十年ぶりに訪れた万里の長城、そのスケールは当時と全く変わっていなかった。

どこまでも続く一本道。ふと後ろを振り返った。二十年前、十五歳だった私が見えた気がした。今、同じ道の上に立っている。あの時この目で見た果てしない道の先には、二十年後の自分がいたのだ。

万里の長城というものは面白いもので、ごつごつした石ばかりの道でも、通り過ぎてみれば壮大な景色の一部になる。真っ直ぐだと思って進んできた道は、振り返ると美しい弧を描く。そして、誰かと一緒に歩けば急な坂道も楽しい道となる。

人生、長城の如し。

「結構いい運動になるねー」横から夫の声が聞こえる。「ちょっと休憩しよっか」と私。立ち止まって前を見た。太陽に照らされたその道は、山々を越え、力強く、遥か遠くまで続いていた。

大友 実香（おおとも みか）

一九八二年生まれ。大阪府出身。近畿大学法学部卒。大学卒業後、食品メーカーに入社。営業部に所属し、大阪、名古屋、東京で合計十年間を過ごす。二〇一五年、夫の転勤に帯同し上海へ移住。上海交通大学、華東師範大学で中国語を学ぶと同時に、歴史や文化、少数民族について知識を深め、その奥深さに魅了される。二〇一八年春帰国。同年十月よりフリーランスとして翻訳に従事。言語は中国語。専門は特許及び食品関連文書の翻訳。

三等賞

私に再起の場をくれた中国

大学教員　金戸　幸子（遼寧省）

私はもともと研究者で日本の地方都市の私立大学の教員であった。しかしその大学に着任してから五年弱経った頃、研究者間のトラブルに巻き込まれ、それを知った大学側からもパワハラを受けて、大学を追われてしまうことになった。そこで、次の職を探すことになったのだが、私はもともと中華圏についての地域研究を行っていて、中国語もできることから、中国という場での就労が自ずと視野に入ってきた。最初は、私の研究の主なフィールドであった台湾で日本語教師の仕事を見つけた。しかし台湾は、日本人にとって馴染みやすい風土があるものの、雇用労働における給与水準が予想以上に低い。そこで、台湾に移ってすぐに再び転職先を探していたところ、運よく今勤務している中国の大学に採用され、日本語や日本語関連科目を教える機会を得たのである。

しかしながら、最初は中国というと怖いというイメージが大きく、中国の大学から内定をもらったものの、実際に中国に行く段階となると、なかなか重い腰が上がらなかった。なぜなら、インターネットやSNSの閲覧・利用にも制限があると聞いていたし、いくら最近は発展しているとはいっても、食べ物や衛生状態、生活インフラ、人々のモラル、対日感情がよくないことなど、日本のメディア報道などから、自分のなかでマイナスのイメージも形成されていたからである。しかし、「地域研究という専門性を活かして、自分のキャリアパスを作れる場所は中国」「中国に行くなら今しかない」と思い、「行ってみて合わなかったらすぐ戻ってくればいいんだから、とりあえず行ってみよう」という自分を言い聞かせながら、不安いっぱいの気持ちで中国へ向かったのであった。

そうして中国での生活が始まったのであるが、別に日本人だからといって態度を悪くされるというようなこと

担当クラスの学生たちと（2019年7月5日、前列右から4番目が筆者）

はなく、むしろ周囲の中国の方々は、意外と温かくて人間味があることに気付くようになった。学生たちも総じて礼儀正しくて人懐っこく、普段よく行く食堂や売店の店員さんなども、こちらと行き交うと気持ちよく挨拶をしてくださる。こうして私のなかの中国に対するイメージがよい意味で覆されていった。仕事の面でも、研究業績はもちろん、スピーチコンテストや作文指導などで指導した学生がいい成績を取れば、教員の側も表彰されたり評価されたりする。むしろ業績評価が日本より公平で明確だと感じた。また、家族や自分を大切にする中国の働き方は、ワークライフバランスもとりやすい。さらに、日本語教育を私の新たな専門分野に加えることもできるようにもなりつつあり、次第に本来の自分を取り戻せるような実感が持てるようになってきたのである。

　中国にやってきた当初、笑顔が出ることがめったになかったが、今では精神状態もすっかりよくなり、自然と笑顔が出るようにもなった。そして、中国で多くの素敵な方々と出会い、私の人生にとってかけがえのない人にも巡り合えた。今となっては、むしろ勤務していた日本の大学から離れたことは、長い目で見れば案外よかったのかもしれないとさえ思えるようになってきた。この環境でできるかぎりのことを着実にやっていけば、中国でのキャリアや経験を、今後の仕事やライフスタイルにおける付加価値に変えていくことができそうである。

　中国にやってきてまだ一年数カ月弱に過ぎないが、中国にやってきてから今までをこうして振り返ってみると、中国は再び私を笑顔にし、私に再起のチャンスを与えてくれた場所だということができる。日本で大学教員をしていた頃、ひょんなことから人生のどん底まで落ち、一時は「もう私はダメだ」「もう私の人生は終わりだ」という気持ちにさえなっていた。ゆえに、もし中国に来なかったら、経済的に困窮していただけでなく、もう一度教育者や研究者としてどん底から這い上がることはできなかったに違いない。今はまだ再起の状態は七割程度といったところかもしれないが、中国に来てほんとうによかったと思っている。将来、最終的な生活の拠点が中国になるのか、日本になるのか、あるいはそれ以外の国になるのか、今は未知数であるが、この中国でつかんださやかな「幸せ」を大きく発展させていけるよう、しばらくは引き続き中国で頑張っていくつもりである。そして、私を見放した人たちを見返せるようになると同時に、私に再起のチャンスをくれた中国にもちゃんと恩返しをしたいと思っている。

　日本は、やり直しやリベンジができにくい社会であるといわれる。そして、それが日本社会の生きにくさや、昨今のさまざまな社会問題の根源にもなっている。対して中国には、表面は一見固そうに見えるが、「とにかくやってみよう」「失敗してもいいじゃないか」という意識が根付いている。これが思いがけないチャンスや可能性を人々に与えてくれる。これから伸びていく国とは、まさにこのような気風が根付いた国だといえるのではないだろうか。

金戸　幸子（かねと　さちこ）

大連外国語大学日本語学院外籍教師、早稲田大学地域・地域間研究機構東アジア国際関係研究所招聘研究員。慶應義塾大学法学部政治学科卒、東京大学大学院総合文化研究科国際社会科学専攻修了。大学時代から中華圏に関心を持ち、以来、研究対象として向き合うようになる。二〇〇九年大平正芳記念財団環太平洋学術研究助成費賞受賞。国際協力団体職員、京都大学大学院文学研究科研究員、日本の大学教員などを経て二〇一八年より現職。

三等賞

国境を越えた百年の縁

主婦　張（旧姓岡芹）美紗子（群馬県）

「私が将来行ってみたい国は中国で万里の長城の上を歩いてみたいです」

これは私が中学一年生の時、社会科の最初の授業で自分が将来行きたい国とその理由を言いなさいという宿題で言ったときの言葉である。しかし、これは当時宿題をしてこなかった私がその場でとっさに地図帳を開き適当に言った言葉だったのだが、今思えば私と中国との縁はこれが始まりだったのかもしれない。

それから十五年後の二〇一三年中国瀋陽出身の主人と出会い、縁あって結婚し私は中国人の妻になった。その翌年二〇一四年二月、中国の春節に合わせて私は初めて中国を訪れることになったのだ。

海外旅行が好きな私は初めての中国に様々な思いを馳せながら瀋陽に着くまでの時間を機内で過ごした。着陸間近になり初めて目にする上空からの中国東北の冬景色。真冬ということもあり枯れ地が広く続きどこか寂しさを感じた。

無事に到着し主人と出口に向かうと、義理の父母が出迎えてくれていた。義母は私が寒くないようにと足元まである分厚く真新しいコートをその場で広げてくれた。コートを羽織り空港の出口を出た瞬間、東北の氷点下という空気が私の体全身を突き刺した。とにかく寒い。冷凍庫にいるのではないかと思うほどだった。しかし、周りは皆平然とした顔をしていてそれが不思議に感じた。氷点下の中での生活は無縁だった為、なんだか私はとんでもない所にきてしまった感に襲われた。

主人の実家に着き、春聯の華やかな飾りつけの扉を開けると最初に目に入ったのは義母が仕立ててくれた純白のウエディングドレスだった。私達は入籍当時結婚式はお互い文化や価値観の違いがあるから挙げないと決めて

2018年、義理の父母が中国から来日したとき。兵庫県淡路島 奇跡の星の植物館にて

いた。

　数日後の食事会当日、私達はレストランへ向かった。中に入って驚いたのは日本の披露宴会場のような所で中国で定番の円卓テーブルが十卓以上あったからだ。人数計算をすれば百人に近いくらいだ。日本では二十人程の食事会をしただけだったので中国の食事会の人数には驚きを隠せなかった。私が唖然としている横で、近所のおばさん達がテーブルの準備をしてくれていた。

　別室で義母が仕立ててくれた純白のドレスの身支度をしていると、親族や主人の友人達が挨拶に来てくれ私の身支度を皆が手伝ってくれた。そして主人も私も支度が済み会場に向かうとたくさんの親族や友人が集まってくれていたのだ。主人のいとこの姉は私達の為に日本から一時帰国をし、私の日本語の通訳と司会進行をしてくれ、兄は仕事がブライダル関係だからと自前の大きなカメラを持ち込みビデオ撮影をしてくれた。

　挨拶をしながら各テーブルを回っていく中国の結婚式。地方によりやり方は様々らしいが、花嫁が担当するたばこの火付けは緊張した。当時私は「你好」と「谢谢」しか言えず会話は何を話しているのかさっぱりわからなかったが「おめでとう」という中国語の「恭喜 恭喜」は何となく聞き取れ、その言葉が届くたび私の中の緊張の糸がほぐれていった。

義母がその都度親族を紹介してくれるのだが、私の頭の中はクエスチョンマークだらけ。なぜならば日本では、おじさんやおばさんで通る呼び方が中国では親戚は通用しないことを知ったのだ。挨拶が終わったあとは私達もテーブルに座り円卓テーブルから溢れてしまいそうな程の料理をいただき食事会を無事に終えた。

外は凍るほど寒いのに私の心の中は温かかった。なぜならば、結婚挨拶をして食事ができればいいと思っていたのだが義父母をはじめたくさんの親族や知人が私達の結婚の儀を盛大なものに作り上げ幸せを与えてくれたからだ。本格的な結婚式とまではいかなかったが私の心は幸せでいっぱいになった。

帰国をするまでの間、親族や主人の知人の家に訪問させていただいたが皆快く歓迎してくれ、たくさんの美味しい中国の家庭料理をお腹いっぱい食べさせてくれた。限られた時間を一緒に過ごすごとに中国の人はお世話好きで温かい人が多いことに気づいた。

正直、最初は中国に行くことは身の恐怖を感じていた。メディアで流れるマイナスイメージの情報ばかりを気にしていて、日本人と知れば罵声を浴びせられたり物を投げつけられたりするのかもしれないと思っていた。まして日本人の花嫁と聞いて受け入れてもらえるのだろうかと不安でしかたなかった。しかし、中国の親族や知人は皆笑顔で「恭喜」と私を迎えてくれたのだ。日本で抱いていた中国の人に対するイメージが一八〇度変わったのだ。それと同時に自分の目で実際に行って見てみることの大切さを改めて知った。

縁あって私と一緒になってくれた主人、異国の娘を受け入れくれた義父母、親族や知人そして日頃仲良くしてくれる主人の友人達にとても感謝している。「大家謝謝」

張（旧姓岡芹）**美紗子**（ちょう みさこ）

一九八六年群馬県生まれ。高校卒業後関西の大学へ進学。大学卒業後関西の企業に就職。そこで瀋陽出身の主人と出会い二〇一三年に結婚。二〇一五年に長女、二〇一八年に長男を出産。現在働きながら二児の子育てに奮闘中。

三等賞

想い馳せる国

主婦　大野　美智子（東京都）

今年三月、私は夫の上海駐在任期終了に伴い、三年間の帯同生活を終え帰国しました。私にとって、人生二度目の中国生活でした。

最初の中国生活は、一九九九年三月～二〇〇〇年二月、今からちょうど二十年前。大学三年生の私は、大学の交換留学制度を利用し、吉林省長春市吉林大学に約一年の語学留学をしました。長春市は、偽満州国時代の建築物がそのまま残り、中日の歴史をダイレクトに感じる街。私の祖父母は満州開拓団として海を渡り、多くの喜悲を中国の大地に置いてきたことを幼いころに聞いたためか、中国には自分のルーツがあるような感覚がいつも心の片隅にあり、とても不思議な縁を感じました。

吉林大学留学生宿舎は、街の中心部から少し離れており、舗装されていない土の道を、荷物を引くロバが歩いていたり、宿舎近くにバイクで卵を売りにくるおじさんが「鶏蛋、鶏蛋呀～」と大声で叫び始めると、その声を聞きつけ卵を買う人がいたり。路上で野菜や果物の商売をする人々も数多くおりました。大学生の語学留学だったからか、それともその時の土地の雰囲気だったのか、とてもゆったりとした時間の流れを感じた生活でした。

春夏秋冬を過ごしましたが、中でも忘れられない事件は、夏休みの中国国内旅行で起こりました。今思い起こすと、なんと危険を省みない行為だろうと自分で驚くバックパッカー女二人旅。かつ、私は広大な中国大陸へのあこがれから、途中友人と別れ新疆に一人旅をする計画でいました。

長春を寝台列車で出発し、上海、杭州、桂林、昆明と列車でめぐり、私は中国東北部とはまた違う各地の風景、多民族の文化にすっかり心酔しました。友人と別れいよいよ新疆に向かおうとしていたその日の朝のこと。昆明

1999年、長春市にて友人と

↓大理の夜行長距離バスから降り、大理での夜の宿を決め、お金をはらおうとした時、財布にお金がないではありませんか！　旅行中は、パスポートと旅の途中で換金して使おうと思っていたアメリカドル（日本円に換算して約十二万円）をまとめて小さなショルダーバックに入れ、肌身離さず身に着けていました。……が、夜行バスが寝台だったこともあり、ショルダーバックを枕元において寝たところ、どうやら寝ている間に現金を全て抜き取られてしまったというわけです。不幸中の幸いは、発覚したのが友人と別れる前だったことと、パスポートは盗まれず残っていたこと。

　その後は、友人の旅程である西安に同行させてもらい、泣く泣く長春に帰ることに。旅行中は、決して気を抜いてはいけないことを学ぶと共に、お金を盗まれた悔しさ、惨めさ、後悔といった様々な感情に襲われ、意気消沈しました。そんな事件があった後、西安へ向かう途中で知り合った一人の青年軍人が私の盗難被害話に同情し、西安での宿や列車の切符を取る手伝いをしてくれました。当時は、今のようにアプリ一つで手軽に切符が取れるわけではなく、列車の切符は長蛇の列に並んで対面窓口で購入。彼は、「せっかく日本から来てくれているのに、中国で嫌な思いをしたことに申し訳ない気持ちになった。軍人は優先的に切符が取れるから……」と、見ず知らずの日本人のために奔走してくれました。私とさほど年齢の変わらなさそうな彼が、中国を背負っている気概に驚くと同時に、彼の親切心と行動は、心痛の私の身に染みてとても心打たれました。

中国にも、悪い行いをする人もいれば、良い行いをする人もいる。国が変わっても、人間は同じなのだと感じた一件であり、今でも忘れられない出来事です。

吉林大学での留学生活以来、ほぼ中国に関わることがなかった私でしたが、二〇一六～二〇一九年、再び得難い時間を上海で過ごすことができました。

長春から上海まで約二千㎞。寝台列車二泊三日で結ばれていた二つの都市は、今や高速鉄道を使えば、十二時間以内に到着できるとても近い都市になっています。また、二十年前も美しかった外灘の夜景でしたが、現在外灘から眺める浦東の夜景は、名物タワー東方明珠の周りに多くの高層ビルが立ち並び、煌びやかなネオンで彩られ、中国屈指の夜景スポットへと更に進化していました。上海での生活は、子供三人抱えての帯同だったからなのか、国際都市である上海のリズムのせいなのか、とてもテンポが速く濃厚な時間でした。

二度の中国生活は、時代も都市も自身の境遇も全て違いましたが、中国の人々の建国への熱いエネルギーは、ずっとこの二十年変わらずに続いているように思います。

大野 美智子（おおの みちこ）

一九七八年生まれ。山形県出身、東京都在住。二〇〇一年創価大学文学部外国語学科中国語専攻卒業。二〇〇五年より夫の転勤に伴い、福島県、香川県、静岡県、愛知県、宮城県、中国・上海市各地に居住。

三等賞

五大道の黄昏

会社員　梅舘　秀次郎（天津市）

五大道に黄昏が近づき、ゆったりとした時間が流れ始める。ここに居ると、まるで夕暮れ時に、英国ヴィクトリア朝時代の住宅街に紛れ込んだかのような錯覚に陥る。手作り感のある螺旋階段の手摺、機能性よりも感性を重視したであろうデザイン、当初は実用であった暖炉の煙突さえ、今は建物に絶妙なアクセントを与える装飾物となっている。そしてどういうわけか、猫が多く生息している。夕方、少し寂しげな物売りの呼び声に混じって聞こえてくる、猫の囁きを聞いていると、まるで、スタジオジブリのアニメーションさながらの場面に浸りながら、現実から浮遊している自分がいる。

中国天津市には、曽て列強といわれた各国の租界地が存在していた。私の住む五大道は、英国のそれにあたり、現在でも往時の建築物と街並みが、歴史遺産として保存されている。

実は私がここに住み始めて、まだ一カ月ほどしか経っていない。しかし私の中国生活は、今年でかれこれ十二年目となる。住居については今回を除き、全て真新しいマンションであり、日本に比べても、部屋の面積が広いこともあって、却って快適な位だ。

中国に来た当初は、新たに経験することばかりで、全てが新鮮。高度経済成長の高速鉄道に乗り、周りの景色をゆっくり眺める余裕もなかった。経済発展に歩調を合わせたかのように、人々の住環境も現代風の機能的な形態に変わっていく。デザインは没個性となり、シャープな、どこか冷たい感じである。また住む人々の交流もあまりなくなり、むしろ、人との接触に面倒な感じすら、持つようになる。生活に人間的な暖かさが、感じられなくなるのである。ある時、そんな気分で中国にいる自分に悄然とした。

五大道は、会社のオフィスの窓から、その風景を眺めることができるほど至近である。

そのため周辺を歩くことも多く、その時、どこか心に落着きを感じることがあった。

この場所の素晴らしいところは、建築群が残っているだけではなく、そこに今も、人々の生活が息づいている点である。歴史遺産として、建物を保存するだけであるならば、本来の目的である人間の居住空間ではなくなり、

林東大楼（筆者の済むアパート）

その醸し出す魅力も半減してしまう。昔から古い物にかか魅かれるものがあったが、そこに人の温もりを感じるからだと気づいた。
そして、その温もりによる、心の平静を得るために、五大道の部屋探しを始めることにしたのである。ところが、なかなか、そう簡単には部屋が見つからない。特殊保護、重点保護といった物件は、政府が手厚く管理しており住むことはできない。そういった制限に加え、大方の物件は、所謂、一棟建ての邸宅といっていい規模のものであり、単身赴任の、私ひとり住むには広すぎるし、それ以前に予算が全く届かない。アパートタイプの集合住宅も、ごくまれにあるものの、持ち主が自分で住む場合は、費用をかけて修築するが、賃貸に出すものは、家主が費用をかけることを嫌い、窓枠なども木製のままであったり、半ば朽ち果てたようで、とても積極的に住もうとは思えない状態である。
今の部屋の契約が、三月までであることから、既に春節前から、会社のスタッフに手伝ってもらい、あちこちに問い合わせた。厳寒の天津を震えながら自転車に乗って、部屋探しにつき合ってくれた皆さん、本当にありがとう、感謝します。既に、二カ月近くが経過し、諦めか

けたころ、とある不動産会社のウェブサイトで、室内に暖炉らしきものがある画像を発見した。これが機縁となり、一九一九年（大正八年）、築百年の緑に囲まれた、四階建てアパートにめぐり会うことができた。

近所の人達は、年配の方が多く、お互い声をかけたり、かけられたりの間柄であり、夜は早い時間から本当に静かになる。これに加え、冒頭のスタジオジブリ状態である。

ここまでは、好いこと尽くめのようだが、実は心配がある。中国で北方といわれる地域では、寒さの厳しい冬季には一定期間、公共インフラとして、二十四時間スチーム暖房が各戸に供給される。ところが私の部屋の暖房は、個人のガスによるスチームであり、付けっぱなしにするわけにもいかず、その場合、零下の寒さを乗り切れるか心配なのである。加えて部屋の密封性は、現代マンションに比べ、明らかに劣っており、さらに天井が非常に高いため、空間を広く見せることには有効であるが、その分きっと寒いのである。私にとって、今年の冬を乗り切れるかどうかが、切実な問題であり、ロマンチックなノスタルジーと、現実とのせめぎ合いである。

中国は悠久の時の流れの中で、多様な文化と接触しながら、歴史上の主役的役割を担ってきた。それが自己にとって好ましいことばかりではなかったにせよ、時間をかけながら、大きなスケールで包括してしまう。現実主義であるがゆえに、理想にも理解を示す。まさに生きる力に満ち溢れたその姿は、私につよく、憧憬の念を抱かせるのである。

梅舘 秀次郎（うめたて ひでじろう）

一九六六年東京都生まれ。日本では自動車部品メーカーに勤務し、二〇〇七年より日系企業の中国現地法人に出向者として駐在。広東省で工場長、総経理を勤めたのち、二〇一六年より現在まで、天津市で日系商社の総経理として従事している。趣味はマラソン。上海、大連、香港、マカオなど各地の大会に、中国で出会った仲間たちと参加している。

三等賞

中国人のおおらかさを感じた中国の結婚式

フリーライター　吉田　陽介（北京市）

中国に滞在したことがある人ならどこかで、「没関係」「没事儿」という言葉を聞いたことがあると思う。筆者は中国滞在十八年になるが、これらの言葉を聞くとなぜか「あっ、大丈夫なんだ」と思って安心してしまう。

中国にはいろいろな原則があり、結構厳しいなと思ってしまう。だが実際は状況によって融通がきかせることができる。中国の政策文書を見ると、その中で述べられている政策概念は厳密な規定はなく、解釈によって柔軟に対応できる。なぜなら、中国のような大きな国は地域によって状況が違うので、柔軟性を持たせなければならないからだ。また、中国人のおおらかさも関係していると思う。

私は中国滞在中、中国人のおおらかさを感じたことは多々ある。結婚式などのイベントなどでもおおらかさを感じた。二〇〇三年の初めに中国人の友人の李さんと一緒に彼女の故郷である成都に行ったことがある。その時、ちょうど李さんの友達の結婚式があるというので、是非参加してほしいと言われた。招待されて悪い気はしないが、同時に大丈夫かと感じてしまった。というのは、私は新郎新婦とは何のゆかりもないただの旅行者だし、それに招待状がない人を飛び入りで入れるのは、相手は絶対に困るのではないかと考えたからだ。私は「嬉しいけど、本当に大丈夫？」と聞くと、「没関係」という言葉が返ってきた。参加してみたら、案の定普通に受け入れてくれた。本当におおらかだなと感じた。

私は当時、「日本スタンダード」でものを考えていたので、当然のことながら、結婚式も日本のようなものを想像していた。中国では参加する時の服装も日本とは違う。日本の場合、礼服を着なければ、周りから非常識な奴だと白い目で見られる。それに対し、中国の場合、普

披露宴のテーブル。開始前に酒、ジュース、涼菜が並んでいる

段着で参加しても何も言われない。節度を持った服装であることは当然のことだが。その時、私は日本のような結婚式を想像していたので、スーツを着なければ失礼ではないかと思い、「スーツないんだけど、大丈夫」と尋ねると、「大丈夫、問題ない」と言われたので、ラフ過ぎない恰好で参加した。式場では新郎新婦や関係者のほかは、普段着だった。これでスーツを着ていたら、かなり浮いていただろう。

実際に参加してみると、日本と違うなと感じた。司会者がいるのは日中両国同じだが、日本の場合、一生の思い出となるように演出に工夫が凝らされている。また、日本の場合来賓の挨拶なども多く、時には船を漕いでしまうこともある。それに対し私が参加した中国の結婚式は、最近は変わっているかも知れないが、親の挨拶や日本の仲人に近い「証婚人」の結婚証の読み上げが終わるまでの進行はきっちりするが、凝った演出は記憶にない。二〇〇三年に参加した結婚式では、披露宴に列席する人は儀式が終わるまでロビーで麻雀を楽しみ、披露宴の進行は簡単だった。新郎新婦は各テーブルを回って乾杯するのが普通だが、酒を飲めない人は大変だ。帰るときではなく、式の最中に新郎新婦に言葉をかけられるので、彼らを直接祝福できたとより実感できる。

　私が最も驚いたのは、終わりがないことだった。どういうことかというと、日本では司会者が会のお開きを告げるまで参加者は基本的に帰らないが、中国の場合、新郎新婦の挨拶がすむと、ちょこちょこと席を立つ参加者を見かける。私も二〇〇三年に初めて中国人の結婚式に参加した時は、終わりまでいなければならないのかなと思っていたが、李さんは「じゃあ、行こうか」と言って一緒に席を立った。初めは、お開きを宣言せず、中途半端な形で式を終わらせるなんて、何て無責任だなと感じたが、考えてみると、参加者の中には他に用事がある人もいるだろうし、遠くからきている人もいるだろう。長時間拘束すると、そういう人たちの予定を狂わせることになる。だから、お開きを宣言しないということは、「用事がある人は無理しなくていいですよ。大丈夫ですから」という配慮からくるものだろう。ここに「没関係」の言葉に体現される中国人のおおらかさを感じることができる。

　そのおおらかさは結婚式だけでなく、中国人の友人との飲み会でも感じることができる。日本人の飲み会の場合、用事があるから途中退出すると言い出せないムードがある。というのは、自分よりも忙しい人もいるからだ。それに対し、中国の場合は、途中で「あっ、こんな時間か。うち子供小さいから、帰るね」と言って席を立っても、「没関係」という言葉が返ってきて、気持ちよく帰してくれる。私は中国人のそういうおおらかさが好きだ。

　もちろん、日本式がダメで、中国式がいいというのではない。どちらのやり方も、その国の民族性に合ったものなので、真似する必要もないし、批判してもいけない。両国はこんなに違うんだということを知ることが、両国間の相互理解を促進するのではないかと思う。

吉田 陽介（よしだ ようすけ）
一九七六年福井県生まれ。二〇〇一年三月に福井県立大学大学院経済学研究科国際経済経営専攻を卒業後、同年九月に北京に渡り、中国人民大学で中国語を一年間学習。二〇〇二年九月から二〇〇六年七月まで、同大学国際関係学院博士課程（科学社会主義と国際共産主義運動専攻）に在籍。日本語教師、中央編訳局（現中央党史和文献研究院）を経て、二〇一九年十月よりフリーライター。中国の政治・経済、社会に関する記事を執筆。

三等賞

中国のすきなところ

中学生　奥村　眞子（愛知県）

私は小学二年生の時から約二年間（二〇一二年十月～二〇一四年十二月）、父の仕事の都合で上海の隣、蘇州市に住んでいました。蘇州市は水郷都市と言われたり、東洋のヴェネチアと呼ばれたり、また拙政園や留園といった世界遺産もたくさんあります。さらに近代化の進む地域でもあります。蘇州の人々は、とても気さくで、外国人の私たち家族にも気さくに声をかけてくれる人がたくさんいました。そして、中国はとにかく食べるものがとてもおいしかったです。蘇州には蘇州麺という食べ物がありました。季節の食べものもたくさん食べました。冬は甘いイチゴとミカンに舌鼓を打ち、夏にはとびっきり甘くておいしいスイカ。秋はザリガニ。そして上海蟹！我が家は陽澄湖の上海蟹の蟹味噌と内子のトリコになり、毎年秋になることを楽しみにしていました。おいしいものと中国人の気さくな人柄に触れながら過ごす中で、中国の経済や考え方の合理的な部分に気がつきました。

最近日本では国として LINEPay や PayPay などスマホ決済や電子マネーを使うことを推進しています。今年十月に消費税が上がる日本ではクレジットカードを使うことで本当は一〇％の消費税を今までと同じ八％で買うことが出来る制度が取り入れられることが決まっています。財布を持たないで買い物ができるようになることは、とても楽になりまた、お金を落とす心配もなくなり良いことだと思います。最近になりスマートフォンでのモバイル決済やカードでの支払いが多く利用されるようになった日本とは違い、五年前に中国に住んでいた時、中国では支払いのほとんどにモバイル決算や電子マネーが使われていました。中国では二〇〇四年から AliPay（支付宝）、二〇一三年から WeChat（微信）の WeChat Pay と呼ばれるモバイル決算が行われています。便利な

旨味の宝箱！　トリコになった上海蟹

AliPay（支付宝）は母も使用していました。このように中国ではモバイル決算の利用が進んでいます。それは、中国のスマートフォンの普及が進んでいたからです。二〇一二年以降の爆発的なスマートフォンの普及によってモバイル決済の利用者は二〇一七年の時点で五億百八十五万人に達しています。これは中国の人口約十三億七千九百万人のうち三八％の人が使用しているということになります。モバイル決算には手数料が安く、偽札への対策にもなるという利点もあり、さらに色々な人種の住む中国では方言もあり、皆が標準の中国語を話すわけではありません。最低限の会話で買い物ができるので、中国でインターネットショッピングをしていた母はとても助かると言っていました。このように中国ＩＴ業界ではこれからスマートフォンを通じて収集されたデータによって次々と革新的なサービスが進んでいくと私は思います。

　ある日の夕食で父が、中国人は離職率が高いと言って悩んでいました。父に聞いてみると、一円でも給料の高いところを見つけると、すぐに会社を辞めて、新しい仕事へ移る人が多いそうです。一生懸命教えた部下でさえも、今より待遇が良いとか、自分の昇格が望めないと思うと退職届を出してくるそうです。それを聞いて私は中国人の離職率を調べてみました。すると中国人社員の平均離職率は一九・八％と、日本に比べ高い水準値でした。離職率が高いことは良いことかと言われれば違うかもしれません。でも私なら同じ時間働いて、今よりも多くお金を稼ぐことが出来るなら……少しためらいますが会社を変えることでスキルアップしても良いと思います。これもお金を稼ぐ上での良い方法の一つだと思います。

さらに中国では日本ではまだ進んでいない、コンビニの無人化も進んでいます。無人化をすることによって、今日本で問題になっている雇用不足の解消ができます。このような中国人のいろいろな面での合理的なところが中国の経済的な面に関して発展のカギになっていると思います。

それに対して私たちの暮らす日本はＩＴが進まないところも多くあります。そこで日本が次のステップに進むには日本人の、思いやり溢れる、情の深いところを忘れず、しかし、世界の先進国として、中国人のような合理的な考え方を持ち合わせ、冷静な考え方ができるようになることが大切だと思います。

中国人のすごいところは日本人に比べ「合理的」なところだと私は思います。これから私たちの世代がそれを背負って、中国の「合理的」な考え方などを見習って、日本をもっとより良くしていきたいです。日本ばかりではなく、中国などの世界中の国々も発展していけるようにこれからの未来を背負っていく十代の私たちが協力して地球全体をより良くして行くべきではないでしょうか。

奥村 眞子（おくむら まこ）

二〇〇五年岐阜県生まれ。二〇一一年名古屋市立桶狭間小学校入学。二〇一二年十月蘇州日本人学校へ転入し、中国江蘇省蘇州市に約二年間滞在。二〇一五年一月名古屋市立桶狭間小学校へ再転入し二〇一七年三月名古屋市立桶狭間小学校卒業。二〇一七年四月名古屋市立有松中学校入学。現在同中学校三年生。

三等賞

大理での思い出

会社員　森　眞由子（東京都）

　私が中国を好きな理由は中国はいつも私に新鮮さと驚きを提供してくれるからである。大学時代には旅行と留学を合わせて一年半程中国にいたのだが、一回も飽きることはなかったし、帰りたいと考えたこともなかった。

　私が初めて中国を訪れたのは二〇一二年夏のことである。中華街の近くで生まれ育ち、幼い頃からなんとなく近くにあった中国に短期語学留学に行こうと思いついたことがきっかけである。初めてみる中国は自分が想像していた中国とは少し異なった。思えば歴史の教科書ではまだ中国人は人民服を着て自転車に乗っていた。本音のところ、まだ中国は大国ではないと少し見くびっていた点もあった。しかしながら一足中国に降り立ってみると想像とは違う中国があった。私の目に映った中国は日本の高度経済成長期のような勢いと明るい未来があったように思え、バブル崩壊後に生まれた私は少し羨ましかった。その年の滞在がきっかけとなり、中国に今度は長期で留学することに決めた。期末試験が終わって、休みに入り私は雲南省の方にバックパック旅行に出かけた。大理とあるユースホステルに宿泊した。冬だったので雪も降っており非常に寒かったのだが、オーナーが「ここは南方だから〝暖气〟がないから寒いんだよ」と言って、七輪を出してくれた。オーナーは私が酒飲みと聞くや否や喜んだように白酒を買い出しに行こうと誘ってきて、オーナーと中心地にあるスーパーマーケットへ買い出しに行った。本人も酒好きなのであろう。スーパーマーケットで買い物をした際、レジ袋に「釣魚島是中国的（尖閣諸島は中国のものだ）」と書いてあった。領土に関する個人的な見解はさておき、さすがにスーパーマーケットのレジ袋にそのような政治的主張が書いてあったことには驚いた。袋に書かずに本に書けよとツッコミを入れ

北京の中華民族園でその日友だちになった中国人と

たくなるほどであった。ホステルに戻り、同じ宿泊客に見せびらかして笑いを取ったあと、冷静に考えた。日本には暗黙の了解や世間体という風潮があり、政治的主張をスーパーマーケットで見かけることはないであろう。しかしながら、時にそれは私たち日本人の価値観を自然と制限してしまうものであり、無意識に私達はやってはいけないとか、すべきでないといった限界を考えてしまう。最近ではそのような風潮が行き過ぎていじめの黙認や犯罪被害者が村八分扱いされる社会問題が生じており、個人の権利主張はもっと守られて良いのではないかと考えてしまうときもある。中国は違う。中国人は思ったことをすぐに口に出す。お世辞もそれほど言わないし、悪く言えばあまり空気を読もうとしない。彼らは実にズバっと的確なことを言うし、言われるこちらとしてもメンタルが鍛えられていなければならない。中国は自由が制限されているとの意見もあるが、時々日本のほうがこの社会的暗黙のルールに抑圧されて自由がないのではないかと思ってしまう時がある。周りと同調することが必ずしも悪いことだと思わないが、中国人のはっきり主張する点は見習う点もあるであろう。中国は実に面白い。この袋に書かれた「釣魚島是中国的」の文字を理解することが、もしかすると日本人と中国人の違いを考える答えになるかもしれない。もう一つ大理で印象に残ったことがあった。ユースホステルで蘇州から来た宿泊者が作ってくれた夜ご飯を食べ終え、宿泊者全員で七輪を囲んでスーパーマーケットで買った白酒を飲んで暖を取っているときのことであった。四川から来た女の子が酔いつぶれてしまい、突然泣き出した。そのとき初めて私は中国人が泣く姿を見た。正直お酒で泣くのかと戸惑ってしまったと同時に、中国人が外国人の私がいる前で泣いたのが非常に意外であった。私の中で無意識に中国人は強気だから泣かないと勝手なステレオタイプを持っていたのだ。そのあと女の子がつらつら泣いた理由を話しているので聞いてみると、好きな人がその子のルームメートのことを好きで辛いというものであった。実に可愛らしい悩みであるなと思ったが、なんだか客観的に青年期の恋愛の悩みは世界共通なのだなあと思ってしまった。そこには国籍も関係なく普通に男女関係における女子の悩みであった。日本においても女子会でよく同様の話や愚痴を聞かされることがある。多文化共生を考えるとき、固定観念を払拭して相手と話してみることは非常に重要だと思う。在日中国人は近年増加傾向にあり、我々が一緒に社会で生活を行うためには中国人に日本を理解してもらうだけでなく、日本人も中国人を理解する必要がある。但し、単に中国人といっても地方も年齢も民族も実に多様である。日本人には「林子大了，什麼鳥都有」という背景を理解し、国籍の壁を取っ払って一人の人間を理解するという姿勢で是非積極的に中国人に話しかけてみてほしいと思う。きっと面白く今までと異なった中国がみえてくるだろう。

森 眞由子（もり まゆこ）

一九九三年神奈川県生まれ。横浜中華街の近くに実家があり、中国人が多い地域・社会で育ったことから中国に興味を持ち、中学三年生から中国ドラマなどで中国語の勉強を開始。二〇一一年に東京外国語大学に入学。二〇一二年の北京語言大学へのサマービジットを経て、二〇一三年から一年間北京大学へ交換留学し、歴史学などを勉強。留学中、「Next Vision Asia ～僕らの日中友好～プロジェクト」に加わる。大学卒業後は金融機関で資産運用や法務に従事。現在大学の通信教育課程で法学を学ぶ。

三等賞

中国での出会いは、私の宝物

会社員　辻　尚子（京都府）

私は、大学の交換留学で二〇一〇年二月から二〇一一年二月までの一年間、中国陝西省西安に滞在した時に忘れられない思い出が出来ました。

折角の中国滞在中に様々な地域を見たいと考え、多くの場所に出かけました。北は内モンゴル、哈爾濱、斉斉哈爾、吉林、延安、楡林、北京、天津、南西の昆明、四川、東は上海、蘇州、杭州、南は香港、マカオ、広東、西は嘉峪関、トルファン、ウルムチに行きました。広大で歴史が有る中国は、地域ごとに異なった風景や民族、文化が有り観光するには大変魅力的な国です。そして、十四億弱の中国人がいるのです。

特に心に残った旅は、新疆ウイグル自治区に有るトルファンです。私と友人は西安から列車でトルファンの駅に早朝到着しました。駅前は列車から降りた人達が三々五々それぞれの場所に散っていきました。

どこの国でも空港や駅、バスターミナルでは観光客に群がる客引きが、しつこくついてきて困惑します。トルファン駅で客引きを回避するために駅舎から人がいなくなってから外に出ると、予想外に駅前にはタクシーが一台しか停車していませんでした。選択の余地も無く市内のホテルまで、そのタクシーで移動する事にしました。それがタクシー運転手の王さんとの出会いです。

市内までのタクシー代の相場も解らず、最初は運転手が、法外な値段を言っているのではないかと不安でいっぱいでした。とりあえず半額にするよう交渉すると困惑した顔で、それでは利益が出ないと言いわれ、折り合いをつけて乗車する事にしました。

知人達に旅行に行くと告げると、往々にして危険な目に遭った人の話を聞かされることが多く、否応なく猜疑心を持って旅行する事になります。

2010年、トルファン ベゼクリク千仏洞にて

トルファンの市内に向かう途中で、突然狭い路地の様な所に車を停車し、降りる様に促されました。どこかに連れていかれるのではないかと不安が増幅し、王さんに騙されているのではないかと疑心暗鬼になりました。しかし、彼は会話の中で我々が朝食を食べていないと知り、自分の行きつけの店に連れて行ってくれたのです。餅と豆乳を手渡してくれましたが、王さんは朝食代を受け取ろうとしません。知り合ってから十分も過ぎていない出来事です。この時私は、市内までの車代を高めにしたから御馳走してくれたのかもと頭をよぎりました。

トルファンでの観光は砂漠の中に有る遺跡の見学が多いのですが、交通の便が悪く、結局その日の観光を王さんに依頼することにしました。トルファンは、漢民族と回族が共存する街です。葡萄の産地であり始めて観る風景に感動しました。燃える様に赤い火焔山を観光し、王さんのお勧めの回族の昼食をいただきました。これも、お支払いをしようとする王さんを制止し、我々が御馳走しました。この日、王さんのおかげでとても充実した一日を過ごす事ができました。

我々は王さんと、すっかり打ち解け、移動の車中でとりとめもなく多くのことを語り合いました。ご自身の事やご家族の事、トルファンの情報や中日の文化の相違点、同じ部分等々、話題は尽きず大変楽しい時間を共有しました。観光もさることながら、私は旅が大好きなのは人との出会いが有るからだと思っています。

　次の日も車を予約できないかと問うと、先約が入っているのでその仕事が終わったら連絡すると約束しました。それまでの時間は、博物館等の市内の場所を見学するようプランを立ててくれました。翌日、王さんと約束した時間がかなり過ぎても連絡が来ず、てっきりすっぽかされたと思いました。昨日は、あんなに仲良くなれたのに、とても残念に思いました。ところが、王さんはアクシデントにみまわれたそうで、あらわれるや平身低頭で謝ってくれました。そして、約束通り観光する事ができました。

　夕食は沙鍋が美味しい夜市に案内してくれました。そして、夕食を御馳走してくれた上に、我々は友人になったのだから、その日のタクシー代金は要らない、と決して受け取りません。王さんは三人家族で、子供の教育費で生活は大変だと話していたにもかかわらずです。そして、次の日にウルムチに行く我々の身をたいそう案じてくれました。

　私は、王さんの事を疑った自分がとても恥ずかしいと思いました。そして、偶然の素晴らしい出会いに感謝せずにいられないとともに、一人の人の行動次第で地域や国の印象を素晴らしいものにする力が有ると確信致しました。

　私は、中国滞在中に語りつくせないほど中国の方々から恩恵を受けました。中国人の懐の深さや情を感じられずにいられません。今も多くの中国の方々とは家族のように親しくしています。

　中国の滞在で得た出会いと経験が唯一無二の幸せだと考えます。これが、私の中国滞在中に叶えられた大切な忘れられないエピソードです。

辻 尚子（つじ ひさこ）

オーツカ株式会社勤務 貿易事務従事。一九六一年生まれ京都在住。帝塚山短期大学卒業。一九九七年上海大学文学院留学。一九九八年より七年間京田辺市日本語教室講師。二〇一〇年より一年間中国西北大学留学。佛教大学文学研究科中国文学博士後期課程修了。二〇一三年『日本言語文化研究』にて論文「清朝末年の機関紙『清議報』――その『佳人之奇遇』『経国美談』にみる句読法について」発表。

三等賞

何も知らなかった僕から何も知らない君への手紙

大学院生　松本　匡史（埼玉県）

君と僕が新宿で飲んだのは、僕が北京から帰ってきて少し経った四月中頃だったね。十人ほどの仲間と一緒に食事会をした時、何のきっかけかは忘れたけど、僕が三月、北京に行ったと話したよね。その時、君は「中国って反日がすごいんやろ？　危なくなかった？　日本にいる中国人もでかい声でしゃべって喧嘩してるみたいで怖いし、よく中国なんかに行ったなあ」と言ったのを今でも覚えてるよ。僕はその時、それに反論しようと思ったけど、ちょうど料理が運ばれて来たりして会話の流れが変わって話せなかったモヤモヤが、今でも心の奥底に残ってる。だから僕は今、君に手紙を書いている。その時話せなかったことを。

僕は確かに中国に偏見を持っていた。君と同じくね。「中国では反日がすごい」「中国人は怖い」そんな偏見を持っていた。でも実際に、中国へ行ったことはなかった。ニュースやインターネットの情報でしか中国のことは知らなかったけど、いつの間にか中国に対して僕はそんなネガティブなイメージを抱くようになっていった。

僕は二〇一九年の三月に初めて中国・北京に行った。僕の通ってる大学院の「海外日本語教育実習」のためで、行き先は北京師範大学、期間は二週間だった。僕は正直、不安だった。将来、海外で日本語教師をするという夢のため、海外での日本語教育実習プログラムは魅力的だったが、実習先が中国ということに一抹の不安を感じていた。

色々ネガティブなイメージを持っていた僕が、このプログラムに参加した理由は、中国人の友達の影響だろう。僕の通う大学院には多くの中国人がいた。外国の大学院で、しかも日本語という外国語を専攻する尊敬すべき彼らと語らううちに、中国人に対する偏見は薄らいでいた。

北京師範大学での教育実習

ただそれでも、中国に行くことはやっぱり怖かった。

僕も君と同じように中国人のイメージは正直良くなかった。日本人だから差別されたり、何かトラブルに巻き込まれるんじゃないかと不安で怖かった。中国のことを何も知らず、ニュースやネットでの知識しか知らなかったのに。でも今なら言える。中国人はとても優しかったと。

それは北京での土曜日の夜、僕たち日本人教育実習生三人と中国語がまるっきり話せない僕たちをお世話してくれた北京師範大学生のチューター二人と一緒に、オリンピック公園に行った帰りだった。オリンピック公園の雄大さに度肝を抜かれた帰り道、バスに乗って帰ろうとした時、財布を見てみると細かいお金が一元札しかなかった。バス代は一人二元。実習生に借りようと思ったけど、彼らはバスでは使えない百元札しか持っていなかった。中国人のチューターは携帯電話の電子マネーでバスに乗れるため財布を持っていなかった。中国でこんなにもキャッシュレス化が進んでいることに驚きを隠せなかったが、それよりもバス代がないことに僕たち日本人は多いに焦った。海外、しかも夜。歩くのは怖かった。焦る僕たち日本人を尻目に、悠然と中国人チューターの一人が同じバス停で待っていたおじいさんに声を掛けた。何か中国語で話していた。何をしているのだろうと思ったが、僕たち日本人はこれからどうやって帰るか話し合っていた。そんな不安顔の日本人たちをよそに、おじいさんと話していたチューターの彼女がにこやかな顔で戻ってきた。その手には五元札を持っていた。どうやらおじいさんがくれたようだった。僕たち日本人が驚いている間に、おじいさんは自分が乗るバスに乗って行ってしまった。僕たちはおじいさんに「謝謝」の一言も言えなかった。

その出来事はとても不思議に感じられ、僕には理解できなかった。もし東京で同じような状況になったら、周りの日本人は僕たちを助けてくれるだろうか。何も知らない人に日本人はお金を渡すだろうか。そして、もし僕がおじいさんの立場だったらお金を渡せるだろうか。君にも考えて欲しいんだけど、僕は自信を持って「日本人は渡す！」とは言えない。中国での二週間は、とても楽しく素晴らしい日々だったけど、ただ一つの心残りは、おじいさんにちゃんと感謝を伝えられなかったこと。

僕の「中国人が怖い」という偏見は、この二週間ですっかりなくなった。逆に「中国人は優しい」というイメージに変わった。お金をくれたおじいさん、北京師範大学で日本語を学ぶ学生とその先生、中国語ゼロの僕たちを朝から晩までお世話してくれたチューターたち、それ以外にも書ききれないほどの優しい中国人に出会った。

何も知らなかった僕は、何も知らない君に中国へ行くことを勧めるよ。ニュースやネットの情報だけじゃなく、本当の中国を見て欲しいんだ。一人でも多くの日本人が中国への偏見をなくして、もしあのおじいさんが日本に来たときに助けてあげられる日本社会になって欲しいから。これがもう会うことのできないあのおじいさんに対する、僕なりの「謝謝」。

松本 匡史（まつもと まさふみ）

一九八三年愛知県生まれ。埼玉大学大学院、修士二年生。大学院では日本語教育を専門に学ぶ。農業高校、大学（農学部）、社会人（二輪メカニック）という理系人生から、文系の日本語教師に転職。国内で経験を積み、その後、ＪＩＣＡ青年海外協力隊にて中米のコスタリカに赴任。帰国後、埼玉大学大学院人文社会科学研究科国際日本アジア専攻に入学。

三等賞

張さんに言い忘れた事

シンガーソングライター　玉城　ちはる（群馬県）

二〇一九年三月、私は人生初となる中国本土での講演を行いました。その訪中で出会った南京郵電大学の張さんが翌月、頼んでおいたお茶を持って来日し、私に会いにきてくれました。「玉城さん雨花茶！　一個おまけで多くもらえましたよ」。そう言って笑う彼女を見て心に浮かんだのは、帰国するときの南京空港でのひとこまでした。

『私のお爺さんや、お婆さんは、私が日本語を習うことに反対なんですよ』と苦笑いで話してくれた彼女の姿。そしてその時それ以上話を続ける事ができなかった私……。

二十一歳の頃、私は芸能活動と並行して大学のオープンカレッジで中国語を習うようになりました。習い始めるとやはり実践で話してみたいと思うようになりバイト先で出会った西安出身の中国人留学生と親しくなり、その後彼女と二カ月間一緒に暮らしたのが私の「異文化共生人生」の始まりです。数年後ホストマザーとなり中国人留学生を受け入れ、気がつけば十年間で三十六人の中国人、韓国人、日本人の学生と共同生活をしたのです。人が増えるとやはり文化の違いから揉め事も多くなります。喧嘩を幾度となく乗り越え一緒に暮らす事で見えてきたコミュニケーションの課題は、歴史や文化などの国の違いだけではなく、問題は個人個人の価値観にあると思うようになりました。

そんな私達が違いを乗り越え長く共同生活ができた問題解決方法の一つに、「優しさ貯金ゲーム」があります。

このゲームは、揉め事が起こった時手を繋ぎながら話し合い最後に「ありがとう　ごめんなさい　大好き」と言うのです。喧嘩して言い合いになるとどうしても自分を否定されたような気分になります。ですから直して欲

南京郵電大学の学生と日本語教師の小椋先生と玄武湖を観光した時の写真

しい所と同時にお互いの良いところも言うことにします。そうすると相手は自分を否定しているのではなく改善点を教えてくれているのだと、前向きに受け止められるようになるのです。そして謝るべきタイミングでごめんなさいと言い感謝と大好きまで付ける！　一つ屋根の下でそんな生活を積み重ねることで生まれる共感が、多文化共生でもっとも重要だと私は思うようになりました。

この共同生活の経験を経て、日本各地の講演でこのゲームをするようになりました。南京郵電大学での講演が決まった時もこのゲームをやりたい！と決めていましたが、生まれて初めての訪中でしたし、南京といえば南京大虐殺のイメージが強く、「日本人を嫌いな人が多いのではないか」と行く前は不安でした。しかし実際に講演の中で「ありがとう　ごめんなさい　大好き」「謝謝　対不起　我愛你」と、中国の学生と手を繋ぎ、目を見つめ、言い合うと、互いに笑顔がこぼれ自然と拍手が起こったのです。

本当に嬉しかったです。私はこの瞬間を生涯忘れないと思います。

やはり実際に会い、相手に愛情を持っているのだと伝え合うことはとても大事だと感じました。講演の翌日、張さんを含む五人の学生が玄武湖や夫子廟など南京の観光地を案内してくれました。日本語を勉強している彼らは日本人と話したいと代わる代わる私の隣に来ては、実際に日本に行った時のことなど様々な会話をし充実した楽しい観光になりました。その後張さんだけは「できれば空港までついて行ってもいいですか？」そう言って送ってくれました。せっかくなので夕飯をご一緒したとき張さんは「南京に日本人観光客は少ないので来てくれて本当に嬉しい、来月日本に行くのでまた会いたい」と話し、私も「南京では日本人は嫌われていると思っていたので皆さんのおかげですっかりイメージが変わりました」と返しました。その時でした。「私のお爺さん達は日本語を習うことに反対で、私が話すと怒るんですよ」と彼女が冒頭の話をしてくれたのです。でも私はなんと返答したらいいのかわからず「そっか」としか言えなかったのです。

　翌月東京へ来た張さんは「南京の食べ物は辛くないから四川料理が食べたい！」と言うので四川麻婆のお店に連れて行くと、辛い辛いと騒ぐ私を見て彼女は大笑いし、私も「中国人観光客がなんでわざわざ日本で中華料理食べたがるの」と大笑いしました。

和やかになった時「お爺さん達が嫌がるのに、どうして日本語を勉強しているの？」そう聞くと張さんは「私は過去を振り返るより、これからの日本と中国の関係を築くことが大事だと思います。そのためには日本語を学ぶことが必要だと思うんです。玉城さんと私達の関係のように小さな触れ合いを重ねてゆくことが何かを変えることになる。玉城さんが続けてきたことは大切なことですよ」と言ってくれました。日中の学生と関わるようになって十五年の人生全部を褒めてもらえた気分でジーンとしました。初めての中国訪問が南京で良かったと心から思いました。

　そうそう、張さんもう一つ言い忘れていました。「私はあなたが大好きです！」

玉城 ちはる（たまき ちはる）

一九八〇年生まれ。広島県出身。大学進学時に父が自殺で他界し、進学を断念。このことがその後の人生に大きな影響をもたらす。十九歳で上京、音楽や芸能活動を始める。二十四歳の時偶然の出会いから中国人留学生の面倒をみることになる。この「ホストマザー」を十年間継続、三十六名の留学生を送り出し、その模様がNTV系「二十四時間テレビ」やNHKなどで取り上げられる。現在、小中学校にて「命の参観日」という講演を多数実施。

三等賞

無錫夢うつつ

編集者　日田　翔太（大阪府）

まずパスポートを取らないと……。バタバタと中国行きが決まって、何とか手続きを済ましてパスポートを受け取った一週間後にはもう、上海に着いていた。

十年ほど前から、何故か強烈にアジアに惹かれ始め、やたらとアジア旅行記を読んでいた。それ以来、妄想の中だけでアジアを旅していたが、どういう縁か中国人の彼女ができ、彼女の地元である無錫まで旅行に行くことになったのだ。幸せな話ではあるが、初めての海外が恋人の実家、ハードルが高過ぎやしないか。楽しみ半分、もうあと半分はびびっていたのが正直なところ。それでも飛行機は時間通りに飛んで、あれよあれよという間に入国していた。

彼女――メイは入国審査が済んで外に出たら、「私の中国！　私の中国！」とピョンピョン跳び回っている。久しぶりの帰国らしい。僕はと言うと、妄想たくましく脳内でつくりあげてきた上海と本物の上海とのギャップを、一生懸命埋めていた。その混沌とした様からかつて〝魔都〟とすら呼ばれた上海だが、それも九〇年代までのこと。私が実際に上海の土を踏んだのは二〇一八年。キャッシュレス決済、シェアサイクル、ライドシェア……人口二千四百万人の世界的国際都市は、ハイテクな大都会であった。だが我々が目指すは無錫である。高速バスに乗って改めて移動を開始し、無事到着。駅には、メイのお母さんが迎えに来ていた。

「你好！」。がちがちに緊張しながら、下手な中国語で何とか挨拶をする。とにかく夜ご飯だ。連れて行かれたのは、野外に椅子やテーブルが並べられただだっ広い飲食街。ものすごい数の人、店員がでかい声でまくし立てる中国語、フルーツ屋から漂う甘いにおい、香辛料の香り、ゴミのにおい…色んなものが混じって凄まじい熱気

初めて食べたドリアン。今ではドリアンのにおいをかぐと「アジアに来た！」という感じがする

を放っている。上海から百数十キロで、別の国かと思うほど雰囲気が違う。紛れもなく、想像した通りのアジアらしい光景だった。すごい……感慨にふけっていると、「カキがある！」とメイ。カキ……？「カッキがあります！」。あぁ活気か。そう、本当にすごい活気。そして、「何を食べる？」メイがそう言いながら僕の手を引き、食材が並ぶケースの前に連れて行ってくれた。鴨の頭、鶏の手、タニシ、蠢く大量のザリガニ……日本で見かけない食材たちがたくさんだ。しかし目の前のものがどうやって調理されるのか、想像が付かない。注文は任せることにして、とにかくビールが飲みたい。僕は酒飲みである。昔、中島らも氏がエッセイで「現地の酒は現地の食事と合うようにできている」というようなことを書いていた。僕が旅行で一番の目的にしているのが、この「現地の酒と現地の料理」を楽しむことなのだ。

　注文が終わって席に着く。届いた瓶ビールには「雪花」と書いてある。初めて見た。中国ビールと言えば青島ビールしか知らなかった。度数は三・五％くらいで薄い。もちろん常温である。乾杯して飲んでいると、徐々に料理が届き始める。ニラとアサリの炒め物、鶏の手の煮込み、アヒルのホルモン、そしてザリガニ。最初、このザリガニのビジュアルに怯んだが、これが美味い。泥臭さはなく、かなりスパイシーに仕上がっていてビールが進む。メイのお母さんは「有点辣（ちょっと辛いな）」とか言っている。中国人全員が辛さに強いわけではないらしい。他の料理も、何を食っても美味い。メイは「中国は全部美味しいよ！」とドヤ顔だ。その時、強い風が吹いて頭上の巨大な木からばらばらと何か降ってきた。皆手で皿をガードしているが、ほぼ料理に入っている。日本では見かけない光景、この適当さ大らかさにまた、中国を感じる。

　そうこうしているうちにお腹も膨れ、フルーツを買ってメイの家に帰った。中国に来て感動したことの一つが、このフルーツの豊富さと安さだ。リュウガンとドリアンとマンゴーを買ったが、マンゴーは店の人のサービス。ドリアンは初めての味で、独特の匂いと濃厚な旨味がある何とも言えない味。何度か食べるとクセになりそうではあるが、メイは「私、これは、好きはない！」と言っている。嫌いらしい。僕はマンゴーを気に入って食べ過ぎ、口がかぶれた。メイに「アホ！　アホ！　明日はマングオ絶対ダメ！」と叱られてしまった。一週間の日程の初日が終わろうとしていた。メイのお母さんは、メイが席を外している隙にメイが小さな頃の写真を見せてくれて、「次来る時はもっとゆっくりしなさい。一週間は短い」と言ってくれた。少し打ち解けて、気に入ってもらえたようだ。

　そして、一週間。帰国する時には、白酒、ちまき、手作りの装飾品、お菓子などたくさんのお土産を持たせてくれた。憧れだった初めてのアジア。中国料理の美味さ、中国人の温かさ、そしてメイと中国で過ごせた時間。思い返すと何となく夢だったようで、結局妄想だったのか現実だったのか。妄想だったとしたら、旅行記を読み漁って想像力を鍛えた甲斐があったというものだ。

日田　翔太（ひだ しょうた）
京都府舞鶴市出身、大阪市在住。近畿大学文芸学部卒業後、大阪府立中央図書館で約三年勤務。その後雑誌編集職に転職し、現在に至る。海外渡航経験は中国本土（無錫、蘇州、上海）、ベトナム（ダラット、ホーチミン）、台湾（高雄、台南、台北）。

三等賞

故郷帰郷

随筆家　五十嵐　真未（東京都）

中国。

そう聞いて頭に浮かぶイメージは、人口が多い、マナーが良くないといったようなマイナスなイメージが多すぎではないだろうか。

私達が普段使う漢字を主に用いる日本語や、昔から口にしている日本料理の原点達は全てが中国から渡ってきた。医食同源という漢方や、日本人が和食以外で好む外国料理で老若男女が好きな中華料理は、今では物凄く身近な存在で、家の食卓にも当たり前に並ぶ存在だ。日本人にとって一番身近な国のはずなのに、なぜこれほどまでにマイナスイメージが並ぶのだろう。

そんな日本の原点とも言えるであろう中国に、まだ一度も訪れていなかったことに疑問を持ち始めた。

海外旅行と聞くと、グアムやサイパン、ハワイのようなビーチが主な日本人。近くの国へ行こうとなれば韓国を選ぶ。そこに中国という文字が入るほど浸透していない気がした。

そんな中国を訪れる機会がやってきたのは、二十歳を過ぎた頃。父の友人が上海に仕事で滞在することが多かったのをきっかけに、友人が案内してくれると言うので初めて中国を訪れる事になった。

初めての国に足を踏み入れる瞬間は、誰もが初めの一歩は空港だろう。それぞれに国の空港色がある。その国の言語が飛び交い、見たことのないお菓子やジュースのラベルに目が楽しい。

上海の空港に着いた時、日本に出戻ったのかと思わされた。見慣れた人種の景色だったからだろうか、懐しささえ感じていた。中国語も日本で聞こえるので、耳に言語に慣れていたからかもしれない。

街に向かうと確かに人は多いが、日本の東京の多すぎる人口に慣れているせいか、あまり驚かなかった。信号が赤でも渡る気質は、現代の日本人と変わらなく見える。

早速本場の中華料理店を訪ねると、店員さんが少し恐いというかぶっきらぼうといったらいいのか、逆に気楽とも言えるし日本人が気を使いすぎかもと思うべきかは人それぞれに感じかたは様々だろう。私には、注文が終わればほったらかしにしてくれる空気が逆に居心地が良かった。

骨付きの鶏料理がとても美味しく、手でむさぼるように食べていると、店員さんが話しかけてきたので驚いた。早いスピードの中国語で何をしゃべっているのか、自分にはさっぱり分からなかったが、父の友人に通訳してもらうと、骨付き鶏の食べ方が上手いと言われていたらしい。中国人と思ったと、笑顔で話してくれた。

始めはぶっきらぼうだと思ったその人が笑った瞬間、中国人のイメージが自分の中でガラッと変わった。冷たそうな人柄の裏に、素敵な笑顔を隠している事を知った。

そう考えると日本人は誰にでも愛想をふりまくせいで、営業スマイルや作り笑いで街が溢れているように思い、嘘、偽りで満ちてしまった国のように見えてしまった。それに慣れると、何が本物で誰が本当の事を言っているのか、人間の判断力が鈍くなってくる。そんな日本人とは真逆で、もしかしたら中国の人は本音の文化の持ち主の宝庫なのかもしれないと感じた。

中国滞在一日目、すでに日本では気が付くことが出来なかった事実に触れた初日になった。

二日目。

朝から骨董市を訪ねた。歴史のありそうな翡翠で出来たアクセサリーや器、昔から骨董好きの日本人が好みそうな掛け軸や壷、日本風のものなども並んでいた。

昔日本でも路上で同じような風景を、公園や街で見た記憶が浮かび、懐かしく蘇る景色だった。

滞在してから日本を忘れることが一瞬もなかったのは、歩く度に瞳に映る看板の漢字やテーブルに並ぶ箸が、自分達の普段の生活感と同じだからだろう。メニューに載っている小籠包やツァンツァイのような中国語は、日本人でも口に出せる身近な言葉だ。全ての中国での場面が日本の原点と結びつき、この中国あったからこそ日本ありと、改めて思わされる時間を過ごした。

中国を批判することは日本を批判しているのと同じだという事を、ひとりひとりに想うことが出来れば、中国と日本の未来を共に助け合いながら歩めるようになる。

マイナスなイメージは、少しの文化が違えど起こるもの。日本人が催花雨を降らせるのではなく、二つの空は近く繋がっているのだということを認識しなくてはならない。

初めての中国は、本場の美味しい中華料理を食べるだけではなく、本場の中国の方と触れ合うだけでもなく、お買い得に買い物をするだけでもなく、日本の根元、日本の原点だということを目と肌で感じる時間になった。また懐かしさを求めに足を運ぶに違いない。

自分の故郷、この国にあり。

日本の故郷、中国にあり。

もしかしたら初めてではなかったのかもしれない。

この国に帰郷したように思えた。

五十嵐 真未（いがらし まみ）

一九八四年東京都生まれ。ラジオパーソナリティー時代、NHK「一期一会」に出演。仏壇のはせがわ主催「響きあう詩」作品記載。ひとり文芸ミュージカル「静 - しず - 」俳句入選。耕Life二〇一九夏号川柳入選。川崎市平和館主催「へいわのコトバ」入選。第十回「たった一言で」コンテスト、ホスピタリティ賞受賞。第十四回「金澤詩人」入選。随筆家として三休健、小紫酒乱として二つの筆名で毎日活動中。

三等賞

中国で見つけた不思議な縁

大学生　原山　敬行（神奈川県）

まず初めに断っておくと、私は他の方々と比べて中国という国と関わる経験も少ないため、平々凡々としたエピソードしかありません。それでも私がこのコンテストに参加しようと決めたのは友人たちからの勧めもありますが、何より不思議な縁を感じたからです。

私自身が中国に何かしらの形でかかわり始めたのは二年ほど前に戦艦少女Rという中国のモバイルゲームを遊び始めた時からになります。最初は知人の勧めで軽い気持ちで遊んでいたのですが、のちにインターネット上でも中国人プレイヤーの方々と交流することとなり、彼らに「微博を始めてみない？」とのお誘いを受けて微博のアカウントを作成するまでに至りました。しばらくして、学生寮の部屋の前で倒れている学生を一緒に介抱して警察を呼ぶという偶然で中国人留学生の先輩と知り合い、「微博を使っているの？　微信で中国語を教えてあげようか？」と流れで微信のアカウントを作成してやり取りをするようになりました。また、その縁から哔哩哔哩《ビリビリ》動画で鬼畜（ＭＡＤ）などを見始めたせいか中国のサブカルチャーに浸る時間が増加していきました。

そんなこんなで先輩に頼んでゲームのグッズを中国から輸入してもらうなどオタク文化、サブカルチャーという面から中国に入り浸る生活が続いていた私に転機が訪れました。大学が中国の提携校との国際交流プログラムの参加者を募集していたのです。期間は二週間ととても短いながら、華東師範大学での現地学生との交流などができるとあり、私は参加を決めました。学内の審査を何とか通過したのち、私は微博でフォロワーに上海についての様々な情報を提供してもらいました。また、フォロワーが哔哩哔哩に勤めていたというので、上海で彼とオフ会のようなものを開く約束をしました。こうしてフォ

交流プログラムのメンバーと上海のレストランにて

ロワーや先輩方に助けられながら去年二月に上海に渡航しました。

肝心の「中国で叶えた幸せ」ですが、私の場合は不思議な縁を中国で手に入れました。というのも、中国に行ってそれでその縁が終わることなく、帰国後や第三国にあってもその縁がまた別の縁を呼び込み、今に至っても終わることがないからです。

まず、私は上海到着当日の夜にフォロワーと会い、哔哩哔哩本社に行き中国のオタク文化とアニメについて語り合いました。私は彼から哔哩哔哩のグッズをもらうなど手厚く歓迎してもらいました。学生との交流イベントでは中国における二次元文化の発達について質問をした結果、中国人学生の方たちに「それはこれが終わったら語り合おう！」と交流会後に微信を交換したり、翌日のゲームグッズの買い物についてきてくれたりしました。先輩に実家付近のおすすめのレストランに連れて行ってもらったのも思い出です。偶然先輩が帰省のため帰国していたので、会うことにしてもらいました。

個人的にどうしても忘れられないことは哔哩哔哩本社にある COSTA COFFEE での出会いです。内装やメニューが哔哩哔哩風になっていると事前に聞いていたため常々ここには何としても行こうと思っていました。その時相席となったことで私は彼らと知り合いました。私が中国語を全く話せなかったため会話はすべて英語で行いましたが、私がうまく話せなくてもお互いアニメやモバイルゲームをある程度嗜んでいたため言語や文化の壁を感じることはありませんでした。話も弾んで微信の連絡先を交換し、途中まで一緒の地下鉄に乗ってその日は別れました。彼らからはまた別の友人を紹介してもらうなど、その後も関係が続きました。この縁は後述する帰国後の話とつながります。

　とても奇妙なことですが、帰国後も全くの偶然で上海で知り合った友人たちと会う機会がありました。まず、COSTA COFFEE で知り合った友人たちですが、彼らが東京や神奈川に観光に来た際に再度会いました。その後は私が個人的な都合でボストンに数か月滞在しているときにも現地の中華街で彼らのうちの一人と会いました。さすがに三度目はお互い予想しておらず、会った際にお互いを指さして「アメリカは広いのになんでお前もここにいるんだ！」と笑いあいました。華東師範大学やオフ会の友人とも日本で会う機会がありました。米国から帰国してすぐに、偶然双方から神戸にいるとの連絡を受けました。私も関西で友人に会う必要があったためそのついでに彼らに会いに行きました。

　米国でも華東師範大学の卒業生の先輩と知り合う機会があり、一緒に図書館に通い詰めたり、中国と日本のミリオタ事情について語りあったりなど米国でもその縁は広がっていきました。

　今でもこの中の偶然が一つでも起こっていなければ、私はとても寂しい生活を送っていたんだろうと思ってしまいます。また、この縁があるなら中国にもっと関わるべきであるし、また新しい縁と出会えるはずだとも考えています。それが今の中国に行きたいという原動力にもなっています。以上が私の中国で叶えた幸せです。

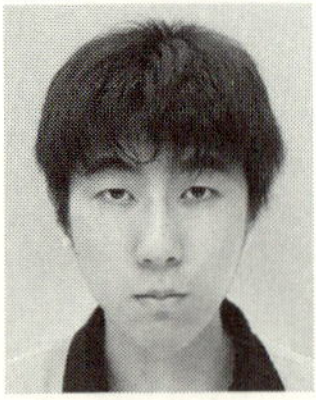

原山 敬行（はらやま たかゆき）
横浜国立大学の学部生。二〇一八年に中国人留学生の先輩の勧めもあり、大学の交流プログラムで華東師範大学に滞在し、現地学生と交流する。

三等賞

大西君との出会い

大学教員　前川　友太（香川県）

「はじめまして、前川です。よろしくお願いいたします」「はじめまして、大西です。よろしくお願いいたします」

ある晴れた日のこと、二人は団地にある家の前で自己紹介をしていた。この団地に引っ越してきて初日のことだ。私は両親に連れられ、この地に来た。ここは団地の真ん中で校区が分かれるという、国と国の間に無造作に引かれた線のような、お互いを隔てる何かみたいな場所だった。

大西君は、両親、お兄さんと一緒に暮らしていた。最初、小さかった私には分からなかったが、両親に「中国から来たご家族」ということを教えてもらった。私にとって「初めて」中国に触れた瞬間だった。異国の人との交流は初めてだし、「日本」ということを意識したのも初めて。そこから、手探りの交流が始まった。

交流していくうちに気づいたことは、「優しさ」だった。もちろん、料理の味が自分の家の味とは違う、たまに知らない言葉が聞こえてくるなどの違いはあったが、団地での遊びやゲームの攻略法など、多岐にわたり丁寧に教えてくれた。そのうち、三国志が好きになったのは、この交流がきっかけになり、中国が好きになったからではないかと思う。

そんな思い出も長続きはしなかった。団地では、転居や入居が頻繁にあり、大西君の家族も、その中の一つだった。団地を隔てた境界線など関係のない、遠い場所へ引っ越してしまった。線をまたげばすぐに行ける場所から、どこにいるのかも分からない霧の中に出ていってしまった。

寂しい感じも部活動や受験勉強に追われ、いつしか記憶の片隅に閉じ込め、日々の生活を送るようになっていた。大学三年生の時、偶然中国に行く機会があり、そこ

引っ越し後の家の前で家族と一緒に

から一年間の天津留学、社会人になっては上海に半年留学するようになった。今は、紹興で日本語教師をしており、もうすぐ四年が終わろうとしている。かつて、大西君が日本語で自由に話しかけてくれたように、私は中国語と日本語を使い、こちらの先生、学生、社会人の方々と交流している。その中で大西君の姿を探したが、見つけることはできなかった。

二十五年前と今では状況が大きく変わった。中国や日本に行こうと思えば、LCCに乗って格安で行けるようになった。「爆買い」という言葉が誕生するぐらい、中国人観光客が日本にやってきて、商品を買っていったこともある。人と人、会社と会社、国と国の交流は幾多の困難を乗り越え、更なる発展を遂げていると言える。

しかし、交流において未だに見えない「境界線」というものが存在している。飛行機や船に乗らなければ、相手の国に行くことができない、地方によっては「日本人」を見たことがないなどの状況はいまだ解決できていない。

そこで、昨年から私は中国、日本、そして世界を結ぶための活動として、「前川工作室」なるものを立ち上げた。これは、オンラインを使って、いつでも、どこでもつながることができることを理念に、交流していくプラットフォームである。発足して一年足らずではあるが、「カップラーメン世界ビデオ大会」や「世界故郷ＰＲ大会」などの大会、オンラインフリートークなどの交流、ポロシャツやピアスなどのグッズ作成、Vtuberキャラクター作成などを実施してきた。ここでは、国に関係なく、「面白いこと」が好きな人が集まり、交流している。今では、ほぼ毎日「オンラインフリートーク」を実施しており、中国、日本、タイ、モロッコの人が参加してくれている。ここには、見えない「境界線」は存在しない。今後は、小さい頃に体験した境界線をなくし、「別れ」を解決し、中国と日本、そして世界がより近く感じられるように行動していくつもりである。

　つい最近、休暇で帰国した際、今でも団地に住んでいる友達が「大西君がこの前帰ってきたよ」と教えてくれた。これまで、一切情報がなかったので飛び上がるほど嬉しかった。残念ながらすでに帰ったということで、会うことができなかった。ただ、重要な情報を知ることができた。大西君は、東京の空港で働いているとのこと。連絡先はいまだにないが、機会があれば、会うことができる、そう感じた。

　二十五年前と今が違うのならば、二十五年後もまた違った形になるに違いない。お互い、自分の道を歩みながら、いつか会うことができれば幸いである。その際は、懐かしい再会と交流の素晴らしさを話題に、いろんなトークをしてみたいと考えている。もちろん、可能であれば、お互いの今の家庭状況を見せ合いっこしてみたい。

　将来、子どもたちが過ごす中国と日本、そして世界は境界が全くなく、国を超えた交流も更に簡単になる。大西君との再会を楽しみにしつつ、今日も画面を見つめ、オンラインフリートークを実施する。

前川　友太（まえかわ　ゆうた）

河北工業大学日本語教師、前川工作室創設者兼室長。一九八八年香川県高松市生まれ香南町育ち。天津大学に一年、華東師範大学に半年留学。二〇一二年に愛媛大学卒業後、国内で就職。二〇一五年より日本語教師として江西外語外貿職業学院、越秀国際終身教育学院を経て、現在河北工業大学で勤務中。二〇一八年江西師範大学大学院で修士号を取得。さらに、前川工作室の活動として、オンラインフリートークや全世界大会なども実施。日本語・中国語学習者の交流に携わる。

三等賞

建国二十四周年（一九七三年）の中国の旅

日中関係学会会員　松本　健三（神奈川県）

一九七三年十一月二十二日から十二月十三日までの三週間、私は日本青年学生訪中代表団の団員として訪中しました。前年の一九七二年九月二十九日田中角栄首相が北京にて日中国交回復文書に調印時、周恩来首相と約束した青年学生交流の事業で、日本全国の大学より三十一名の学生が二日間にわたる試験で選抜されました。一般教養・英語以外に当時は珍しかった中国語の科目があり、訪問した中国各地の大学生（上海复旦大学、南京師範大学、南開大学、遼寧大学、清華大学）と直接会話を交わし交流をすることが目的です。北京では廖承志中日友好協会会長と会見。団には読売新聞の本池特派員が同行して、訪問先をリアルタイムで日本の新聞に掲載。また著名作家である松山善三氏が上海で我々と行動を共にされ、その後の日中文藝・作家交流の先鞭とされた事も記録しておきたいと思います。

日中航空協定が締結されたのは一九七四年四月二十日、同年九月二十九日の日本航空上海経由北京線が中国路線就航一番機ですが、我々が羽田から上海に直接乗り入れた航空機は全日空機のチャーター便で、全日空の元社長である岡崎嘉平太氏（当時日中覚書貿易事務所代表）のご厚意によるものでした。ちなみに全日空の中国路線一番機は一九八七年四月十六日で、この日は岡崎嘉平太氏九十歳の誕生日でした。

上海の宿泊先は前年田中首相が滞在した錦江飯店。外灘の上海市革命委員会を訪問時、黄埔港沿いに掲げられている中華人民共和国成立二十四周年の大掲示板の前で団員の金井進さん（大阪外大、三井物産）と写真を撮ろうとしたら、日本人の若者が珍しいのか大勢の上海市民に取り囲まれ質問攻めにあいました。上海の訪問先は、上海工業展覧館、虹口公園（魯迅故居）、上海工藝美術

1973年11月22日、上海・外灘にて

研究室、上海郊外桃浦人民公社、上海市内陝北菜場、上海工作機械工場、上海第二中学、上海海員倶楽部（智取威虎山の映画鑑賞）等で老若男女の幅広い上海市民と交流することができました。当時の上海市内には外食できる場所がなく（主食は配給制で糧票がないと現金だけでは外食は出来ない）、外国人はホテルでの食事時間を逃すと食事ができない、という状況でした。

十一月二十七日上海から南京へ。南京駅の外国人検査站で国内旅行証（国内ビザ）登録。宿泊先は南京飯店。十一月三十日までの間、中山陵（孫文陵）、明の孝陵、雨花台（南京大虐殺慰霊碑）、霊谷寺（鑑真和尚修行の寺）、南京長江路小学校、南京大橋などを参観・訪問。

十一月三十日南京大橋を渡り目指す次の訪問地天津まで一昼夜の鉄道の旅。大陸に沈む太陽に感動しました。十二月一日天津駅で南開大学学生の出迎えを受け、旧租界の銀行街にある天津飯店に投宿。翌二月二日天津新港の会員倶楽部で街の概況をお聞きして駅に向かい次の瀋陽に出発。翌十二月三日に瀋陽駅到着後巨大な毛沢東像の前にある遼寧賓館にチェックイン。滞在中に北陵（清朝初代皇帝ヌルハチの故宮）と郊外の高花人民公社社車生大隊を訪問。都会からの下放知識青年達とも交流する機会があり、一緒にリンゴ等の果樹栽培を行いました。

十二月四日鞍山訪問、鞍山賓館に投宿。十二月五日鞍山鉄鋼コンビナートを見学。翌十二月六日に撫順市に入り露天掘り炭鉱や撫順石油第二工場を参観後、平頂山殉難同胞遺骨館を日本人代表団として初めて訪れ敬虔な黙とうを行いました。撫順賓館で休憩後、撫順駅より夜行列車で北京に向かいました。

十二月八日あこがれの天安門広場は雲一つない晴天に恵まれ、国際倶楽部で廖承志中日友好協会会長と会見。北京の訪問先は、故宮博物館、万里の長城（八達嶺）、明の十三陵（永楽帝の長陵など）、頤和園、清華大学、北京市西城区五七幹部学校。宿泊先は北京友誼飯店。市内のトロリーバスに乗り料金は一角五分でした。

十二月十一日北京と別れ広州白雲空港に向かう機内では人民服姿の航空服務員よりヤカンで給茶のサービスを受けた記憶が印象に残っています。温暖の広州では蚊帳が天井から吊るされた東方賓館に宿泊。滞在中に広州博物館、広州動物園、起義烈士陵園（菊展）などを見学し中国最後の夜を過ごしました。

十二月十二日広州駅より香港との国境深圳駅までの車中、北京より同行してくれた中国国際旅行社の方より、「国境を超えると怖い資本主義の場所だから身辺には十分に注意して下さい」と言われ、五星紅旗の翻る中国側より英国のユニオンジャックを目指して丸木橋を渡った先に九龍駅までの機関車が待っていました。当時の香港はベトナム難民が街に溢れ、汽車の中まで物乞いに来る裸の資本主義（植民地）でした。翌日の日航定期便で無事羽田に帰国。

あれから四十六年、中国は当時想像も出来なかった世界第二位の超大国になり、まさに隔世の感があります。当時の訪中記録が若い人たちの参考になれば望外の喜びです。

松本 健三（まつもと けんぞう）
一九五一年京都市生まれ。一九七五年早稲田大学文学部中国語コース卒業、日商岩井入社。一九八〇～一九八五年北京駐在。一九九五～一九九七年シンガポール駐在。一九九九～二〇〇一年日東（上海）機械技術中心有限公司副総経理。二〇〇一年日商岩井とニチメン合併（現双日）により早期退職後、タイコエレクトロニクス（米国）アジア大洋州販売部長。関電電子有限公司中国総代表。水野コンサル・アドバイザー。ジェトロ中小企業海外展開コーディネーターなどを歴任。

三等賞

中国への修学旅行

高校教師　谷川　靖夫（佐賀県）

「食事は大丈夫ですか」

「体調を壊した時の対応は万全ですか」

「トイレにドアがないと聞いていますが……」

修学旅行の事前説明会では、不安を口にする保護者から次々と質問が飛び出した。

「ご質問を受けた件に関しては、事前視察後の説明会で回答させてください」

中国への初めての修学旅行を計画した私は、全員の親を説得するのに困難を極めた。数年前に発生した高知学芸高校列車事故が重くのしかかっていたからだ。しかし、私は四千年の歴史を刻む文明発祥の地である中国の文化遺産、まさに経済発展を始めようと活気あふれる中国を、生徒の目に焼きつけさせるため、どうしても中国へ連れて行く決意をしていた。

私は、保護者や生徒には、中国の素晴らしさや安全性を説いていたが、実は一度も足を運んだことがなかった。そこで、事前視察で、安全・安心の裏付けが是が非でも欲しかった。加えて、自分が目にした感動を伝えることで、保護者の同意を得たいとの期待もあった。

視察は、本番と同じコース、同じ時間帯で計画した。また、コースへ加えたい数か所の候補地を視察することにした。

万里の長城の八達嶺、天安門広場と故宮、天壇公園に頤和園、どれをとっても世界に誇れる素晴らしい文化遺産で息をのんだ。同時に、必ず生徒たちをこの場に連れて帰ってくると心に誓ったことを思い出す。

特に、万里の長城が遠くに見えた時の感動は、言い表すことも難しいほどであった。また、長城から顔を出すと広大な光景が広がり、どこまで続くのか、はるか遠くへ伸びでいく鉄道を列車が走っていた。先はモンゴルか

卒業アルバムの一ページ

ロシアかと思いを馳せたものである。

文化遺産は、言うことはなく私の課題をクリアした。

急速に経済発展を始めた活気あふれる人民の力を肌で感じる体験も街中の自由散策、王府井の商業施設や建築ラッシュの姿を見ることで体験できた。また、雑踏の中で、活き活きと働き、行きかう人民の姿を目にすることは、すでに、経済発展を成し遂げた漫然とした日本で成長してきた高校生達には刺激になると確信できた。

学校間交流を行う高校も訪れた。現地の高校生が使用するトイレにはドアがなかったが、私たちが使用するトイレには、ドアがあり安心した。

最終日、是非コースに加えたいと盧溝橋の抗日戦争記念館を訪れた。誤ったリーダーの考えで、中国はじめ近隣諸国に多大なる迷惑をかけた過去をしっかり学び反省し、将来の両国関係を担う日本の若者に戦争の悲劇と平和のありがたさを実感してほしいと考えたからだ。

館内では、旧日本軍の蛮行が写真と共に展示してあった。はっきり言って、想像以上の内容で、同じ日本人として悲しく辛いものだった。そのことは、事実であり謙虚に受け止めるべきである。確かに、長崎や広島の原爆資料館にもむごい写真が多数展示してある。その点では、平和教育の一環として採用する余地はあった。

しかし、見学を終えた小学生の団体や現地の人々の視線や態度は、嫌というほど鋭く、本校の生徒には耐えがたいと判断し、やむなく修学旅行のコースから外した。その後、四度にわたり引率したが、抗日戦争記念館を訪れることはなかった。そのことは、当時の判断としてベターだったと思っているが、いまだに心残りである。

抗日戦争記念館見学後の小学生、尖閣諸島や南沙諸島の人工島問題、訪日中国人のマナーについての連日の報道に反応する日本人など、教育や報道の在り方が、両国民の感情を煽っている気がしてならない。抗日戦争記念館も日中国交正常化以降の両国の良好な関係や事業協力などを合わせて展示すれば、見学後の中国人民も冷静に行動できるのではないかと思う。もちろん、日本国内の教育や報道も同じである。

視察後、再度保護者会を実施し、中国の文化遺産の素晴らしさ、同世代の中国人との交流、活き活きとした人民の姿は、教科書にはない素晴らしい勉強になり、得るものが多いと訴えた。私の強い思いは保護者全員の同意を取り付けた。

中国の素晴らしさを、将来を担う若者に知ってほしいと訪れた初めての中国。文化財に圧倒され、訪れる施設のトイレを隈なくチェックする変わった旅行。不幸な過去の出来事をいやというほど痛感し、まだまだ両国の友好関係に課題を感じる旅行だった。

あれから、二十年以上時が過ぎた。中国は、どれほど発展しただろう。路地裏で見かけた古い中国の光景はなくなっただろうか。いつの日か、バブル崩壊後の経済悪化に伴い中国への修学旅行もなくなった。生徒たちへ伝えたかった中国の良さをどう伝えればよいのだろうか。経済状況は大きく変わったが、両国の市民レベルの友好関係は足踏みをしているのではないだろうか。今こそ、教育の力で両国の将来を担う若者に発展的両国関係を構築してもらうため、修学旅行を再開し、若者の交流が進むことを願っている。

谷川 靖夫（たにがわ やすお）

一九六一年佐賀県生まれ。香川大学卒業後、昭和六十年四月から平成元年三月まで、香川県で高校の教諭、平成元年から現在まで佐賀県で高校の教諭。担当教科は理科（生物）、香川県立農業経営高校、唐津農業高校、太良高校、高志館高校、多久高校、佐賀北高校に赴任する。趣味は華道（小原流）。

三等賞

こんなに心優しい中国人、知らなかった

主婦　長崎　たまき（山梨県）

九年近く夫が大連に居た。仕事である。私は夫の親の介護のため日本にいた。だが親にはショートステイなど利用してもらい時々は大連に行けた。滞在は一週間くらいだ。初夏、夏、初秋、冬と行った。

　夫は大連の開発区というところにいたが、ここは今でも日系企業があり、日本人が多い。開発区の駅の周りはここが中国かと思うほど日本の飲食店がある。日本にも横浜をはじめとして中華街があり、今では各地に中国人がいる。中国の中の日本、日本の中の中国。

　実にいいと思う。そう、私は中国人が大好きだ。

　大連に行くと昼間はどこへでも自由に行ける。なんといっても夫は仕事、ありがたいことだ。

　地図を片手に、ふむふむ、ここがロシア人街か。『地球の歩き方』に載っているお店に入り、「ここ、地球の歩き方に載っているお店ですよね」などと話すとお店の人はむろんのこと中国人のお客さんも興味津々で私の持っているガイドブックをのぞき込む。

　あっここに新華書店がある、でもここは道がややこしいなあ。そこで中国語の勉強も兼ね道行く人に「対不起，请問……」と聞くのであるが、たいていの人が私に「何《なに》人《じん》ですか?」と聞く。「日本人です」と答えるとパッと顔を明るくしてくださり「ああ、日本の方ですか。私もね、一度日本に行ったことがあるのですよ。新華書店ですね。ここの道をまっすぐに行き、交差点を右斜めに行くといけますよ」と教えてくださる。

　しかし近くに行ってもまだどこかわからない。そこでまたまた道行く人に尋ねる。実は中国人と話したい。

　すると「いいわよ。私連れて行ってあげるわ」と、おっしゃって下さる。

　労働公園の前にある海鮮料理レストランで食事をし、

京劇を見てさらに楽しもうと地図を見る。けれど人に聞いた方が早い。話したい。二人連れの若者に、今度は英語で「すみません、京劇の劇場はどういったらいいか教えていただけませんか？」するとと若者の一人「日本の方ですか？」と流暢な日本語。

数年前に訪れた丹東で

若者は「実は私は今日初めて日本の方と日本語で話すのです」と言うではないか。

「ここの道の先に大きな交差点があります。そこを右に曲がってください。そうするとあります」「ありがとございます」。日本式に頭を下げお礼をした。お互い別々の方向に歩き出したが、若者はくるっと振り返って「信号のある交差点のところはわかりづらいですので私見ていてあげます」

ドン！

日本の若者でここまで親切な人がいるだろうか。

これだけで驚いてはいけない。もっとびっくりする体験をした。夫の住居は開発区というところだが、開発区から大連市内までは電車で三十分だ。市内に着いたとたん大変な喧騒の中に入る。その日は大連の博物館に行く予定だった。駅前ではタクシーの采配をするおじさんが客に行き先をきいて次々に（客を）タクシーに入れる。タクシー運転手の研修の人が助手席に乗っている、と思ったがどうやら相乗りのようだった。そしてやっと博物館に着いた。ここには世界で唯一「お掃除のおばちゃんの像」がある。日本のテレビ番組でも紹介された彫刻である。またこの博物館の入館料はタダだ。スケールの大きさを感じる。

嬉しさに胸いっぱい。たまたまこの日は「呉昌碩芸術展」があった。絵を見るのは私の大の趣味だが、まさかここでこんなに素晴らしい絵にお目にかかれるとは思わなかった。文字と絵のコントラストがいい！　迫力がある！

良かった良かった、得した、と思ったのはいいが、問題は帰りであった。タクシーがつかまらない。バスで駅まで行こうと思ったが、バス停で並んでいる人にきいたが通じない。そこで周りを見回すと、なにやらきれいな紳士が立っている。「すみません、大連の駅に行きたいのですが、何番線のバスに乗ればいいでしょうか？」とお聞きした。すると「何人《なにじん》ですか？」と聞かれる。「日本人です」「ああ、日本の方ですか、私今時間がありますから駅までお送りしましょう。どうぞ私の車に乗ってください」と日本語だ。見ればピカピカのベンツ！　ま、襲われるほどの若さも財力もない私。お言葉に甘えることにした。乗ること四十分。さすがに私は焦った。「申し訳ありません、是非料金を取ってください」とお願いしたが「私は日本に留学したとき日本人に親切にしてもらいました」と頑としてお金を受け取らない。降りるときこの方の名刺をいただいた。

（どうしよう、こんなに親切にしていただいて。）

日本に帰り、この親切になんとかお礼がしたいと、今治のタオルと富士山のカレンダーを送った。

正月、食後の洗い物をしていると固定電話が鳴った。固定電話が鳴ることは最近ではめったにない、誰だろう。「こんばんは。〇〇です」「？」「大連の〇〇です。この度はプレゼントをいただきありがとうございます」駅まで送ってくださった方わざわざお電話をくださった。胸の中がじーんと温かくなった。

やっぱり中国人！

そして私は中国語の一文を思い出した。

饮水思源我总忘不了你对我的好处。

長崎　たまき（ながさき　たまき）
一九五五年山梨県生まれ。約九年間夫が大連で仕事をしていた関係で、たびたび大連に行く。このこととは関係なく中国ドラマに夢中になり、中国語学習を始めると共に富士吉田ＪＣＥ（日本語・中国語・英語の語学学習ボランティア団体）を立ち上げ、さまざまな活動を行っている。

三等賞

中国で叶えた幸せ

大学生　安田　翔（北海道）

僕は二〇一七年大学三年の時に半年間哈爾濱に留学をした。留学前に僕は中国語を独学で行い、インプットしたことをYouTubeやTwitterなどのSNSでアウトプットするというスタイルで学習していた。

中国の寮に着いてからまず困ったことは、寮母さんの話す言葉が聞き取れないことだった（独学期間中はただ教材に向かって睨めっこしていただけで実際にネイティブのスピードについていくという耳の特訓をしたわけではなかった）。寮の部屋決めや避難訓練の日程、いつどこで寮費を払うのかなど、色々と大変だった。

そんなことも一カ月経ち、生活がパターン化されたことで大まかな意図が分かるようになっていた。そして、留学中に現地の人達と関わりたいけど、なかなか関わる機会が少ないことに気付いた。このままでは留学の意味がなくなってしまうのではないかと思い、この時ようやく留学前から計画していた「とある事」を実践する覚悟を決めた。その「とある事」とは、真夏の中国縦断の旅である。

僕が留学していた哈爾濱《ハルビン》は中国の北方にあるため、そこから縦方向に南下しようとするものだった。僕は中国でアルバイトをしていなかったため（正確にはできるほど話せなかった）、旅をする前にクラウドファンディングという方法で日本のサイトと中国のサイトから資金を募り、その集まった資金額だけで旅を行い、現地の人達と会って話をしたり、リアルな中国を見るためにもう一つ旅中に絶対やると決めていたことがあった。

そして、出発する一カ月前に中国・日本の総勢八十名ほどの方から支援金をいただき、十万円ほどが集まった。これでもう完全に旅をすることが決まったのであった。

旅の時に相棒がいた。その相棒は留学中の大学で出会った中国人の友達だ。彼は、ちょうど大学を卒業して実家に帰る時期だったため、駄目元でお願いしたところ一緒に旅をしてくれることになった。全く日本語を勉強していない友達と約一カ月間朝から晩まで一緒に生活をする環境はとても素晴らしかった。なかなか思っている事が通じなかった事もあったし、資金の関係もあり、安い電車のチケットをとったり安いホテルを予約したりしていたが、うまくいかないことも日々あった。それでも、二人で色んな問題を解決していき、大連まで辿りついてから、その友達と別れることになった。彼の実家にたどり着いたからだ。彼の実家で一泊させてもらってから、重いカバンを背負い、次の目的地へと向かった。

哈爾濱・長春・吉林・瀋陽・丹東・大連・北京まで進み、電車に乗っていく旅にも慣れてしまっている自分がいたため、北京から天津まで歩いて行くことにした。マップで見たら、北京と天津まではすごく近かったため、行けるだろうと甘い考えだった。

朝早くにゲストハウスを出て、最高気温四十度の中、水を片手にひたすら歩いた。全然たどり着く気配もなく、人が全然いないところまで来てしまった。日射病になりかけ、とても具合が悪く疲れ果てていた。水も切れたし、周りにお店もなく道路しかないという状況で絶望的だった。そこに一人の中国人男性の方が話しかけてくれて、車で天津まで送ってもらえることになったのだ（その方を今でも恩人だと思っていて、たまに連絡を取り合っている）。

僕はその後、天津から南京まで電車で向かうことにしたのだが、チケット売り場ですぐ乗れる電車はあるかと

日本と中国を結ぶ幻の駅

聞いたところ、安いチケットが残っていたので迷うことなく購入した。

ところが、そのチケットには「无座（座席なし）」と書かれていたのだ。今までは、電車のチケットは中国の友達が代わりに購入してくれていたため、値段の差で座席の有無があることを知らなかった。

十万円の資金ももう底をついていたため、せいぜい五、六時間も経てば着くだろうと思い、ずっと立ったまま乗っていたら、南京まで十三時間もかかったのだった。たしかに地図で見ても遠かった（今となっては思い出話だが、当時は携帯が故障して、ネットで調べることができなかったため、肉体的にも精神的にもボロボロになった）。

南京に到着したのは深夜二時頃。ホテルの予約はもちろんしていなかった。そこで、二十四時間開いているお店で食事をした後、少し仮眠をとった（電車ではいつ南京に着くのか知らなかったため、寝ることができなかったのだ）。

旅の疲労が溜まっていることは自ら感じていたが、南京に来てから絶対にやりたいことがあった。それは「友達百人作り」である。

南京というと、歴史的なことから、どうしてもマイナスのイメージを持っていたり、日本人が行ったら危ないと言われている。だけど、いや、だからこそ、勇気を出して、「フリーハグや握手で友達になりましょう」と段ボールの切れ端に中国語で記入し、南京の路上で企画を実施したのであった（その当時の映像が中国の騰訊新聞でも取り上げられた）。実際にやってみて、僕含む多くの日本人達の偏見を覆した。道を通った多くの方が僕が日本人であると分かった上でフリーハグをしてくれたのだ。

メディアやネットの情報だけでは分からないリアルな中国の方々と触れ合えることができた経験は、今でも宝物である。旅の道中、助けてくださった方達に感謝しても仕切れないほどである。

安田 翔（やすだ しょう）

北海道北見工業大学在学。工学部。留学中は哈爾濱にある哈爾濱工程大学に半年間語学留学生として学んだ。中国留学や旅の経験をきっかけに、日本各地で講演会を開催したり、ジュピター出版社から『ごく普通の大学生が書いた夢の見つけ方』という著書を出版して、様々な大学の図書館に配架させていただいている。そして、現在は中国語と日本語のデュエット曲を作成している。デビュー曲「夢」は日本のカラオケで配信された。

三等賞

一期一会

会社員　田中　敏裕（埼玉県）

あれはたしか四十歳になったばかりの夏、たまたまインターネットで中国行の航空券が安く発売しており、そんな単純な動機で買ってしまったのである。たしか夕方成田発の北京行き。定時に機内へ、自分の席につくと初めての中国に対して嬉しさと不安が頭の中をよぎった。

離陸後約三十分。突然機長の放送「この飛行機はエンジンの不具合により成田に引き返します」との事、旅行の楽しさはいっぺんに吹き飛び一気に不安と焦りが頭の中をよぎった。時計を見るともう八時をとっくに過ぎていた。

機内では不安ばかりで、これから先はどうするかとそんなこんなで初めての北京空港に降り立ち空港の広さに感動している暇もなく、ここから先はどう行くのだろうと空港の中をウロウロと、職員もいないし、ますます気持ちは焦るばかり。泣きたい気持ちで旅行のホテルの予約表を近くの人に見せる。すると指で指して何か話しているがわからない。

バスのチケットを買う所に行ってみるとこれがまた一苦労でテーブルみたいな所に職員が一人と客が我先にと大きな声で切符を買っている。私にはとてもその中に入って買う勇気はなくしばらくウロウロしていると年配の男性が身振り手振りで私の困った様子を見て、北京駅までの切符を買ってくれたのである。本当に神様のように思えた。何回も頭を下げたのを覚えている。

バスに乗り込むとホッとしたのか疲れが少し出てきた。街並みを見るが半分うわの空で今度はバスを降りたらホテルまでどうやって行こうかと、また次の不安が頭をよぎった。ほどなく北京駅へ到着。乗客たちはそれぞれ足早に散って行った。残った私は、これまた真っ暗な所でスーツケースを引きながら考えた。周りを見渡すと高級

2018年、大連にて一人旅！

そうなホテルが見えた。高級ホテルに入ったのはもう深夜一時を過ぎていた。

予約したホテルの紙を見せ、紙に日本語を話せる方はいますか?と付け加えた。本当にラッキーだった。その人は日本語を話すことが出来、私の気持ちが不安から一気に安心に変わったのを今でも覚えている。彼はパソコンで探してくれ、タクシーに私を乗せてくれた。ホテルに到着。そこはなんと入り組んだ路地にある。真っ暗でおそるおそる中に入ってみるとフロントの所で女性が二人毛布を掛けて寝ていた。小さな声で「すみません」と恐る恐る声を掛けると女性がおもむろに毛布をはぎとり眠そうな顔をしながら彼女は無言で私のパスポートと予約表を見ながら手続きをするとぶっきらぼうに部屋の鍵をくれた。鍵を持って部屋に入ると一気に疲れが出てしまい、そのままベッドで眠ってしまった。

目が覚めると朝八時近く、特別予定はなかったのでホテルの周りを歩いてみた。ここで初めて中国に来たという実感が湧いてきた。見知らぬ人に、会釈してみる。なんかポカンとした様な顔をしているが身振り手振り、これが又実に楽しい。指を指してこれはなんですかと、次第に笑みがこぼれた。中国人と意思疎通ができた気になった。近くには大きなスーパーはなく、買い物はもっぱら近くの個人商店の様な所。パンとジュースを買った。

二日目にまた同じ店に行き、見るものすべてが私にとって興味深々である。正直こんなものを食べるのだろうか？とカルチャーショックを受けた。やはり昨日のおじさんは奥でテレビを見ていた。私に気付くと何か言っている。パンとジュースの他に余計なものまで買ってしまった。夕方にまた行くと私の顔を覚えてくれていた。非常に嬉しかった。会話こそできないが、人間同士身振り手振りで十分伝わるのだと感じた。

三日目は昼ごろには空港に行かなければいけないので思い切って日本語で話しかけてみた。私も三日目になり顔を覚えたおじさんに、本当に心から話してみたいとの思いから私は思い切って日本語で話しかけてみた。おじさんは日本語はわからないが私の話をじっと聞いてくれた。たぶん私がスーツケースを持っていたのでこれから帰るというのがわかったのだろう。やはり身振り手振りで私は伝えようとする。彼も何か言ってくれているが私もわからない。その時おじさんは店先に並べてあったライチのようなものをくれた。食べなさいという意味だったのだと私は思う。私は本当にうれしかった。思わず涙が出てきた。初めて帰りたくないような気持ちと、このおじさんと気持ちがつながったのだと思い中国に来てよかったと思った。そして又来ようと後ろ髪をひかれる思いで帰路についた。

飛行機の中でこの三日間を振り返っていると、本当に自分は幸せだと思う。報道ではあまり良いイメージを持たれていないが、たまたま旅行先に選んだ中国。自分にとってはとても素晴らしい一期一会、これこそが本当の旅行の醍醐味である。この経験がプラスに、また中国人の友人がたくさん増えるきっかけになった出来事であったと思う。今でもあの時の出来事を鮮明に覚えている。

ありがとう！　友よ！

田中　敏裕（たなか　としひろ）

東武鉄道株式会社七光台乗務管区車掌。一九六四年東京生まれ。昭和五七年東武鉄道㈱入社、駅係員として勤務。後に車掌区へ転勤後、現在の職場へ。二〇一二年から中国の文化に興味を持ち、本格的に日中友好交流に積極的に関わる。

三等賞

近くて遠い国だったはず

主婦　新井　香子（埼玉県）

今年は中華人民共和国建国七十周年なのですね。今年、生誕五十周年のごくごく平凡な主婦である私と中国は常に近くて遠い国でした。学校で学んだ文学、歴史以外での記憶は、人民服姿の残留孤児の皆さんの再会に涙し、喜太郎さんの音楽がどうしても流れてくるＮＨＫ特集シルクロード、バブルに浮かれていた私と全く違う状況にあった天安門の大学生たち、そしてどこからか聞いて知っていたニーハオトイレ……。

私の初めての中国は、今から四年前、二〇一五年のある日のこと。当時、小学五年生の娘が中国の悪口を言いだしたことから始まりました。日の丸を焼いたり、古い肉を使っていたり、マックのナゲットが青かったり（それはタイでしたが）と言ったテレビを見てのことでした。そこで私はふと二人で行ってみようと思いました。だって隣の国だし、最近、いっぱい日本に来てくれてるし、これからの子は仲良くしなくてはいけない、そして今ならこう言おう！　百聞不如一見！

二〇一六年の春休み、娘の誕生日出発で上海に自由旅行。ＡＮＡと錦江飯店に予約を入れた。筆談が可能と知った娘は昔ながらの単語帳に会話集を作った。でも、知らないだけに不安がいっぱい。

荷物検査、リニアモーターカー、地下鉄の動く広告、見慣れないものの話をしたくても日本語を使ったらいけないのではないか……とドキドキしながら地下鉄最寄りの陝西南路駅三番出口から長い階段をスーツケースを二人で持ち上げていた時に、私の「今」が始まりました。階段を降りてきた青山あたりを歩いていそうな細身の黒のスーツを着て黒縁眼鏡をかけた若いお兄さんがサッと私たちのスーツケースを持ち上げて上まで運んでくれたのです。実にスマートなしぐさでした。あまりの出来事にあっけにとられてしまって謝謝の意味で「シェイシェイ」というのが精一杯。「この国想像していたのと違うかも⁉」と思った瞬間でした。中国に足を踏み入れて二時間後の事です。

西安城壁一周

そして、やはり想像していたのは違ったのです。

色々なことがありました。中国ではじめて口にしたのは南翔小籠包店の小籠包。回りの方が、お酢を持っていきなさい、と言ってくれた気がします。フルーツが豊富なのにも驚きました。日本で見たことがないものはペンと紙を出して漢字を書いてもらい生の龍眼や棗を知りました。七宝古鎮で大きな綿あめを持っていた小さな子にどこで売っているのか英単語と身振り手振りで聞いたところ、流ちょうな英語で教えてくれたこと。お店で冷たいお水がでなくお湯がでてくること。皆が水筒を持っていること、お湯がでるスポットがあること。謎のキャラクターがたくさんいる水筒屋さんがあること。年配の人のスマホの普及。乗り物の中で大きな声で電話していること。音楽を聴いていること。それを誰も気にしていないこと。地下鉄で物乞いさんに遭遇すること。屋台がものすごい勢いでたたまれて、ものすごい勢いで走り去って行ったこと。

何よりも驚き、そして、中国が、というよりも中国で生きる人たちが好きになったのは、急に雨が降り出したときにどこからともなく素晴らしいタイミングで駅に出てきた傘売りの人たちを見たときでした。カオスはカオス。でも、うらやましいと感じるほど今生きていることへの人々のエネルギーを感じた瞬間でした。

その後、帰ってすぐ中国語の勉強を始めました。その秋の国慶節に銭塘江の大逆流を見に夫とまた上海を訪ねました。春と違い淮海中路のプラタナスは美しく、日曜日の魯迅公園の自由さといったら！　翌年の春休みには息子と娘と北京へ。私の人生に路線バスに乗って八達嶺長城に来る日があったとは！　地下鉄で「請坐」と言ったら座ってくれたお姉さん、抗日ドラマ見てたけど……。二〇一八年の春休みには父と息子と西安へ。グッと人々やお料理に西域を感じました。ああ、泡馍《パオモ》また食べたいなぁ。どの街も大都会。でも、そこに住む人々は強くたくましくエネルギーにあふれ、そしてなぜだか自由に見えてとても魅力的です。

今年、二〇一九年の春休み、初中国から三年、当時はまだ建設中だった上海ディズニーランドとスターバックスリザーブロースタリーをめあてに、また娘と上海を訪ねました。

二〇一六年には、昼も夜も繁華街で飛び回っていたドローンはあまり多くなく、田子坊のお店の入れ変わりは想定内として、まだ出始めで新しくキレイだったシェアサイクルは年季が入りすっかり生活に溶け込んでいるように見えました。

でも、なんといってもこの三年の違いは、ＱＲコード決済の普及！でしょう。足裏マッサージをお願いした女性と一時間おしゃべりをした時、私の聞き取りが間違えなければ「一年前からお財布をもって歩いてない」とのこと。「銭包」という中国語は無くなるかもね！という話が印象的でした。

以上、私のたった三年間、計二十日足らずの中国体験です。これからもまだまだ続きます。行ってみたいところがたくさん。話してみたい人がたくさんいるから。

新井 香子（あらい きょうこ）

一九六九年十二月東京生まれ。埼玉県草加市育ちで現在も在住。会社員の夫と大学生の息子、高校受験生の娘と四人家族。今年の中秋節に大連へ。中国語の勉強を続けて二〇二二年の北京オリンピックでのボランティアを勝手に計画中。

三等賞

中国養父母への報恩

地方公務員　吉岡 孝行（埼玉県）

　二〇一七年六月、全国の中国残留孤児代表ら百二名は「日中友好之会・全日本遺孤代表感恩訪問団」により、中国を表敬訪問致しました。これはNPO中国帰国者・日中友好の会（代表・池田澄江、以下NPOと略）の呼びかけによるもので、日中友好正常化四十五周年を機に、日中国交回復までの長きに渡る恩義に報いるため企画されました。訪問団は中国政府をはじめ、各外事弁公室、日中友好団体などの行く先々で熱烈な歓迎を受け、心温まる励ましのお言葉を数多く頂くことができました。

　ハルピン音楽学院では、孤児代表による中国人養父母への感謝のメッセージと、感謝状、記念品の贈呈式が執り行われました。交歓会では、音楽学院と訪問団による合唱、舞踊、楽器演奏などが披露され、会場は大いに盛り上がりましたが、とりわけ深い感動を呼んだのが朗読劇「孤児の泪」と舞踊劇「中国のお母さん」です。

「孤児の泪（脚本・宮崎慶文）」は、戦争の悲惨さを孤児の立場から訴えたもので、中国からの引き揚げ時に、やむなく肉親と離ればなれになり、現地に取り残された日本人の子供たちが中国人の養父母に引き取れていく場面を再現しています。また、「中国のお母さん（脚本・段晴）」は、養父母によって育てられた孤児が祖国日本へ帰るシーンをとらえています。二つの劇とも、親身になって育ててくれた養父母への感謝の想いが表れ、その懸命な、孤児自らの体験だからできる演技には、万感迫るものがありました。舞台で演じる孤児の目には泪……泪・泪で、出演者自らが感極まって泣いてしまう、まさに魂が揺さぶられる最高の舞台でした。

　また、実家、親戚そして養父母の墓参りなどに行く一方で、約四十名の団員は、ハルピンから約二百㎞離れた方正県の「中国養父母公墓」を訪れました。公墓は一九

NPOの皆さんによる朗読劇「孤児の泪」の上演、ハルビン音楽学院に於いて（2017年6月23日）

九五年、残留孤児の遠藤勇氏が建てたもので、広大な田園の中の松林の一画に、他の二つの日本人公墓と共に建立されています。ここに眠る養父母らへ、全員で冥福を祈り黙祷を捧げました。公墓には休息所が設けられ、方正県における当時の様子がパネルで説明されていました。敗戦までの方正県には四つの日本人開拓団があって二十三村、四百五十六世帯、二千百十四人が暮らしていたこと。敗戦による逃避行の中、餓死や疫病によって日本の開拓民が最も多く亡くなったこと（約五千人）。そして、方正県の農民が引き取って育てた日本残留孤児は二百五人に上ることなどが日本語で紹介されていたのです。私はこれらのことに戸惑うとともに、何も知らない自分を反省したものです。

私は、一九五五年に「米つくり日本一」の表彰を受けた岩手県沢内村（現・西羽貫町）の藤原長作（一九一二〜一九九八年）の伝記を読んでいました。藤原は、一九八〇年、日中友好団で訪中したことをきっかけに稲作の技術指導を心に決めます。共同墓地の一画には、藤原を顕彰する記念碑がひっそりと立っていました。「一九八一年、藤原長作は、黒竜江省科学委員会の招待に応じ、方正県に、稲作法を伝授のためにやってきた」と、藤原を紹介していました。その後、方正県は中国を代表するコメの産地に発展しているらしく、中国政府は藤原の功績を称え、一九九一年に「国際協力賞」を授与しています。方正県の人々の「孤児」を受け入れる一方で「藤原」への恩義を大切に守り続ける、それは見事なコメ作りにも表れていて相通じるものがあるように思いました。

訪問最終日の夜、私はホテル玄関先でKさんに声を掛け、夕食をご一緒致しました。お互いに「香甜南瓜粥」を注文、二人向き合っての食事です。Kさんとはこの時が初対面でしたが、彼女は自分の生い立ちが今もわからないことを教えてくれました。実は、今回の訪問で、私が初めて食したのがお粥でした。初日の北京空港で、孤児二世から粟粥を産後の母親が食べる習慣が中国（東北地方）にあることを聞き、粟粥が発汗作用を伴う美味しい食べ物であることを体験していたのです。この夜、二人は、南瓜粥に舌鼓を打ったのですが、私は美味しそうに食事するKさんの姿に視入ってしまったのです。お粥は、肉親から離ればなれになってお腹を空かすKさんに、養父母が命を救うため与えてくれたものだったに違いない、だから彼女は日本へ帰る前に、もう一度味わっておきたかった、と思えたのです。Kさんにとって中国はまさに母国だ、と思った瞬間でした。

今回の訪問では、NPO会歌「心の声を伝えたい」の「私には二つの家がある。一つは日本にあり、もう一つは中国にある……中国の養父母がいなければ、誰が我を引き取り、誰が私を育ててくれたろう」がよく歌われました。かつて敵国の子供を育てた戦争史はなく、私にとって中国人の寛大と博愛を思い知る訪問となりました。中華人民共和国建国七十周年を、こころよりお祝い申し上げます。中国の繁栄を願い、両国民の幸せをお祈り致します。

吉岡 孝行（よしおか たかゆき）

東京都の再任用職員として農業技術職場に従事。中国残留孤児の手記を読んだのをきっかけに満蒙開拓・孤児などに関心をもつようになる。二〇一七年六月「NPO中国帰国者・日中友好の会」主催の訪問団参加への誘いから、初めて訪中。現在、厚生労働省主催「戦後世代の語り部育成事業」の研修生として、中国残留邦人等が戦中・戦後および帰国後に体験されたことを継承するための研修を受講中。

三等賞

中国の若者たちのエネルギー

大学生　高橋　稔（東京都）

近いようで遠いような不思議な距離感を覚えていた国、中国。昨今のメディアで報じられるニュースを見ると遠く感じ、ビジネス機会の増加とともに中国語の使用機会は増えているので近さもあります。どちらが本当の中国が知りたい。そう興味を持っていた私は、大学二年生の二〇一八年九月に北京での留学生活をスタートさせました。語学力をつけていく日々の節目には、同世代の若者から受けた様々な刺激がありました。

最初は語学力が足りず、銀行口座の開設も一苦労でした。一刻も早く中国語を話せるようにならなければいけないと実感しました。

留学を始めて二週間が過ぎた時、国際交流基金が主催する「第二回日中大学生フォーラム」が開催されると知り、参加しました。このイベントは日中の若者同士の文化交流の促進を目的として開催され、共通言語は日本語です。私たち日本側のメンバーは、北京に留学中の日本人大学生七名からなります。初めての顔合わせから約一カ月間、四回の事前勉強会を経て当日を迎え、ディベート、ビジネスモデル発表会、ミニディスカッションに臨みました。

交流したのは湖南大学の学生でした。ディベートのテーマは、「独身税に対する賛否」「オリンピック開催に対する賛否」など難しいもの。それでも彼らは、母国語でない日本語で積極的に発言し、私たちと意見を戦わせるので驚きました。また、その場で臨機応変な返答が必要になるディベートも上手くこなしていました。これには刺激を受けました。湖南大学の学生は私たちに、古い歴史を持ち、湖南省の省都でもある長沙の街を楽しく、丁寧に案内してくれました。私たちは、時には中国語を交ぜ、中国では進んでいるキャッシュレス化や興味のある

2019年春、北大杯のチームメイトと北京大学にて

三国志の話題および日本のアニメについて語らいました。

留学して三か月が経つと、中国語の会話も少しできるようになってきました。ちょうど、北京の日本大使館で日本僑報社・日中交流研究所主催の「第十四回中国人日本語作文コンクール」の表彰式が行われると聞きました。このコンクールは日中の相互理解と文化交流の促進を目的に二〇〇五年にスタートし、今回は、中国の二三五校の大学、専門学校、高校などから、計四二八八本もの作品が寄せられました。中国の若者は日本に対してどのようなイメージを持っているかの興味から、会場準備などのボランティア活動に参加しました。受賞した若者の「多くの中国人に、実際に日本に行って、本当の姿を見てもらいたい」といった声に共感する一方、地方から来た二人の佳作賞受賞者の大学生の話にはハッとさせられました。

二人は、朝六時に起き、七時ごろから自習や授業があり、夕飯を食べた後は夜十時ごろまで自習をするといった毎日で、図書館の自習室の席取りも苦労していると言いました。これは中国ではごく普通の大学生の一日で、私が留学している北京大学の学生も同じです。中国の大学生は中学、高校時代に猛烈な詰め込み教育を受け、それは大学に入った後も変わりません。日本語を専攻する学生は、日本語漬けの毎日を送ってこのコンクールに臨んでいました。彼女らにとっては、上位で入賞できなかっただけでも悔しいこと。来年のリベンジを誓ってその日のうちに夜行列車で帰っていきました。私も負けていられないと、より一層中国語学習へのモチベーションがアップしました。

　留学に来て半年経つと、私は中国語である程度会話ができるようになりました。中国人学生とコミュニケーションが取れるようになると、ますます中国での生活が楽しくなるものです。北京大学政治管理学部のソフトボールチームに入り、中国人学生と一緒に汗を流しました。私は長年の野球経験から、打撃や守備のコツを惜しみなくアドバイスしました。彼らは勉強と部活動を両立させ、短時間の部活動で効率的に練習を行い、今年の〝北大杯〟学部対抗のリーグ戦で、学部史上最高の準優勝を成し遂げました。

　中国に行って数多くの若者を目にして感じたことは、それぞれがエネルギーや向上心に満ちあふれているということです。活気あふれる若者たちがポジティブさを生み出し、それが国の発展の源泉にもなります。「近いようで遠い国」の私の中での意味合いが増えた気がしました。近さは、私が体験してきたような親しみやすさです。遠さの正体は、物が簡単に手に入り、頑張らずともある程度の生活を送れる私たちがハングリー精神を忘れてしまったことで生まれつつある差なのではないでしょうか。

　中国に対する理解をより深めたことの他に、中国の若者の向上心から受けた刺激が、今回の留学の最大の収穫だったように思います。留学で培った多角的に物事を考えられる国際感覚により、日本人の強みを活かして、グローバルな競争と共生が進む現代社会で活躍していきたいです。

高橋 稔（たかはし みのる）

一九九八年四月八日生まれ。神奈川県川崎市出身。早稲田大学商学部在学中。旅行の経験から中国を好きになり、二〇一八年八月から一年間北京大学へ留学。小中高と続けた野球、大学から始めたバドミントンを通して交友関係を広げた。上海のＩＴ企業でインターンを経験し、中国の経済状況を肌で体感。趣味は音楽鑑賞。

三等賞

劇中に観る「中国人」

大学院生　桑田　友美（北京市）

人は行きづまると、後ろを振り返るものだ。北京へ留学して半年が経った頃、私は日に日に、初めて北京の地に降り立った日のことを思い返すようになった。あの日、まだ日差しが肌を焼くように強く、雲一つ無い真っ青な空の下、私の胸は、未来への期待や好奇心で膨れ上がっていた。

半年も経てば、語学も見違えるほど上達しているだろうと淡い期待を抱いていた分、現実との落差にはひどく落ち込んだ。気持ちを上手く表現できないことが何よりも辛く、拙い中国語を話す自分にも嫌気がさし、終いには、人と関わることを避けるようになっていった。

そんなもどかしい日々が続いたある日、中国人の友人に誘われ、北京師範大学の京劇社団の予行演習を観に行くことになった。京劇は、「覇王別姫」（劉邦に敗れた楚の項羽が、愛姫虞美人との最期の別れを惜しみ嘆く話）を観て以来だ。激しく打ち鳴らす銅鑼や、京胡の余情のある響、そして項羽の勇ましさと、虞妃のしなやかな舞が印象的だった。

夕方、師範大の門をくぐり、青々とした芝生が生茂る運動場に差しかかると、向かいの五階建ての校舎から、旦の高らかな声が響いてきた。部屋に入ると、簡易な衣装を身にまとった五、六人の学生が「ニーハオ」と笑顔で迎えてくれた。およそ二十メートル四方の広々とした部屋には、窓に対して全面に鏡が取り付けられていた。見物人は私と友人の二人だけ。練習風景をこんな間近で観られるとあって、やや興奮気味に眼を見開いては、そわそわして落ち着かなかった。

振付師と、京胡の演奏者が部屋に入るや否や、空気が一変して緊張が走った。演目は三幕あり、一幕だいたい四十分ほど。語りが物語の口火を切り、伴奏と共に二人の演出者が徐に中央に進み、セリフをのびやかに歌った。

　長いセリフを淀みなくすらすらと声に出す二人の姿に、思わず唸った。現代中国語でない分、覚えるのも一苦労だろう。それに、京胡の奏でる節に合わせ両者一体となって歌わなければならない。加えて、表情や、しぐさ、立ち回りと、難所を挙げれば切りがない。私には到底真似できないと、ただただ驚嘆して見守っていた。

2017年、北京師範大学にて友人と

　この日、特に印象に残ったのが第三幕目の「坐宮」。北宋期、将軍家の一族である楊家の四郎は、遼国との戦いの際に捕らえられてしまう。四郎は名を偽り、遼国に仕えることになった。さらに武勇を見込まれ、公主の婿に選ばれる。十五年後、遼国は再び北宋と矛を交える。四郎は、この機会に乗じて故郷にいる母を訪ねたいと思い始めるが、誰にも打ち明けられず鬱々としていた。そんな四郎の姿を怪しみ、赤子を抱えた公主が問いつめる。そして最終的には、四郎の願いを聞き入れ、令箭を盗み出し四郎を見送るといった話である。

　祖国の家族への思いと、遼国に残す公主と我が子への思いに挟まれ、言葉にできず苦しむ四郎と、夫を宋に帰せば戻ってくる保証もなく、行かせてやりたいが、行かせたくない女心に揺れ、赤子を不安げにあやす公主とが、両者互いに感情を高ぶらせ言い争う場面が一番の見所だ。伴奏のテンポが早いので言葉も詰まりやすい。公主を演じる学生は、「もっと激しく感情を声にのせ、聞き手に迫れ」と何度も厳しく指導されていた。

　相手に自分の思いを伝えようとするその必死な姿を見ていると、常日頃、中国人が声高に話している様と妙に重なった。初めの頃は中国人に対し、口数が多過ぎやしないか、むしろ、言わずとも分かって当然ではと思うことがしばしばあった。けれど、この演目を観て、それが如何に傲慢な態度であったかを思い知った。少なくとも中国では、言葉を道具として、しっかり意思を伝えてこその対話である。中国に来ていながら、日本の価値観でこうだと決めつけ、互いに理解する機会を自ら放棄していたことに気づかされた。必死に伝えないと——胸がじわじわと熱くなるのを感じた。

リハーサルは夜十時を回っても終わらなかった。私たちは、お礼をいい明日また伺うことを告げ、その場を後にした。

当日。礼堂は、会場を埋め尽くすほどの観客でごった返していたが、私たちは運よくホールの中央あたりに座ることができた。

いよいよ始まる。銅鑼や京胡の軽快な音が会場を一気に包み込んだ。順調に二幕を終え、遂にあの二人の出番がやってきた。私は、手に汗を握る思いで舞台を見つめた。

山場に近づくにつれ、京胡に合わせて二人の調子も徐々に高潮していく。きた！　思わず、向かいの席に手を当て、前のめりになる。高ぶる二人の悲痛な思いがぶつかりあうさまは、呼吸を忘れさせるほどであった。

「好《ハオ》！」

次の瞬間、ホールは拍手喝采に満ちた。まばゆい光のあたる舞台に向け、一刻のうちに惜しみなく注がれる驚嘆の眼差しと歓声。この一刹那を、私は三年経った今でも鮮明に思い出すことができる。

桑田　友美（くわた　ともみ）
北京大学中国語言文学系古代文学専攻、修士課程在学中。一九九一年広島生まれ。大学では主に宋代の詩学、及び書画を研究。書や漢詩を嗜む。

三等賞

日本人に知ってもらいたい日中合作映画

映画プロデューサー　荒井　智晴（千葉県）

「ハーイ、カット！」

監督の大きなハリのある声がスタジオ中に響き渡った。やっとこれで日本に帰国できる。制作過程で最も安堵できる瞬間である。

日本人キャストが中国人スタッフに花束を渡され、涙している姿を見ながら、日中合作の意義は、二つの国が協力してモノ作りをするだけではなく、互いの考え方を尊重してやり遂げるものなのだとつくづく思い返していた。

この作品の総監督である張氏と私は、映画や舞台の名門校・中央戯劇学院で知り合った仲である。中国史好きが高じた私は、中国語にも興味を持ち、聴力を鍛えるために導入した中国映画に魅了され、教師になる夢から、映画関係に携わりたいと願うようになった。同学院で演劇と語学を同時進行で学ぶ日々の中、勇気を出して声をかけ、知り合った仲間の一人が張監督である。彼以外にも今や実力をつけ中国の芸能界において第一線で活躍している者が多く、その縁が現在の仕事にも繋がっている。

私はここ数年、中国のプロダクションと組んで、日中合作映画の制作に携わっている。それは時代劇からSF作品まで多岐に亘る。完成後は、日本へ中国映画を紹介し、中国の方々にも日本映画を紹介する等、映像の相互交流を通して中国に関わっている。

今回手掛けたものはＳＦ作品で、近未来での宇宙間移動が容易になった世界で起こる宇宙船内のサスペンス作品だ。日本では考えられない大きな規模のセットや、キャストやスタッフ数、技術も年々高くなっている様を目の当たりにしてきた。中国はすでにアジアの映画大国に留まらず、ハリウッドを超越する日は近いと大いに実感した。

ここで登場するモンスター役に、日本の舞踏家が求められた。それも日本独自の跳躍や喜怒哀楽を見せない暗黒舞踏だ。中国の伝統的舞踊に、地面を這う様な奇怪な動きが無い。以前脚本家が暗黒舞踏を鑑賞し感銘を受けた経緯もあり、その動きが出来る役者を請われて、応じた次第である。日本の文化を求められるのは非常に嬉しいと同時に、彼らの作品作りに懸ける探究心には脱帽する。

撮影時期は十二月であった。北京の寒さは極寒の世界である。ありがたかった事は、空港から直行で歓迎パーティに向かってくれた事だ。遠方からの来客に、お酒を注いで乾杯し、親交の情を表す作法や、日本では中々味わうことの無い香辛料の効いた本場の中華料理を振舞われ、日本人キャストはそこで心身共に温められた。人懐っこく、質問を矢継ぎ早にし、退屈させる事が無い。心の距離を縮める事が上手なので、その後の円滑なコミュニケーションが取れるようにする中国ならではの素晴らしい方法である。日本人は仲良くなるまでに時間がかかる。遠慮しがちで、意見をはっきり言わない。大切なことでも、相手が気づいてくれるまで待ってしまう、問題が起きてから対処するような後手に回ることが多い。その点からも、早く皆が親しくなり、率直な意見交換が可能な雰囲気作りをし、事に臨むという合理性は見習いたい。

2018年、宝宜合（北京）影視基地にて撮影成就の記念式典（著者左端）

一番問題になったのが、寒さであった。スタジオは郊外にあり、辺鄙な場所ゆえに暖房設備もままならず、日本人の許容範囲を超えていた。初日、ホテル室内があまりにも寒く、布団二枚掛けして眠れなかった。これが毎日のように続くとなると本当に堪えるので、もう少しなんとかならないのかと申し出たところ、予算の関係上最初は断われた。しかし、作品の出資者と、総監督に「このままでは役者の演技の質に影響してしまう」と切実に訴えたところ、当日の昼過ぎには我々のみならず、同じ思いであったのか中国人スタッフも揃って移動してきた。是々非々で物事の本質を判断する、中国人の実行力と決断力の早さには驚かされる。

このお陰か、万全を期した日本人キャストは、全スタッフを驚かすほどの演技を披露し、選んだ私も誇らしかった。この作品は今年末頃に公開予定であるので期待してほしい。

日中合作を行う意義として、両国の視聴者の関心を向けるのみならず、一つの作品を作り上げるまでの困難を共にし、乗り越えていけるところだと年々この気持ちが強まってきている。

今中国映画に関心を寄せる日本人はどれくらいいるだろうか。ほとんど観ていないのが実情だろう。中国人は、日本がバブル期頃から日本映画を観続けてくれている。中国人スタッフが、自分の好きな日本作品を雄弁に語り、常々日本作品への愛を感じる。私は中国と中国文化を知ってもらう機会を増やすべきだと思っている。そして、多くの日本人が中国を目指して行って欲しいと願っている。人口数は世界一で、最も可能性を秘めている国だ。

建国七十周年、経済大国世界第二位に上り詰め、さらに上を目指している中国には勢いを感じる。そして国家が私と同世代である中国の若者達を強力に後押ししている。私も友人達の上昇志向を羨むばかりではなく、映画人として、日本文化の一翼を担っていけるよう成長していきたい。

荒井 智晴（あらい ともはる）

日本大学文理学部史学科卒業後、中国・北京市の中央戯劇学院へ留学し、中国語と演劇を学ぶ。日本帰国後、中国と日本の文化交流事業（主に映画関係）、合作、通訳、コーディネートを行う等の橋渡しをする職に従事。主なプロデュース作品「カップケーキ」（二〇一八年）、「群落（スペースコミュニティ）」（二〇一八年）、「銀花公主」（二〇一九年）「夏の夜の花」（二〇一九年）等。

三等賞

中国のこと　もっと知ろう

高校生　伊勢野　リサ（上海市）

日本にいる人はどのくらい中国について知っているのだろう。そしてそれはどのようにして知るのだろう。私は日本にいた際中国についてあまり知識も無く、実際のところあまり良い印象を持っていたとは言えなかった。それはテレビで見るニュースの影響が強かったと思う。

私は父の転勤を機に中国に訪れることになった。引越しが決まった当時は日本で通っていた高校の友人と過ごすことが楽しかった、それに衛生面や治安、快適さ、性格など不安に思う面も多々あったため中国に行くことを拒んだ。ところがいざ訪れてみると自分の想像していた国と、とても異なるということに気付かされた。慣れるまでは文化の違いに衝撃的に思うこともあったが、これは中国に限らず外国に訪れれば当然のことのように思える。

私は中国を訪れたことによって、今まで自分の中にあった中国に対するイメージがとても大きく変化した。私はこれまで偏見を持ち、あまり知りもしないのにネガティブなイメージばかり抱いていた。自分はどれだけ視野が狭かったのかと恥ずかしくなる。

私が中国という地を訪れて驚いた点が大きく分けて二点ある。

一点めは「電子機能の発達」である。中国は広いため少数民族や地域によっては貧富の差が大きい。しかし地域によっては電子マネーや電子パネルによる注文がとても進んでいて日本よりも進んでいると思うことが多くあった。電子マネーでの支払いができることにより会計の時間が短縮され、小銭のやり取りをせず済むため商売をする側も消費者側も楽をすることができる。偽札の使用確率も下げることができるのため便利であり、犯罪も防げる画期的な機能であると思う。携帯端末から支払うこ

上海で輝く東方明珠広播電視塔

とによりデリバリーやネットスーパーも活発になり、日本より進歩している事である。

電子機能の活用はこれだけでは無く、私は交通機関の便の良さにも感動した。日本では未だ開通されていないリニアモーターカーも開通されている。日本は地上に置かれた駅が大きいため国土が狭い割に駅に場所を取られてしまう上に気象に影響されやすい。しかし中国では、地下鉄であることにより短い距離に駅を設置することができるためどこへでも気軽に移動することができる。タクシーも頻繁に走っており安価でタクシーを見つけやすい。「モバイク」というレンタル自転車があり、近くにある自転車に乗り降りたいところで降りればいいという仕組みもある。それぞれ専用のアプリまであり、こんなにも便利な移動手段の活用方法があることに驚いた。

二点目は「中国人の人柄」についてである。中国人は気が強そうであると思っていた。それは今でも変わらないが、尊敬すべき点も発見することが出来た。普通の人が嫌がりそうな仕事をしたり、周りの人との関わりが強かったりと、日本人の苦手な要素を中国人は日常的に行っていた。私が最も驚いた点は電車で高齢者がいると席を譲ろうとする行動が積極的である事だった。日本も親切な人は多い。しかし消極的な人が多いため、自ら席を譲ることを申し出る人が少ないように思われる。

中国人はあまりイヤホンをつけて動画を見たり音楽を聞いたりせず電車の中でも大音量で流しているし、それに日常会話でも声量が大きい。これは一見悪口を言っているように思えるが、日本人はあまり持っていない自分というものを持っていて素晴らしいと私は思った。周りに気を使う事ももちろん大切であると思うが、言いたいことを押し込めることも良いとは言えないと思う。しかし自分の意見を主張することはそう簡単なものでない。中国人にしたらこれが日常であるのだから素晴らしいことであるとも思っていないだろうが、私は自分には無いスキルであるため羨ましいと思う。

日本にいるとメディアの報道する情報がほとんどであるため、中国との外交問題の良い印象を与える情報が入ってこない。そうなると中国の優れていることを知る機会もない。私は父の転勤があったことにより自分の体で中国人との関わりを体験することができよかったと思っている。そして、今中国語というのは世界の人口の四分の一が使用する言語であるため留学では無く生活の中や学校の授業を通しで学ぶことができ、英語と中国語を覚えることは大変であるがこれからの人生に中国で過ごした事は必ず役に立つと思う。このような体験ができているという事がどれほど貴重であるかと思うと両親に感謝しなくてはいけない。中国を訪れる前の私より視野が広くなったと感じている。日本に私のようにニュースの情報だけで中国の印象を決めつけしまっている人は少なくないと思う。短所に目を向ける事は簡単であるが、人にも言えるが長所を見つけることの方が難しい。私はそのような人たちに中国の素晴らしいところを知ってほしいと思う。そのためには中国を訪れたことのある人がＳＮＳや文章などで伝えていく必要がある、私はその一員になるためこのような文章を書き、友達にも話していこうと思う。

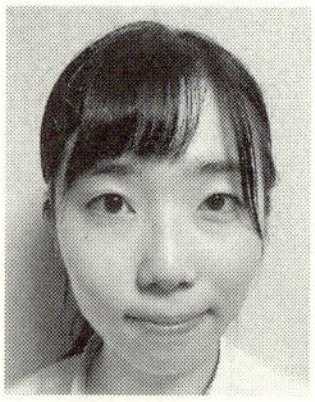

伊勢野 リサ（いせの りさ）
二〇〇一年生まれ。千葉県出身。二〇一八年八月から中国の上海日本人学校高等部三年。

三等賞

夢と勇気をくれた恩師、そして中国

大学生　森井　宏典（長崎県）

「私の初めての中国」。僕がその言葉を聞き、思い出すのは、高校生の時、薄暗く居心地の悪いクラスの一番後ろに座っていた場面だ。僕は、高校入学後、なかなか学校に馴染めず、嫌々学校に通っていた。気の許せる友達もできず、目標もなくただ日々を過ごしていただけであった。しかし、ある先生との出会いが僕の運命を変えた。

ある日のホームルームの時間、先生はおもむろに中国の話をはじめた。先生は、高校の教員になる前は、長く中国で働いていたそうだ。先生は、中国での仕事や食事、中国の思想やもののとらえ方、また出会ってきた中国人のいい加減さと懐の深さ、優しさ、そして中国という国の偉大さを教えてくれた。その時である、僕は初めて中国と出会った。薄暗かった教室に光が差し込み、僕の視界が開け、そこには広大な中国の大地が現れた。

時は流れ、僕は大学生になった。あの日以降中国に強い憧れを持っていた僕は、古くから中国との結びつきが強い長崎の大学へと進学をした。大学入学後、中国を訪れるという目標のため日々努力を重ねていたところ、一年生の夏に早くも訪中のチャンスが訪れた。奇しくもこの年は日中国交正常化四十五周年、長崎県－福建省友好都市三十五周年の年であり、青少年交流事業として訪中団が派遣されることとなった。僕はこの訪中団のメンバーに選出され、一週間、上海、北京そして福州を訪れることとなった。中国との出会いから数年を経て、ついに中国へと旅立った。

初めて訪れた中国は、あの日僕の目の前に現れた中国とは比べものにならないほど、大きくエネルギッシュであった。見渡すかぎり、人で埋め尽くされ、道路にはひっきりなしに車が走っていた。僕が初めて訪れた都市は、上海であった。上海では、外灘へ夜景を見に行った。外

2017年、福建省にて友人と

灘の夜景は、経済発展が進んだ中国そのものを表しているかのように煌びやかであった。しかし、その一方、外灘までの移動の際、上海の地下鉄を利用したが、地下鉄の駅にホームレスの人々が座り込んでいる場面にも出くわした。経済発展の裏で格差が広がっているということも感じずにはいられなかった。恩師は、僕たちに中国の話をしてくれる時、「物事にはよい面と悪い面が必ず存在する。そのどちらか一方だけをみると、そのものの本質も見失うこととなる。多角的に物事を見つめ考える習慣を身につけることは重要なことだ」と言い、必ず中国のプラスの面とマイナスの面の両方を話してくれた。今後日本と中国の未来を担う僕たちは、両国のいっそうの友好関係促進のために、単眼的ではなく複眼的に、お互いの良いところはもちろんのこと、問題点についても理解し、良いところを認め合い、足りないところを互いに助け合っていける様な関係を作っていくことが重要だろう。

その後僕たち訪中団は、北京へと向かった。北京では、現地の大学生との交流を行い、紫禁城を見学した。紫禁城ではそのスケールの大きさに圧倒されつつも、きめ細やかな建築美に心を奪われた。しかし、北京で僕が一番関心を持ったことは、北京のトイレであった。中国のトイレというと「ニーハオトイレ」と言われるようにあまり良いイメージがなかった。また、僕自身中国のトイレは汚いという先入観を持っていた。だが、北京で使用したトイレは非常にきれいであった。ホテルや観光地のトイレはもちろんのこと、僕が利用した北京市内の公園のトイレも驚くほどキレイであった。イメージとのギャップに大きく驚くとともに、イメージだけで物事を判断することは非常に危険であると感じた。実際に見て、触れて、自分の頭で考えることが大切であると強く思った出来事であった。

僕たちは最後の目的地である福州に降り立った。福州では、日本人学生と福建師範大学の学生がバディとなり、日中はもちろん、夜も学生寮に泊めてもらい四日間寝食を共にした。僕にとってこの四日間は忘れられない日々となった。福州では上海のような豪華な夜景を見たわけでもなく、北京の紫禁城のような荘厳な建物を見にいったわけでもない。ただバスに乗り、街を歩き、大衆食堂でご飯を食べた。しかし、僕の隣にはいつもバディがいて、他愛無い会話から今後の日中関係についてなど様々なことを語り合った。このことがどれほど楽しかったのかは、とても言葉では言い表せない。美しい景色を見た時、荘厳な建物を見た時、確かに人の心は突き動かされる。しかし、人の心が一番突き動かされるのは、人と人が出会い、お互いの心が通じ合った時ではないかと思う。

あの日薄暗い教室で殻に閉じこもっていた僕に夢と勇気をくれた恩師、そして中国。いつかは恩師のように、日本と中国をつなぐ架け橋になりたいと強く思う。

森井 宏典（もりい ひろのり）

長崎県立大学三年。大学一年次に長崎県の事業である「未来へつなぐ日中青少年交流事業」に参加し初めて中国を訪れる。大学では、「日中交流部」に所属し日々留学生との交流や、サポートを行っている。二年次には大学の中国語学研修に参加し、その年度長崎県中国語スピーチコンテストで優秀賞を受賞した。また、二〇一八panda杯全日本作文コンクールで入選し、副賞として北京、成都を訪問。来年度より中国へ長期留学の予定である。

三等賞

夢追う人

日本語講師　佐藤　正子（埼玉県）

中国には「夢追う人」がいます。実現が難しい夢を追い求め、実現させる。

一九九二年、初めて中国旅行に参加し、出逢った孫玉方さんは、まさに「夢追う人」でした。北京観光、中国人民抗日戦争記念館見学、首都師範大学の先生方と交流。そして、ここで美術講師をしている孫さんから、「故郷、太行山脈の麓にある寒村、賛皇県に、小学校を建てたい」という話がありました。

孫さんは、三重大学大学院で版画を学ぶため留学した経験があり、その時、目にした日本の小・中学校と故郷の村との違いに胸が痛んだと言います。故郷賛皇県の校舎のいたみが激しく、窓にガラスもなく、机や椅子さえ足りないありさま。未来ある故郷の子どもたちに、安心して学べる学校を作ってあげたいと強く思ったそうです。この想いは、三重大学大学院で孫さんの指導教官だった浜本昌弘さんも共鳴し、親友の高塚純一さんと高田哲郎さんにも協力を要請。高塚さんは都内の小学校の教員で、このツアーを企画しました。

孫さんは、この時、北京の四合院の一角に奥さんと息子さんと住んでいて、広いとは言えないこの家で、学校建設を、熱く語りました。しかし、資金調達の裏付けはなく、あるのは、子どもたちへの想いと、底抜けに明るい楽天性だけでした。

旅行の間中、ジョークを言って私たちを笑わせてくれた孫さんの人柄に、参加者はいつしか、彼の夢を支援しようと思うようになりました。

しかし、地元中国では、現実的とは言えないこの計画に、賛同する人は多くはありませんでした。

日本では、三重の浜本さん。東京の高塚さん。秩父の高田さん。それぞれを中心にグループができ学校の建設費を募りました。特に、孫さんが、一時身を寄せていた縁で、秩父の支援グループは、とりわけ熱心に資金集めに協力しました。孫さんは、この感謝の気持ちを表すために、一九九五年、この村に開校した記念すべき第一号小学校の壁面一面に「秩父の夜祭」を描きました。ところが、しばらくして、孫さんの手によって、白いペンキで塗り潰されました。

日本人の支援でできた小学校や壁画は、多くの村の人に歓迎されましたが、「壁画を見ると、過去の忌まわしい惨状が思い出されて辛い」という方もいて、やむなく壁画を孫さんの手で塗り潰しました。この過去について知りたいと思いました。

1995年、賛皇県第1号中日友好学校

二〇〇一年、私は、五十歳を前にして、仕事をやめ、大学で学んでおり、卒論の取材もかねて、壁画のあった学校を訪ねることにしました。

まず、賛皇県ではありませんが、同じ河北省の石家庄の完県（現・順平県）で日本軍による虐殺があり、鎮魂のレリーフを製作された、孫さんと親しい綫天長さん（元河北師範大学美術部長）のお宅でお話を聞きました。

「一九四三年この村に八路軍が逃げ込んだという情報から、日本軍がやってきて、村人を連日厳しく尋問しました。誰も応えなかったため、村人は全員、窪地に集められ銃殺。人口二百人の村人の百十八名が犠牲になり、五十四名が負傷。この時、負傷しながら奇跡的に命を取り留めた少女が健在で、話がきけました」。綫さんは、淡々と話され、レリーフの写真を見せてくださいました。鎮魂のレリーフはこの当時少女だった婦人の話をもとに、製作したそうです。レリーフの少女は犠牲者に花をささげていました。私は、このような状況は本では読んでいましたが、実際に話を聞くと、気持ちの整理がつきませんでした。いつも冗談を飛ばす孫さんも、一言も発しません。

そして翌日、学校のある村までバスで険しい山道を行くと、そこには慰霊碑があり、「一九四三年十一月十九日、日本軍の急襲で五九名の方が犠牲になった」というものでした。ただ一人、生き残った方がこの碑を建立されたと書かれてありました。静かな山間で激しい戦闘があったことを知りました。

村の教育現状は、賛皇県文教局長、劉新方さんに。学校については、小学校の先生方に話を聞きました。綫さんの話や、慰霊碑を見た後だけに、村の人の目が気になりました。しかし、どの方も、日本からわざわざやってきてくれたと、笑顔で迎えてくれました。村の人や子供たちは、「孫さん」「孫先生」と駆け寄ってきて、笑顔で肩を叩いたり、手をつないだりする姿が、印象的でした。

険しい山奥の子どもたちは頬を真っ赤にして、屈託なく笑っていました。「夢追う人」の「夢」の原点は、これだと確信しました。この子供たちに安心して学ぶ環境を作ってあげたいと思っていることが、伝わってきました。

そして、「秩父の夜祭」の壁画を見てさえ、忌まわしい過去をおもいださせてしまう悲惨な出来事がこの地で起きていたことも。

孫さんは、「壁画」の一件があっても、この活動をあきらめることなく、さらに四校、開校させました。中国のマスコミでもとりあげられ、中国人の支援者もふえ、次々に学校が改築されたり、新設されたりしました。

私は、このように底抜けの楽観性で試練をも乗り越える中国の「夢追う人」が、好きです。

佐藤 正子（さとう まさこ）

一九五一年群馬県渋川市に生まれる。一九九二年初めての中国旅行（北京）。一九九三年より上海・南京・西安・洛陽など中国各地を旅行。二〇〇二年神奈川大学中国語学科卒業。卒業論文「河北省賛皇県第一号希望工程」。二〇〇三～〇五年江西省九江市九江学院日本語科講師として勤務。二〇〇五年より日本語学校非常勤講師。二〇一一年より川越市ボランティア日本語教室に参加。二〇一三年放送大学大学院文化情報科修了。修論「日中対照擬態語研究」。

特別掲載

記念写真

―一度だけの周恩来総理

横井　陽一

一九四九年十月、中華人民共和国成立宣言の時、私は中学三年生であった。中国人民解放軍が東北から華中へと進軍、各地を解放して行くニュースをＮＨＫ（当時の日本放送協会）のラジオ放送で聴き、地図帳に印をつけていた。九月の上海解放も記憶にあり、「毛沢東・朱徳・周恩来」という首脳の名前もよく知っていた。それから五十年後、今から二十年前の一九九九年十月に、私はすでに会社勤めを卒業していたが、『周恩来・最後の十年・ある主治医の回顧録』という本を読んだ。

周恩来総理は中国国務院総理の現役のまま、一九七六年一月八日、七十八歳で病死された。回顧録の最後の章で、告別式の状況が詳しく書かれている。当時、中国の政界は、厳しい内部対立の中にあり、文革（文化大革命）派の圧力で、周恩来総理の通夜と告別式は、病院の霊安室という簡素な所で大幅に制限して行われる予定であったという。当時の政府の制限措置にもかかわらず、総理の死を悼む一般の庶民は、自発的に昼夜にわたり通夜・告別式に参列し、病院を十重二十重に取り巻いたと書かれている。告別式の後、その夜に遺体を火葬に付するため病院から運ばれる際には、北京の西の郊外にある八宝山火葬場に至る十キロの沿道に、老若男女の群衆がぎっしりと、肌を刺す極寒の中で、長時間たたずみ、涙を流しながら霊柩車の葬列を待ったという。

霊柩車が人々の前を通る時には一人一人が防寒帽をとり、流れる涙を拭わず、霊柩車に向かって深々と頭を下げたと主治医は書いているが、私はこの光景を想像して涙が流れるのを抑えることができなかった。

と、突然、周恩来総理が亡くなる四年前、一九七二年八月の終わり、周総理を初めて、そして一度だけ肉眼で直接目にした光景を思い出した。上海石油化学コンビナートの建設に関する商談で北京に滞在していた時、仕事上の客先から「中国・スウェーデン対抗卓球親善大会」の観戦に招かれた。一万人以上も入る大きな体育館は超満員であった。試合開始直前、淡いグレーの夏用の中山

1972年8月、「中国・スウェーデン対抗卓球親善大会」（北京・首都体育館）に登場した周恩来総理（当時）。この写真撮影直後。

服姿で、周恩来総理が現れた。会場の空気は一変した。満員の聴衆の大変な「拍手」、「拍手」、「拍手」、文字通り万雷の拍手は鳴りやまなかった。

拍手は数分間も続いた。総理も最初は自らも拍手で応じていたが、聴衆の拍手がいつまでも止まないので、両手を上下に振り、拍手を制止する身振りをしたが、万雷の拍手は止まなかった。その後、会場のスピーカーが「会場の同志の皆さん！　拍手をもう止めてください！」、「総理の指示です！」と放送して、ようやく会場は静まった。周総理は両国選手の一人一人と握手し、選手に囲まれて記念撮影をした。そして退場する時に、また大きな拍手が体育館全体から巻き起こり、姿を消してもなお鳴り止まず、響きわたった。中国お得意の「ピンポン外交」だ、それにしても、中国の総理になると「大変な人気だ」と驚いた。

たしか、あの時の写真があるはずだ、とアルバムを探したところ、当日の写真の中に黄ばんだ二葉の写真を見つけた。ただ、何十メートルも遥か遠方で、カメラには望遠レンズも付いてなかったので、総理はゴマ粒のようで不鮮明である。それでも当日の会場の雰囲気があり、貴重な写真である。

そして主治医の回想録を読んで、大変な人気の謎が判ってきた。総理だからという、単なる人気ではなかった。当時は文化大革命の後期に当たり、文革派が政治的に大きな影響力を持ち、周総理などとの間で対立が生じていた。その四ヵ月前の四月に、周総理はガンであることが診断されていた。

その八月といえば、二月にニクソン米国大統領を迎えて関係改善の第一歩を軌道に載せた後、日本との国交正常化（一カ月後の九月末）を目前にして病身を押して外交交渉の詰めを急いでいた時期だ。対米・対日関係の改善の動き、世界との接触・交流のニュースから、民衆は新しい時代への転換を期待していた。長年の重苦しい文化大革命は、農業・工業の経済分野、社会全体の人々の間の関係をボロボロにしたので、そこからの解放を求めていた。

あの異常な万雷の拍手は、新しい時代を切り開く周総理への熱い期待、強い信頼への拍手だったのだと、いま気付かされたのであった。主治医の回想録は、私の記憶の奥底に沈んでいた「記念写真」を引っ張り出し、カラーで音響付きで甦《よみがえ》らせる力を持っていた。いや、多くの人々から敬愛された人物の生涯が根源にあった、と受け取るべきである、と思い返したのである。

横井 陽一（よこい よういち）

一九三五年一月東京生まれ。東京都立大学法経学部卒業。一九六四年日本揮発油㈱（現・日揮㈱）入社、経営企画部門と国際事業部門を兼務、中国向けプラント輸出業務の企画・営業を担当。一九九六年定年退社。一九七四～一九九七年までの二十四年間、日中経済協会の研究・調査委員会に参加。現在は一般社団法人中国研究所顧問。

中国建国70周年に寄せて

白井　省三

私は電子部品会社A社に在籍して、二〇〇一年三月から〇六年三月は大連工場の総経理、続いて北京の中国統括会社総経理に異動して一二年三月までの十一年間、急成長する中国で駐在勤務した。帰国後も顧問として中国に寄り添いながら一六年三月で会社人生を終えた。

北京駐在時は、中国日本商会加入の日系企業の皆さんと共に宮本雄二大使、丹羽宇一郎大使とも親交を深め、今も懇親会などで教えを受けている。丹羽大使は、帰国して日中友好協会会長に就かれ、この縁もあり私も地元の日中友好協会の石巻地区会長、宮城県副会長として現在活動している。

A社の中国事業展開は八四年に始まり、カラーテレビ国産化で中国全土にテレビ用電子部品のプラント輸出を行い、その実績から九三年からは合弁会社、独資会社を設立した。

大連工場も、それまでのテレビ、ゲーム用電子部品に加え、中国における車載電装品の生産拠点とすることで新工場も建設して本格的に中国事業展開することになった。

私はその責任者として二〇〇〇年十二月に大連に住いを移し新工場建設の準備を開始し、翌年三月に大連工場の総経理に着任した。二十一世紀の幕開けを中国で迎えたい想いもあった。

A社の中国事業展開の方針に「小さく生んで大きく育てる」というものがある。大連工場は中方四割出資の合弁会社で大連市街地の小さな工場からスタート。それが手狭となり大連市金州区のA社子会社の空きスペースに移動してきたばかりだ。新工場建設の選択肢は多くあったが、子会社の近くで、用地も建物も自前、建設は地元の建設会社で行う選択をした。

総経理に着任早々から工場建設のインフラ整備、許可などで金州区政府、関係機関との折衝で多忙を極めたが、区長はじめ関係機関の皆さんは、時に私の厚かましい求めにも快く対応を頂いたことに感謝している。お陰様で急ピッチに工場建設は進んだ。

ここで、七〇年前後に宮城県ほか東北各地に工場建設したA社の学習効果を活かしたいと考えた。建設は、設計を含めて地元業者で行うが、その管理・監督はA社から一級建築士資格を有する技師の応援を得て、これまでの学習効果を反映させることにした。

新工場建設に同期して、作業者、技術者、幹部候補の大量採用も進めた。しかし、大連経済技術開発区の日系企業に比べ知名度は低く、自前の工場も持たないことで困難を極めた。

合同採用面接会に参加するだけでなく、大連マラソン、金州区元宵節の協賛とか、大連市のあらゆるイベントにも参加して、テレビ、新聞も新工場建設を進めるA社大連工場の報道をしてくれるようになり、新工場建設の進行とともに知名度も上がり、毎月二百人を超す応募が来るようになった。

問題はこの採用した社員を一日も早く戦力化する能力だ。応募に来る人は、これまでの大連市街地の住民から郊外の農民に変わっていた。これもA社が東北に進出した七〇年前後の私の新人時代に経験したことだ。工場勤めの経験ない人たちに工場勤めの基本を、「安全・品質最優先」の仕事の基本を確り教育して現場に送り込まなければならない。

出退勤、作業態度、服装、整理整頓、重量物取扱、保健衛生、食堂作法など記載したカードを携帯させ繰り返しこの徹底を指導した。日本で蓄積してきた職場規律を中国事情に合わせたものだが、その徹底は容易なことでなかった。

私の現場巡回もこのカードに記載ある職場規律の徹底を指導することだった。ハンカチを持たず床を濡らす、水筒を現場に持込み床を濡らすなどが常態化していた。私の執拗な指導でハンカチの携帯、給湯室に水筒置き場を設置するなどで解決して職場規律は徹底してきた。

技術者や管理、監督者の教育は、毎年百人を超す日本派遣研修を始めた。大連工場には七名の日本人駐在員が居たが拡張する事業を受け入れることで精一杯。入社早々の若者たちに日本の事業所の環境下で三カ月間社員教育する、その効果に期待した。

この日本派遣研修は採用活動でも大きな成果があった。入社希望者のレベルは格段に上がり人選できる会社に急成長した。日本から戻って来た社員も自信に満ち目は誇り輝いていた。

新工場は、一期の竣工に続き、急増する需要に応え二期、三期を施工し〇四年には三期竣工に合わせ、大連工場創立十周年を大連市長、金州区長も招き盛大に祝うことが出来た。

大連工場総経理時代、孫春蘭大連市委書記（現・国務院副総理）に2回ご視察を頂いた

〇六年三月には北京の中国現法統括会社の総経理に異動した。A社の中国事業展開は無錫工場の独資会社を除き大連工場を含め合弁会社で創設したが、将来を見据えて今後も拡張する工場は独資にすべく中方との協議の機会を窺った。やがて、中国政府方針で国営企業の整理が加速され中方側から出資分の買取りを求める動きとなり早々と許容内で独資化できた。

労働争議、SARS・新型インフルエンザ感染症などへの危機対応能力は中国に進出する企業には必須要件、特に危機発生時の初動体制は極めて重要となる。中国日本商会に労働問題研究グループが発足し私は初代座長となり活動した。現法責任者の対応能力で周囲に与える影響も大きいことから「労働争議対応マニュアル」、「総経理べからず集」も作成して会員企業の危機対応に注意を喚起した。

二〇一一年三月十一日十四時四十六分、東日本大震災発生。その時、私は大連工場で中国現法責任者会議を開催していた。会議は終了して今から工場視察する直前だったが中止しNHKを視聴できる食堂に集まり報道に見入った。仙台空港の飛行機が津波で流される中継映像に唖然とした。過去の大地震でも大津波を受けてない仙台空港でこの惨事なら我が家の近くは大変なことになっていると身震いした。我が家は最大の被災地となった宮城県石巻市で中国には単身赴任していた。我が家と親戚、出身工場のことなどが心配になり、先ずは妻に電話して無事を確認した。しかし、その夜から十日ほどは全く電話は繋がらず、我が家は高台だが親戚は坂下で気を揉む日々が続いた。

　中国中央電視台で石巻市隣接の女川町・佐藤水産の中国研修生二十人を専務さんが避難誘導して全員を救助、専務さんは工場に向かい被災したニュースが大きく報道された。全員が大連市から来られた女性研修生で、翌月に大連市政府に丹羽大使一行と表敬訪問した際に大連市長から佐藤水産の研修生救助への感謝と同社への支援の言葉があった。私は四月末に震災後初めて帰国し我が家のある石巻市と女川町の佐藤水産に向かった。佐藤水産も親戚の家も津波で全壊、親戚の家族は我が家に避難して何とか無事だった。

　震災翌年の一二年には北京駐在を終え我が家に帰り、北京で親交深めた宮本大使、丹羽大使と日系企業・中国総代表ＯＢの皆様にそれぞれ石巻市に来訪頂き、被災地視察と石巻市長ほかとの懇談などで震災復興の現状を案内し今後も継続した支援をお願いすることが出来た。

　現在は石巻地区日中友好協会会長として、日中両国民の相互理解と友好を深めるための地域に根ざした活動を進めている。佐藤水産ほかの中国研修生を招いた春節祝賀会、日中料理教室、日中友好の輪を広げたい想いで中国語講座も始めた。

　私は中国建国の年に生まれ、中国の高度成長期の二十一世紀幕開けに中国で駐在勤務することが出来た。この縁と中国でお世話になった方々への感謝の想いを抱きつつ今後も日中の懸け橋となり友好親善に協会の皆さんと共に努めていきたい。

白井 省三（しらい しょうぞう）

一九四九年香川県生まれ。一九六七年アルプス電気㈱（現・アルプスアルパイン㈱）入社、一九九九年第二機構事業部長兼涌谷工場長。二〇〇一年大連アルプス電子董事総経理、大連日本商工会副会長。二〇〇六年アルプス（中国）董事総経理、中国日本商会副会長。中国から帰任後の二〇一二～二〇一六年アルプス電気顧問に就任。石巻地区日中友好協会会長兼宮城県日中友好協会副会長。

感動　中国の旅

和中　清

一九九一年から私の中国の仕事は始まった。

当時、中国は鄧小平の南巡講話で、改革開放が本格的に動き出す時期だった。上海の浦東開発が始まり、租界の建物が並ぶ外灘から浦東を見れば東方明珠塔の杭打ち工事が見えた。地下鉄一号線の工事が始まり、工事中の楊浦大橋の塔屋に登れば、浦東新区の地平線が見渡せた。

当時日本では、改革開放を懐疑的にとらえ批判する知識人も多かった。彼らは、社会主義市場経済は論理性に欠け経済運営は難しい、私有制と公有制は水と油で共産党が私有制を認めるのか疑わしい、産業基盤は脆弱と批判し、一九九七年七月まで中国は崩壊すると言う評論家さえいた。中国には自動車市場は無いがビールの市場はあると揶揄する人もいた。九〇年代の批判は今世紀に受け継がれ、反中論や中国崩壊論は勢いを増した。

根拠のないデータで成長率や失業率は嘘と叫び、何が何でもの中国批判はエスカレートして日本の書店に反中本、嫌中本が溢れた。反中活動ではないが、経済誌や週刊誌も定期的に中国経済崩壊特集を組んだ。

少しの成長率低下や住宅価格の下落で「驚愕、厳冬の中国経済」「中国の終わり」の特集が組まれ、中国リスクが報じられた。影の銀行では「何かのきっかけで問題が顕在化すればとてつもないリスクが現れる」とリスクが煽られた。「何か」で語るなら世界の経済は全てそのように語れる。

中国を語る日本のメディアの多くは木ばかりを見て大きく物事を捉えることに欠ける。そのため日本のバブルを連想して安直に中国経済崩壊が語られた。

中国は社会も経済も複雑で姿がとらえにくい。だから単語や熟語で中国を語る傾向もある。その言葉が「格差」「バブル崩壊」「権力闘争」「独裁」「覇権主義」である。それが大衆受けしてポピュリズムが進んだ。さらに中国情報は問題情報が先行し、良い情報が報道されにくい。中国の政治も経済も巨大人口圧力との闘いである。大きな混乱もなく共に貧しかった国が世界二位の経済大国になった事実を評価せず問題ばかり叫ばれた。

書店に溢れた反中本や一部メディアの報道は、日本企業の対中ビジネスに影響を与えて中国に向かう波を引き戻し、企業は様子を窺いながら対応した。中小企業が中国に進出する時、周囲から嘲笑や批判を受けることもあった。

新疆カナス湖にて

沖縄では中国工作機関が沖縄独立運動を進めているという右翼の茶番の反中活動が行われた。茶番だが信じた一般人も多い。沖縄の反中デモや反中活動を安倍首相も係った東京の衛星放送会社がYouTubeやアーカイブで盛んに放映した。
反中活動と政治のつながりはわからないが、憲法改正や集団的自衛権、軍備増強には国民が不安に思う対象を作ることが必要でもあった。安保関連法案の記者会見で安倍首相は「中国の台頭で流れが変わった。自衛隊の活動を広げ、米軍の関与を維持しないと日本は生きていけない」と述べた。中国を刃物に見立て、それを国民に突き付けているような言葉である。
組織的反中活動で対立が仕掛けられ、「脅威に備えるために」の言葉で安保関連法案は成立した。軍国主義時代の「自尊自衛の戦い」「東洋平和の確立」と現代の「集団的自衛権」「積極的平和主義」は双子の兄弟にようにも見える。
組織的な反中、嫌中活動は日本人の中国観に影響して八三%の日本人が中国をよく思わない世論が形成された。私も自書の出版時、出版社の協力で千人以上の日本人にアンケートをとったが、ほぼ同じ結果が出た。だがなぜ反中や嫌中になるのか、理由を聞くと多くの人が誤解や思い込みをしていた。そう思う人の多くは中国に行った経験のない人でもあった。

「中国は格差や環境や民族問題で人々の不安が高まり、分裂や崩壊のリスクを防ぐために覇権主義が必要」と語るジャーナリストもいた。このような短絡的中国論は問題が多い。中国はそんな単純な国ではない。眉唾的な話を受けて、多くの日本人が中国の覇権主義、拡張主義を批判するようになった。

私のアンケートでも中国は海外で土地や水資源を買い漁っているから覇権主義との意見もあった。海外で資源を買い漁るのが覇権主義なら日本も同じである。中国は崩壊すると言い続けた人は、自己嫌悪に陥らないかと心配もするが、そんな心配をものともせず崩壊論は今も続く。中国を叩くことが目的だからである。中米貿易摩擦も同じ構図で、ファーウエイも政府の経済関与も技術移転の強制も、根拠はどうでもよく、米国お得意の欺瞞で、中国を叩くことが目的である。

中国は「中国の特色」「中国の風格」「中国とアジアの気概」で社会主義や文化、価値観を守ろうとする。それは中国の核心的利益で「アジアのルールを決めるのは米国」の「米国の思い上がり」と衝突する。中米貿易摩擦は文明・価値観の衝突でもある。そして多くの日本人は「米国の欺瞞」を疑わず、中国の問題には頷くようになった。

中国を良く思わない八三％の根底に中国は民主主義国で無いとの思いもある。だが九一年当時と比べ多くの事が自由になった。私は十四億人もの国で、辿った歴史を思うと中国式民主化を認めなければならないと思う。仮に民主主義国でないと批判するなら、中国侵略の大罪を犯した日本にこそ、その責任があることにも想いを寄せねばならないと思う。

話は変わるが、筆者は昨年初夏、新疆を旅行した。新疆の北、カザフスタンやロシア、モンゴルと国境を接するカナスは最後の浄土と言われ、アルタイ山脈の山懐に抱かれてトゥバ族など少数民族が暮らす、すばらしい自然と出会えるところである。

だが旅の途中、殆ど日本人に会わなかった。旅から帰り、新疆統計年鑑を調べると、世界の国に比べて日本人の新疆旅行は突出して減少していた。先日も万里の長城に行った時、そこで出会った日本人から、初めて日本人に会い安心したと言われた。万里の長城でさえ、最近は西洋人は目立つが日本人は少なくなった。

昨年秋は四川省の亜丁を旅した。亜丁には標高五九五八mの央邁勇の雪峰が聳える。

私はその雪峰近くを五千mまで登り、翠の輝きを放つ湖とブルーの空を見たとき自然に涙があふれた。そこは訪れる人の心を癒す感涙のブルーの世界だった。

亜丁への旅の途中にはこんな体験もした。雲南省や四川省には、古から馬の背にお茶を積みチベットに運んだ幾筋もの茶馬古道が通る。茶馬古道で荷車を引く一人の少女に出会った。少女は西安から荷車を引いて、今日で五十一日目だわと笑顔で語ってくれた。

その道は、チベット仏教に出会うための祈りの道でもあった。

中国には壮大で美しい自然がいたるところにあり、悠久の歴史に育まれた文化もあり、感動の出会いもある。私たち日本人が知らない自然がたくさん残っている。

八三%の世論どおり、私が中国の自然の話をしても多くの人から「中国なんて」の一言が返る。しかし、それを嘆いていてもしかたがないと思う。

シャングリラやカナス、亜丁への旅をしながら、知られざる中国の自然や文化を紹介できたら。私はそんな想いで中国の自然を紹介するサイト〝感動中国100〟を開設し、旅を続けている。幸い写真を見た日本人から「中国にこんなすばらしいところがあったの」と驚きの声が寄せられる。今は多くの中国人が日本を訪れているが、一方通行の往来は限界も来る。

旅の一歩が日中友好の一歩でもあることを願いながら感動中国の旅を続けている。

和中 清（わなか きよし）

一九四六年大阪生まれ。㈱インフォーム代表取締役。一九九一年より日本企業の中国事業協力に携わる。七十歳を過ぎて中国の自然に魅せられ、中国の自然紹介サイト「感動中国100」を開設し、百カ所の訪問を目標に旅を続けている。著書『仕組まれた中国との対立』（クロスメディア・パブリッシング刊）『中国が日本を救う』（長崎出版刊）『中国市場の読み方』（明日香出版刊）。近著の中国出版本『奇跡 発展背後的中国経験』は国家シルクロード叢書プロジェクトの「外国人が書く中国」で傑出創作賞を受賞した。

中国老百姓（庶民）との交流

伊藤　俊彦

私は一九四六年八月大連生まれなので、中国建国七十年より少しお兄さんに当たる。日中戦争が終わった翌年の十二月末、僅か四カ月未満の乳飲み子の私は、大連埠頭から引き揚げ船で両親に抱っこされ、昭和二二年の年初、長崎へ着いた。そこから列車に乗り東京に行き、更に列車を乗り継いで、父の故郷、山形県、秋田県との県境の小さな農村の駅にたどり着いた。その年は例年になく雪が深く、馬橇を曳いて駅へ我々を迎えに行ったと祖父から聞いた。農村で高校まで育ち、私の第一の故郷が大連だという事もあって、一九六六年大阪外国語大学で中国語の勉強を始めた。当時中国は文化大革命の最中、国交もなかったが、それでも本当の中国がどんなものか知りたく、学生友好訪中団に参加し、一九六八年八月、香港経由で中国の深圳から入国し、広州、南昌、井岡山、長沙、上海、北京を訪問し、各地で農民、工場労働者、学生、紅衛兵達と三週間に亘り友好交流を行い、北京では人民大会堂で、当時の外務大臣陳毅氏と郭沫若氏の二人と会談した。

それから、私は大阪万博が開かれた一九七〇年に大学を卒業し、日本と中国の経済交流の懸け橋になろうと、北京に駐在員事務所を持つ友好商社の一つに就職した。一九七一年、名古屋で世界卓球選手権大会が開かれた時、右翼等の妨害阻止と中国選手団（荘則棟団長）の安全保護の為、ボランティアとしてバスで名古屋まで駆付けた。翌七二年九月、田中角栄首相の訪中により、日中国交回復宣言がなされた。その年の十二月三十日、中国へのトラック輸出で、売手の代表として、名古屋から上海まで、トヨタの自動車専用船で初出張をした。七三年の秋にはその友好商社から北京事務所の駐在員を命ぜられ、その後八五年の五月まで十二年間続いた。

当時の駐在員は現在と全く違い、外国人への制限が厳しく、北京市内五十㎞以遠は許可なく外出禁止、国内出張は相手方からの招待状をエビデンスにして、公安局では国内旅行ビザを取得して初めて飛行機或いは列車の切符が購入できた。また、当時物資は全て配給制だったので、外国人の我々も指定レストラン以外で、配給券『糧票』無しでは食事は出来なかった。勿論、カラオケ、日本料理屋等もあるはずもなく、不自由な制限された生活を過ごさざるを得なかった。特に一九七六年は、一月に周恩来首相逝去、七月に唐山地震発生、九月に毛沢東主席が亡くなり、十月には四人組の逮捕と大変な時代だった。改革開放方針が決定されたのが一九七八年十二月末、しかしその改革開放政策が具体的に感じられる様になったのは一九八三年以降である。北京に合弁のホテルが建設され、日本料理屋の出店、夜総会の出現等である。貿易面でも大幅に増加し、私が担当した車両の輸出も、日本のトラックメーカー全四社揃っても中国の注文に応える事が出来なかった程多かった。

それから一九八五年に証券会社に転職し、金融面で中国の外資調達の一つである債券発行、更に株式上場のお手伝いをし、最後には自動車部品の独資会社経営を無錫で五年程担い、二〇〇六年に定年退職した。その後も、帰国せず、上海でこれまで培ってきた人間関係を生かし、日系の製造企業及び商社の仕事等をして現在に至る。

車輛輸出等の仕事のお陰で、私は二〇一九年まで中国各地、北は黒龍江省ハルビン、南は海南省三亜、西は新疆ウイグル自治区カシュガル、万里の長城最東端の河北省山海関まで行き、寧夏回族自治区を除く、四中央直轄市、二十三省（台湾を含む）、四自治区、二特別行政区を訪問した。寧夏は私が中国を去る時の最後の訪問の楽しみに残している。

私が中国と関わる様になってから約五十年、中国成立七十年もこの中に入るので、この間、政治方針の変化、経済的浮き沈みがあって、上手く実行できない事も沢山あったが、それでも変わらないのは人間と人間の信頼関係で、一番大切なのは誠心誠意、思い切りぶつけ合って行く事ではないかと思う。そんな中で私の経験を二つ述べたいと思う。

一つは一九九五年、証券会社の社長アテンドで、上海から新疆ウイグル自治区のウルムチ迄飛行機で観光に行った時、偶々ビジネスクラスの機内で出会った中国人との出会いである。片言の日本語を話す青年と私は意気投合し、その年に個人的にウルムチに合弁の化粧品会社を設立した。その後様々な原因で会社は倒産、その青年はある事件に捲き込まれ、二〇〇五年から全く連絡が取れなくなった。忘れた掛けた二〇一五年突然彼から電話があった。彼は私との約束を忘れず、十年後にも連絡してくれ、わざわざウルムチから四千㎞離れた上海まで会いに来てくれた。私が投資した金額は一千万円近く、それは私のリスクであるので、失敗はそれで仕方がないが、大切なのは、最初に相互に信頼しあい、誠心誠意会社を作った事であり、その初心を忘れず持続し続けてくれたことに感謝している。現在は、その彼はウルムチで別の会社を立ち上げ、私を顧問として迎えてくれている。

二つは、私には小学生の頃から切手収集の趣味があり、北京に駐在した一九七〇年代、記念切手が発売される度に、ホテルの一階の郵便局で購入した。その当時一般大衆は貧しく、切手収集の余裕もなかったので、何時でも必要な枚数が買えた。一九九五年、私が北京に仕事で出張し中国切手販売公司ビルに切手を買いに行ったら、ビルの入口周辺に切手を売買している人達が屯していた。売るだけでなく、購入もしてくれる事が分かり、私が所有していた文革時代の中国切手を見せたら、十人近くが寄ってきて、押し合いへし合いになり、これでは大変だと思い、私が宿泊する「長富宮飯店」の部屋で交換する事にした。交換方法は代表者を一人決め、価格はその当時の売買相場表を参考にして、私が欲しい切手と、私が手放してもよい切手の価格が同じ位で交換を成立させた。その中心人物だった色の麻黒い、中年のオジサンがいたが、名前も連絡先も聞かずに解散した。次回出張時、又切手販売ビルに行ったら、偶然に前回の中心人物と出会った。早速その彼と、屋台で色々話をした。彼は李さんという人で、中規模の国営電子部品工場の労働者で、国営企業の経営不振で休職状態、それでは生活が出来ないので、切手の趣味を商売にして何とか生活していると言うので、私が欲しい切手は次回の出張まで集めおいてもらう事にした。私の北京出張は何時も一週間位で、夜は夕食の接待があり彼と会えるのは夜中しかないので、夜十時過ぎホテルロビーで待っていてもらい、私の部屋で切手を交換をする。彼は毎回、缶ビールと酒の肴を持参してくれるので、それを部屋で飲み食いしながら、切手談議に花が咲き、夜中の二時三時迄続く、疲れたらツインベッドで休んでもらう。翌朝、私の出勤と同時に彼は自宅へ帰ってもらう事を繰り返した。一九九〇年代後半になると、日本はバブルが崩壊し、中国出張もなくなり、私は二〇〇六年定年退職し上海で仕事を探し、上海での生活は何とかなったが、後半は仕事がなくなり、日本に帰国せざるを得ないかと思った。しかしこれまで収集してきた中国切手を李さんに頼んで売却してもらう事で、十万元（約二〇〇万円）近くなり、一年間の生活費に充てる事が出来た。

中国の改革開放四十年の中で、国営企業の民営化、住宅の商品化、物価の変動等、新聞等では知っていても、一般中国庶民「老百姓」の実態は分からなかった。しかし私は李さんという一人の中国人個人、切手という趣味を通じ、中国の現代史の事態を直接知ることが出来た。その三十年以上の関係は現在、北京と上海と離れていても、携帯スマホの微信（Wechat）という便利なものの出現で、毎朝、「ニーハオ」とコミュケーションチャットを行っている。

二〇一〇年時代以前、私が付き合い出来た中国人は国家公務員或いは企業のオーナーで、個人的には親しく成れる人は非常に稀であった。二〇一〇年代後半に入り、中国人も徐々に豊かになり、生活レベルも日本人に近くなり、平等に付き合い出来るようになった。これから、世界の経済大国として平等で、ウィン・ウィンの関係を維持し、世界中から尊敬される中国になってもらいたいものである。

伊藤 俊彦（いとう としひこ）

一九四六年生まれ。一九七〇年国立大阪外国語大学卒業後、友好貿易商社東京貿易で日本車の輸出を担当。一九八五年大和証券に転職、中国業務部部長日本での円建て債券発行・外貨建て株式の引受業務を担当。二〇〇二年から日興電機に出向し、中国からの自動車部品調達や中国の独資企業設立に従事し、後半三年間無錫に駐在。二〇〇六年定年退職後、海際大和証券に二年間勤務しM＆A業務を担当。その後スピードファーム上海に総経理助理として三年、日本テクノ上海に五年間従事し、二〇一七年からは翻訳等の自由業として現在に至る。

世界基準の中国人から学ぶこと

堀江　徹

一　初めての上海赴任

一九九四年十二月一日、初めて中国上海の虹橋空港に着陸しました。上海住友商事有限公司（以下、「上海住商」）から三人の方がお出迎えに来て下さいました。私は本社ではまだ管理職ではない三十歳になったばかり。上海住商では管理部副部長、総務・人事・財務課の課長に就任しました。

地下鉄一号線開通が翌年一九九五年七月。高速道路「延安高架」開通が二年後九六年十一月。今やマンハッタンのような浦東地区には、ちょうど一九九四年十一月にテレビ塔が完成したばかりでしたが、他には大きなビルはありませんでした。街中が工事現場のようで埃っぽく、自家用車は殆どなくタクシーと会社の社有車で大渋滞していました。空港に到着したのがお昼でしたが、瑞金ビルの東京銀行に行って給与口座を開設し、上海商城ポートマンのオフィスに到着したのはもう夕方になっていたのを覚えています。夜は近くの日本食レストランで歓迎会をして頂きました。

私にとって中国はその日が人生で初日。中国語もできず、見るもの聞くもの全てが新しく、期待より不安の方が大きな一日目の夜を今でもはっきりと覚えています。その後、上海には、合計三回、十一年間駐在し、今尚毎月のように出張し、家を購入し、一生の親友がたくさんでき、私の心のふるさとになるとは想像もしていませんでした。

二　欧米志向だった私

私は大阪で生まれ、高校のときに初めて旅行したアメリカに魅惑されました。大学のときは毎年何度もアメリカに旅行し、英語スピーチ大会に出て入賞したり、ハワイ大学の学生とディベートの試合に出たりしました。外務省で働いていた叔父を訪ねたニューヨークに圧倒され、将来はウォール街で活躍しようと心に決めました。就職活動は銀行ばかり訪問しましたが、先輩の勧めもあって住商に入社しました。住商でもウォール街の夢ばかり語っていたので配属は財務。入社四年目にロンドン勤務と

住友商事の中国で活躍する中国人幹部。私にとってかけがえのない宝物

なりました。英国金融市場に触れ、ヨーロッパを旅行しました。次の駐在こそはニューヨークと夢みていました。

九〇年代半ばに入り、日本の多くの銀行が上海に支店を開設しました。中国の案件も増え、住商は財務マンの上海駐在を決めました。なぜか欧米志向の私に上海駐在の話が来ました。中国駐在の歴史が長い商社でも、九〇年代までは、中国語を学んだ中国専門家が駐在員の大半でしたが、私が駐在した頃から、中国語ができず、中国のことを知らない中国素人の駐在が増え始めたと思います。

三　キャリアの転向

九〇年代半ばになると、世界中の企業が中国に進出しました。外国人駐在員の人数が激増しました。中国人人材の需給バランスが崩れ、売り手市場となりました。上海住商でも、九時に入社した人が午前中で辞めていくこともありました。人事課長として、毎日のように採用面接を繰り返しました。一九九五年と一九九六年に「新卒定期一括採用」を開始しました。千人以上の履歴書から四百人を選抜して会社説明会と筆記試験。百人の採用面接を行い、十人の新卒を採用しました。超優秀な人材が集まりました。二十数年経った今も残っている人材は少なくありませんが、住商にとってなくてはならない人材になり、重要な役割を担っています。中国人スタッフとは、仕事以外でも、食事、スポーツ、映画、旅行と、多くの時間を一緒に過ごしました。カラオケが好きな私は、上海の外国人中国語カラオケ大会に出場。大勢の中国人スタッフの応援で最終予選まで進むことができました。

ニューヨークで財務の仕事をすることが夢だった私は、多くのかけがえのない中国人と出会い、建国五十周年を上海で過ごし、その後の人生を激動の中国で過ごしたいと願うようになりました。中国で人事関連の仕事に関与したため、その後コンサルティング業界にキャリアを転向。中国、アジア、全世界でコンサルティングの仕事に従事することとなりました。まさに、上海駐在が私の人生の大きなターニングポイントになりました。

四　中国人と日本人

中国と日本はアジアの隣の国ですが、一九九四年以降二十数年一緒に仕事をして、多くの違いに気付きました。個人差はありますが、一般論を書かせて頂きます。

①（日本）「就社・終身雇用」×（中国）「就職・キャリア志向」

日本人にとってどの会社で勤めるかは大きな関心事です。大学の専攻とあまり関係のない仕事につき、異動辞令に従います。従業員は家族のようでチームワークを重要視します。将来どんな仕事に就くかわからなくても一生懸命働きます。中国人はキャリア志向と上昇志向が強いです。業務を依頼するときには、キャリアにどれだけ有益かを説明する必要があります。会社への忠誠心は強くありません。上海から日本へ研修に送った中国人スタッフがいました。日本人だと、研修に送ってもらった「義理」を感じてなかなか会社を辞めませんが、彼がすぐに辞めたときはショックでした。

②（日本）「ハイコンテクスト（暗黙知）」×（中国）「ローコンテクスト（明文化）」

日本人は、婉曲的な言い方を好んだり、また、表情や言葉から思いを感じ取ります。事前に根回しして物事をスムーズに進めることも多いです。中国人は、はっきりと意見を述べます。「喧嘩」をしてるのかと思うと、すぐにみんなで笑っていて、意見を言い合っていただけだったのかと気づきます。本気の意見交換で信頼関係が構築されていくことを学びました。

③（日本）「ボトムアップ」×（中国）「トップダウン」

日本では合議制を取るため意思決定に時間がかかります。ただ、いったん決まるとぶれない強さはあります。

中国では上に立つ人が、ヒト・モノ・カネの権限を掌握して、トップダウンで意見を下ろします。上に立った日本人ボスが「頼りない」と言われる所以でしょう。

④(日本)「プロセス」×(中国)「結果」

日本人は、頑張り、遅刻、勤怠、挨拶といったプロセスや行動にこだわります。「一生懸命やれば結果はついてくる」と結果ではなくプロセスを評価する人もいます。中国人は、短期的な結果にフォーカスします。プロセス評価は曖昧になりがちなので中国人を説得するのは苦労しました。

五　世界基準の中国人から学ぶこと

私は、上海に三度、シンガポールに二度、バンコクとロンドンに一度ずつ、合計十数年海外に駐在しました。住商の後、欧米系コンサルティング企業で働いたことから、日本人以外に、アメリカ人、イギリス人、中国人、イスラエル人など十か国籍の上司、アフリカ人、ベトナム人、タイ人など十二か国籍の部下、そして多くの国籍の同僚と仕事をする機会に恵まれました。世界で活躍するための要件を自分なりに「四つのP」としてまとめました。

Positiveness　ポジティブ思考、体力、タフさ
Professionality　誰にも負けない専門性
Performance　結果を出すこと
Personality　人間力、自分の意見・主張、個性やビジョン

世界基準に近いのは日本人ではなく中国人だと感じます。私がいた欧米企業でも、アジアや世界で活躍する人材は、日本人より中国人がはるかにたくさんいました。グローバル化を避けられない時代、日本人である私は、これからも、世界基準の中国人と一緒に働いて、いろいろなことを学んでいきたいと願っています。

堀江 徹（ほりえ てつ）

株式会社堀江コンサルティング代表取締役社長。住友商事の後、大手外資系コンサルティング会社を経て二〇一六年から現職。自ら多国籍人材の中で海外拠点長、日本法人代表を経験。多くの日本企業のグローバル化を、人材育成、コーチング、人事制度構築など人事関連分野でサポートしてきた。上海、シンガポール、バンコク、ロンドンに十数年駐在。大阪市出身、大阪星光学院高校、早稲田大学卒業。著書『海外駐在の極意』（幻冬舎メディアコンサルティング刊）、『グローバル・マネジャーの育成と評価』（早稲田大学出版部）

草の根交流のバトン

安田 太郎

一九九七年、私は上海にいた。日本で勤めていた会社が経営難に陥り、次の仕事を探す気持ちにもなれず、かといって何もしないわけにもいかなかったので、なけなしの貯金をはたき中国留学することにした。「どんな状況でも生きてゆける力」を身に着けようと。

ところが、留学先の授業料や寮費で貯金の大部分は消えていき、自由に使えるお金はほとんどなかった。一日十五元（百八十円）以内に切り詰めて生活しなければならなかったが、幸いにも学校近くの五元で腹一杯食べさせてくれる食堂と、学生寮の無料のお湯が私の命をつないでくれた。当時、大学には企業派遣の日本人駐在員が複数在籍し、給与をもらいながら、優雅な留学生活を送っていた。中国でペットボトルのウーロン茶が発売され始めたころで、企業派遣の彼らはそれらを何本も買うことができたが、私はその光景を指をくわえて見つめるしかなく、心の底から悔しかった。そこでその悔しさをバネに誰もしていない勉強をしようと決めた。中国人教授、経営者、弁護士に直接取材を申し込み、人や組織に関する情報を収集し、定期的に記事にまとめて日本企業に配り歩くという方法だ。数年後、この経験が買われ、米系コンサルティング会社で仕事をすることになった。東京を拠点に、アジア各国を飛び回り、様々な企業のコンサルティングを行った。

二〇一一年、中国でもう一度思いっきり仕事をしたい、という気持ちが抑えられず、今度は、会社立上げの責任者として再び上海に地に降り立った。ところが、なかなか顧客を獲得できず、経営が成り立たない日々が続いた。身体も心も疲れ果て、その疲労がピークに達したある日、上海の町で気絶して倒れた。気が付いたら仰向けの状態で、唇と口の中を一八針も縫う怪我をしていた。ただそれ以外は、腰や膝に軽い打撲がある程度で、一カ月程で完治したのが不幸中の幸いだった。うまくいかない日々の中で、革靴を何足も履き潰しながら、顧客獲得を目指して中国の街を歩き回った。

二〇一二年の夏のある日、北京の日本人経営者と打ち合わせをしている時だった。「ハイディラオ（海底撈）

っていう火鍋のお店、ご存知ですか？　とにかくサービスが凄いんです！」そう熱く語る姿に、どうしても自分の目で確かめたくなった。北京にある店舗に入り、席に着くやいなや、店員が笑顔で近づいてきて、ホカホカのおしぼりを渡され、好きなものと嫌いなものを聞かれ、メニューを見ながらお勧めを教えてくれた。この笑顔の店員は、私たちと常に近すぎず、でも遠すぎない距離感を保ちながら、タイミングよく、お茶をついでくれたり、おしぼりを変えてくれたり、ちょっとしたおしゃべりをしていく。それはまるで、家に遊びに来た大事な友達をもてなしているかのようだった。彼女の一つ一つの動作、言葉、表情から、最高の時間を過ごして欲しいという心配りが伝わる。聞けばスタッフは農村出身の十代、二十代の若者ばかり。さらに驚かせたのは、私たちのテーブルを担当しているこの店員が、なんと入社たったの三カ月ということだった。食事を終えて帰ろうと支度している時、この店員に言われた「今度ロサンゼルスにもお店ができるんです。海外出張の際は是非お立ち寄りください！」は、本当に驚いた。〝私の大好きなお店。うちの海外のお店にも行ってほしい〟という想いがこちらに伝わってきた。

「何なんだこれは⁉」

大変失礼なお話ではあるが、二〇一二年当時、このレベルの「おもてなし」を、中国で受けられるようになるとは、夢にも思わなかった。一体、どんな仕組みがあるのか？　三ヶ月でどうやってあのレベル店員を育成できるのか？　どのような考えで経営しているのか？　とにかくこの企業のことを知りたくて仕様がなくなった。すぐに北京の王府井にある大きな書店に飛び込み、当時出版されていたハイディラオの関連本八冊を買い込み、読み漁った。サービスついて様々なエピソードがあり、併せて人事制度の概要については解説されているが、どのようにして一人ひとりの店員があのような「おもてなし」を提供できるようになるのか、その秘密についてはどの書籍も応えてはいなかった。そこで、その秘密を探るべく、経営者に直接取材をしてみようと考えた。

ハイディラオの元社員、ハイディラオを取材したことのある雑誌編集者、ハイディラオの教育担当を知っている友人など、いろいろなつてを辿ったが、なかなか経営者には繋がらない。それでもあきらめず、とにかく経営者に会いたい一心で複数の友人に紹介を依頼した。

それから三年経った二〇一五年の夏、日本に一時帰国し、神戸の実家で夏休みを取っていたところ、突然ハイディラオの創業者から連絡が入る。「事前に知りたいことをメールでいただけますか？　北京本社であれば会うことができます」と。こんなチャンスはもうやってこないと考え、その二日後、私は北京に飛んだ。本社は古いビルの中にあり、約束の時間にいくと、受付の横の会議室に創業者が待っていてくれた。事前に送った質問に対して、びっしりメモを書いていた。私のたどたどしい中国語にもかかわらず、こちらの意図を丁寧に確認しながら、一つ一つ詳細に答えてくれた。物腰柔らかな、落ち着いた雰囲気のある方だった。自分のオフィスは持たず、出張は基本的に自分ひとりで移動。無駄な費用は一切使わず、全て社員のために、お客様のために尽くすという。

2017年、海底捞の創業者（中央）と火鍋を囲んで

　経営理念について質問すると、彼は自分の生い立ちを語り始めた。「兄弟が多くて大学に行くお金がなく、高校卒業後にすぐ働き始めた。その会社では人をだますようなずる賢い人たちがどんどん昇格していく。一方、コツコツまじめにやっている自分は、月給七十八元のまま全く評価もされない。こんな不公平な組織は絶対におかしい、と会社を辞め、仲間と一緒にビジネスを始めることを決心した。全く経験も知識もなかったが、見様見真似で火鍋レストランを始めた。ある日、お客様から〝この火鍋の味は記憶に残らない。でもあなたのサービスはずっと記憶に残ってるんだ〟と言われた。この言葉をきっかけに徹底的におもてなしにこだわるようにした。そのために経営者は社員を徹底的にもてなし、社員にはお客様をもてなしてもらう。このこだわりが、現在の規模にまで拡大させた。経営理念である〝双手改変命運（自ら運命を切り拓け）〟は、私の人生そのものだ。自分の運命を自分で切り拓く意思のある人たちが思い存分輝

ける場として、私はこの会社経営をしている」

易経にある一節「窮則変，変則通，通則久（窮すればすなわち変じ、変ずればすなわち通ず、通ずればすなわち久し）」。時代がどう変わろうとも、決して変わらない真理だと思う。

もがきながらも信じた道を歩み続けると、突如視界が開けることがある。それは周りの環境が変ったことによるものもあるだろうが、しかしより大事なのは自分の中に起こる変化である。それは知識や技能だけでなく、ものの見方の変化だ。自分が変わると運命の流れも徐々にだが、しかし着実に変わり、想像し得ない場所に誘ってくれる。

奇しくも私と同い年だった創業者。十分なお金がなくひもじい思いをし、もがきながら前に進み、なんども自己変革をしてきたという。私の自己変革など、彼の足元にも及ばないが、私たちはお互いの境遇に共感し、仲良くなった。彼と一緒に上海や東京で仕事をする中で、中国の組織マネジメントの神髄を学んだ。そのおかげで、徐々に顧客が増え、私たちの中国ビジネスが立ち上がっていった。

ハイディラオの店員との出会いに始まり、その後の経営者との出会いがなければ、今の私はない。一つの縁が次の縁を呼び、次々に繋がり、やがて新たな運命の流れになっていく。

時に様々な関係性になる日中両国だが、長い歴史の中で連綿と続く名もなき人たちの草の根交流があった。自身をさらけ出し、相手を深く知り、お互いの価値観に触れる。お互いの共通点や違いから、相互に学ぶことができる。これこそが草の根交流の醍醐味だ。これから何が起ころうとも、その度に中国の友人たちと共に話し合い、考え、自己変革をしていきたい。そして、次の世代にこの草の根交流のバトンを渡していきたいと強く思う。

安田 太郎（やすだ たろう）

一九七〇年神戸生まれ。ピープルフォーカス・コンサルティング（上海）有限公司・董事長。ヤオハンにて採用・教育・海外人事を担当した後、復旦大学に留学。パソナ上海、マーサーコンサルティングを経て、現職。現在、上海で経営者のコーチング、次世代リーダーの育成、人事制度運用のアドバイスを行う。中国版TEDと言われるTELLスピーチ大会で初の外国人スピーカーとして登壇したことをきっかけに、二〇一八年より日中をテーマにしたTELL+Japanスピーチ大会の運営を行っている。著書に『話し合う技術を磨く』（共著、日経BP社刊）、『Attraction & Retention 優秀人材の囲い込み戦略』（共著、東洋経済新報社刊）がある。

積み重なる歴史に寄せて

記者　市川　真也（愛知県）

「歴史問題は川のような存在」――。二年前、先輩記者が取材した張建軍南京大虐殺記念館長の言葉である。二年前の二〇一七年といえば、旧日本軍が中国国民政府の首都である南京を占領した際に起きた南京大虐殺（南京事件）から八十年という節目の年であった。そして二〇一九年。今年は中華人民共和国建国から七十年というこれまた節目の年で、奇しくも私も張館長を取材する機会を二月に得たところであった。記者として臨んだ取材を通して、私が感じた歴史の重みというものについて少しお話しできればと思う。

この七十年間、中国は確実に力を伸ばした国の筆頭であることを疑う者はいないだろう。「世界最大の途上国」を自称するが、国内総生産（ＧＤＰ）は世界第二位の経済大国で、中国の動向がニュースにならない日はない。記者として働いていると特にそう思うのかもしれないが、国際情勢を賑わせるのは決まって中国とアメリカである。しかし、それらの話題はほとんどがいわゆる〝貿易戦争〟の話題であって、歴史認識や歴史問題に焦点が当たることは意外にも少ないのではないか。どの国であれ豊かになって歴史を積み重ねていくことは、その国の国民にとっては祝福すべきことなのかもしれないが、私はそこで時間の経過とともに「忘れ去られていく歴史」というものを考えずにはいられない。時間の流れは、人類の歴史を刻むだけではなく、一人一人の人間を老いさせてゆき、また同時にある出来事を遠いところに追いやってしまう止めようのないものでもある。積み重なった時間が歴史となり、その歴史がまた積み重なっていく。中国の建国から七十年という時間は、私にとっては全く未体験の時間の長さであり、それに思いを寄せると銘打たれた本寄稿も率直に言って「荷が重い」と思わされるのである。

そこで冒頭引用した張館長の言葉をもう一度正確に引いてみよう。

「中日間で、歴史問題は川のような存在だ。渡るしかない。しかし川を渡る日本人は、まず背負った荷物を下

2019年2月、張館長（左から2人目）らと

ろさなければならない。否認や反論する気持ちで歴史を見ているなら、川の水が染みてきて、荷物はますます重くなる」

　曲解と思われるかもしれないが、私が重いと感じた「荷」もまた降ろすべきものだろう。私が感じた歴史の重みとは実際のところ、そのほとんどが自分自身の身構えた心の持ちようのせいであって、「歴史」と向き合うことを避けたいという無意識だったのではないかと張館長の取材を経て思い至った。その無意識こそ「歴史」を「忘れ去られていく歴史」に変容させてしまうものではないか。今年二月、私が京都と大阪で同行取材した際の張館長は拙稿にも書いた通り「『知識がない人は語るべきではない』との居丈高な態度ではなく、『分からないことは現地に来て何でも聞いて』という開かれた姿勢だった」のである。繰り返しになるが、歴史は積み重なるほどに遠いものになり複雑になっていく。本当はある事象しか存在しないはずが、それを歴史として書き留めた人、モノ、場所などによって捉え方は容易に変化してきた。イギリスの歴史家であるE・H・カーに言わせれば「歴史は、現在と過去との対話である」わけで、常に意味が変化する代物だとも言える。そうした「よく分からないもの」に対して本能的に考えを巡らせることを面倒だと判断する人も少なくない。このような状況下で、張館長の態度はいよいよ重要になってくる。自分の人生の何十倍も何百倍もある歴史と向き合ったとき、思考停止に陥るのは得策ではないだろう。難しく考えず、まず気になるところについて少しずつ調べるなり、足を運ぶなりしてみればいい。私は、節目の年とはまさにそうした学びを後押しする〝きっかけ〟でさえあればいいと思うのである。

記者という立場を離れて異業種に勤める同世代の友人たちとの会話において、そもそも俎上に中国の話題が上がることはあまりない。そこで自分から積極的に中国の話題を友人に振るかといえばそれもない。突然切り出すのも妙な感じがしていて、やはり自分も〝きっかけ〟を探しているのだとここまで書いて気付かされた。中国との関わりを考えたとき、中国語の学習を始めたきっかけにしろ、北京に留学したきっかけにしろ、すべては外部からの刺激を受けてのことだった。私の場合はたまたまそれが先に留学に行った友人であり、新聞紙面を踊ったニュースであった。私も本寄稿を執筆するまたとない機会をいただいたことに感謝するとともに、周りの人々に

「中国建国七十年で寄稿したんですよ」と話して、それが誰かのきっかけになればと願ってやまない。それを一過性のものとせず、やはり記者としての立場でも、読者を刺激する〝きっかけ〟となる有意義な記事を発信していきたい。

張館長は先輩記者の取材に対して、南京事件を生き延びた幸存者の口述記録から「すべては過去だ。私たちは、未来の友好に向かわなければ」という言葉を引用して正確な歴史認識の大切さを訴えた。今回、建国から七十年を迎えたが、百年でも、二百年でも、それらはやはり過去でしかない。節目に立ったとき、我々がすべきことはまず、それまでの過去を総覧すること。そこから時に反省し、時に懐かしみ、様々想いを巡らせることも必要だろう。ただ、それらはすべて未来のためにある。次の節目にいる人々が振り返る歴史の一部分を、私は記者として記録していくことになると自負し、未来を考える糧とならんことを今年の節目に寄せた思いとしてしたためておく。

出典

共同通信社・真下周記者「『歴史問題は川のような存在』南京大虐殺記念館長に聞く」二〇一七年十一月七日
https://this.kiji.is/300485288476394593
小稿「訪日した南京大虐殺記念館長が語った『メディアの役割』第1部」二〇一九年三月六日
https://this.kiji.is/475913364910916705
小稿「訪日した南京大虐殺記念館長が語った『メディアの役割』第2部」二〇一九年四月八日
https://this.kiji.is/476611941865849953

市川 真也（いちかわ しんや）

一九九五年愛知県生まれ。高校までを愛知県内で過ごしたのち、早稲田大学文学部に進学。二〇一五年に北京大学に交換留学、二〇一六年からはフィリピンのビサヤ大学へと留学。大学在学中、内閣府青年国際交流事業「東南アジア青年の船」に日本代表として参加し、ASEAN各国を表敬訪問する。また、旅順・大連・ハルビン・南京・台北において主に歴史に関して聞き取り取材を経験。二〇一八年からは一般社団法人共同通信社で記者として勤務している。日本僑報社主催「忘れられない中国留学エピソード」コンクール一等賞受賞者。

第二回「忘れられない中国滞在エピソード」

募集要項

主　催　日本僑報社

後　援　中華人民共和国駐日本国大使館、読売新聞社、（公社）日本中国友好協会、日本国際貿易促進協会、（一財）日本中国文化交流協会、日中友好議員連盟、（一財）日中経済協会、（一社）日中協会、（公財）日中友好会館、中国日本商会、日本華人教授会議（順不同）

テーマ　**（一）「私の初めての中国」**
（二）「中国で叶えた幸せ」
（三）「中国のここが好き、これが好き」
（四）「中華人民共和国建国70周年に寄せて」

応募資格　中国に行ったことのある全ての日本人（留学、駐在はもちろん、旅行経験だけの方・現在中国在住の方も歓迎）

文字数　本文（千九百字以上二千字以内）
＋略歴（二百字以内）

入賞数　七十名
（最優秀賞・中国大使賞一名、一等賞五名、二等賞二十名、三等賞四十四名）

特　典　入選作品は単行本として日本僑報社から刊行。表彰式及び出版記念祝賀会を開催。
★最優秀賞・中国大使賞副賞……賞金十万円
★一等賞副賞……三万円相当の書籍
★二等賞副賞……二万円相当の書籍
★三等賞副賞……一万円相当の書籍

応募期間　二〇一九年五月十三日(月)～六月十六日(日)

入選発表　二〇一九年八月二十二日(木)

募集要項の詳細
http://duan.jp/cn/
http://duan.jp/news/jp/20190202.htm

第二回「忘れられない中国滞在エピソード」応募集計結果

第2回「忘れられない中国滞在エピソード」応募者統計

応募総数	293本
男女別	男性……167人　女性……126人
年齢別	10代……7人　60代……46人 20代……44人　70代……48人 30代……34人　80代……26人 40代……34人　90代……2人 50代……43人　未記入…9人
テーマ別	(1)133本　(2)67本　(3)57本　(4)20本 未記入（不明）……16本
国・地域別 （執筆時、または申請の住所）	日本……39都道府県 中国……14省市・特別行政区 未記入（不明）……3

集計の結果、応募総数は二百九十三本に上った。これは二〇一七年の「中国留学エピソード」（九十三本）、二〇一八年の第一回「中国滞在エピソード」（百二十五本）を大幅に上回り、一昨年の三倍、昨年の二倍をそれぞれ超えるものとなった。

集計結果を分析すると、応募者は男女別では男性百六十七人、女性百二十六人。年代別では十代から九十代までと幅広い層に及んだ。年代別で最も多かったのは七十代の四十八人だが、十代と二十代が合わせて五十一人、三十代までを合わせると八十五人と若い世代の応募が多数に上った。

国・地域別では、日本の北海道から九州地方まで三十九都道府県からの応募があったほか、国外では中国の十四省市・特別行政区から寄せられており、これまで以上に広範囲にわたった。

テーマ別では（一）百三十三本（二）六十七本（三）五十七本（四）二十本、そのほか未記入（不明）作品が十六本。結果として（一）の「私の初めての中国」をテーマに選んだ応募者が最も多かった。

第1回「忘れられない中国滞在エピソード」受賞者一覧

特別賞

伊佐　進一

最優秀賞・中国大使賞（1名）

原　麻由美

一等賞（5名）

中関　令美
三本　美和
相曽　圭
瀬野　清水
田中　弘美

二等賞（10名）

浦井　智司
青木　玲奈
浅井　稔
佐藤　彩乃
秋山ひな子
大友　実香
大岡　令奈
吉田　怜菜
星出　遼平
坂本　正次

三等賞（24名）

濱田美奈子
石川　春花
長谷川玲奈
大石ひとみ
佐藤　力哉
山本　勝巳
臼井　裕之
古田島和美
中道　恵津
須田　紫野
大北　美鈴
桑山　皓子
金井　進
浜咲みちる
堀川　英嗣
小椋　学
中瀬のり子
岡沢　成俊
佐藤　正子
福田　裕一
清﨑　莉左
牧野　宏子
浦道　雄大
小林　謙太

佳作賞

藤田　安彦
奥野　有造
金谷　祥枝
中島龍太郎
北川絵里奈
宮川　曉人
服部　哲也
菅　未帆
西田　聡
伴場小百合
荻堂あかね
小山　芳郎
村上　祥次
高橋　豪
荒井　智晴

特別掲載

小島　康誉
武吉　次朗

「忘れられない中国留学エピソード」受賞者一覧

特別賞

近藤　昭一
西田　実仁

一等賞（10名）

堀川　英嗣
五十木　正
中村　紀子
小林　雄河
山本　勝巳
高久保　豊
岩佐　敬昭
西田　聡
市川　真也
宮川　咲

二等賞（15名）

林　訫孝
千葉　明
鶴田　惇
林　斌
小林　美佳
山口　真弓
伊坂　安由
高橋　豪
吉田　咲紀
細井　靖
浅野　泰之
宇田　幸代
瀬野　清水
田中　信子
桑山　皓子

三等賞（20名）

廣田　智
岩本　公夫
稲垣　里穂
井上　正順
平藤　香織
畠山絵里香
矢部　秀一
吉永　英未
平岡　正史
池之内美保
石川　博規
井本　智恵
中根　篤
宮脇　紗耶
遠藤　英湖
塚田　麻美
根岸　智代
大上　忠幸
小林　陽子
坂井　華海

特別掲載

幾田　宏

日中友好へ…“中国滞在”作文コンクール

ツイートする　シェアする　2018年11月22日 17:29

全文

日中平和友好条約の締結から４０年の今年、日本人を対象に、中国に滞在したときのエピソードを募った作文コンクールが行われた。

これは中国関連書籍の出版社「日本僑報社」が主催したもので、中国に滞在経験のある日本人から現地での思い出深いエピソードを募集した。２２日、都内の中国大使館では入選者への表彰式が行われ、程永華駐日大使は挨拶で日中の交流の重要性を訴えた。

中国・程永華駐日大使「まず交流から。交流から理解が生まれる。理解が深まって、初めて信頼が生まれる。信頼が深まって初めて友好だと。最初から友好が生まれるのではない。努力を通じて、友好に向かって（初めて）実現できる」

入選作には、母親の再婚相手である中国人の父との交流を描いた作品や、日中の文化の違いについての作品など４０本が選ばれ、本としても出版される。

入選者の一人は「心と心のつながりは国境も血縁も越えることができる。今後も日中友好に貢献したい」と喜びを語った。

日テレNEWS24

2018年11月22日

共同网　2018年11月22日

旅华故事作文比赛颁奖仪式在东京举行

共同社、日中关系　2018年11月22日 - 22:11

朝日新聞 DIGITAL

朝日新聞デジタル ＞ 記事　国際　アジア・太平洋

「餃子は太陽となり私の心を照らした」体験談に最優秀賞

2018年11月23日08時06分

シェア 23　ツイート list　ブックマーク 1　スクラップ　メール　印刷

「忘れられない中国滞在エピソード」コンクールで中国大使賞（最優秀賞）を受賞し、程永華（チョンヨンホワ）駐日中国大使（右）から賞状を受け取る原麻由美さん＝東京都港区の中国大使館

中国での体験談を募った「忘れられない中国滞在エピソード」コンクール（日本僑報社主催）の表彰式が22日、東京都港区 の中国大使館であった。10～80代から125本の応募があり、約40本が入選した。

中国大使賞（最優秀賞）は、今夏まで北京の大学に通っていた原麻由美さん（23）の「世界で一番美味しい食べ物」が受賞した。うっとうしく思っていた中国人の継父と、一緒に餃子（ぎょうざ）を作ったり、食べたりして心を通わせた経験を紹介。「餃子は太陽となり私の心を照らし、親子の絆をくれた」などとつづった。

2018年11月23日

中国滞在エピソードを募集

日中関係の書籍を多く出版している「日本僑報社」（東京都豊島区）が、中国に行ったことがある日本人を対象に「忘れられない中国滞在エピソード」（読売新聞社など後援）を募集している。中国が今年、建国70年を迎えるのに合わせ、応募作品から70人分を収録した作品集を出版する。

「中国のここが好き、これが好き」「私の初めての中国」「中国でかなえた幸せ」「建国70年に寄せて」の4テーマから一つ選び、1900～2000字以内にまとめる。中国在住の日本人も応募できる。最優秀賞（1人）には賞金10万円が贈られる。締め切りは今月16日。応募はメールで40@duan.jpへ。詳細は日本僑報社ホームページに掲載されている。編集長の段躍中氏は「草の根の交流を伝えることで相互理解を深め、日中関係友好につなげたい」と話している。

讀賣新聞

2019年6月5日

MAINICHI 毎日新聞

2019年6月5日

■「忘れられない中国滞在エピソード」原稿募集

日本僑報社は第2回「忘れられない中国滞在エピソード」の原稿を募集している。応募資格は、中国に行った経験のあるすべての日本人。留学・駐在はもちろん、旅行経験だけの人、現在中国に住んでいる人の応募も歓迎している。中国建国70周年に合わせて70作品を入選とし、1冊の作品集として刊行する予定。最優秀賞の中国大使賞に1人を選び、賞金10万円を副賞として贈呈する。原稿の受け付けは原則、メール（40@duan.jp）に限り、6月16日必着。詳細は（http://duan.jp/cn/）。

朝日新聞デジタル ＞ 記事　　国際　アジア・太平洋　カルチャー　出版

中国滞在の「忘れられない体験」、出版社が作文を募集

高田正幸　2019年5月13日16時00分

シェア　ツイート　list　ブックマーク　0　メール　印刷

日本僑報社の段躍中代表＝東京都豊島区西池袋の同社

中国に関する多くの本を出版する日本僑報社が、中国で心に残った出来事を分かち合おうと、「第２回忘れられない中国滞在エピソード」を募集している。段躍中代表は「日中関係は改善しているが、国民感情はまだ厳しい。中国を訪問した時に感じた気持ちを公表してもらうことで、より多くの日本人に中国の姿を知ってもらいたい」と話している。

募集するのは、中国を訪ねたことのある日本人の作文。「私の初めての中国」「中国で叶（かな）えた幸せ」「中国のここが好き、これが好き」「中国建国７０周年に寄せて」の中からテーマを一つ選ぶ。テーマが違えば、複数の作品を提出できる。

◇

募集期間は５月１３日～６月１６日。１９００～２千字の日本語の作文に、２００字以内の筆者の略歴を加えた内容をメールで（４０@ｄｕａｎ．ｊｐ）に送る。詳細は同社ホームページ（http://duan.jp/cn/）。（高田正幸）

朝日新聞 DIGITAL
2019年5月13日

■ TOP＞社会

あなたの「忘れられない中国滞在エピソード」は？＝第2回コンクール募集要項を発表！

日本僑報社　　配信日時：2019年2月27日(水) 9時10分

Email
Share
Tweet
コメント

日本僑報社は今月6日、中国に行ったことのある日本人を対象とした第2回「忘れられない中国滞在エピソード」原稿の募集を発表した。

日本僑報社は今月6日、中国に行ったことのある日本人を対象とした第2回「忘れられない中国滞在エピソード」原稿の募集を発表した。

同社はこれまでに「忘れられない中国留学エピソード」（2017年）、「忘れられない中国滞在エピソード」（2018年）を開催しており、今回のコンクールは前回、前々回の流れをくむもの。同社は「今年、中華人民共和国は建国70周年の節目の年を迎えます。日中両首脳の相互訪問も再開し、関係改善の勢いは明らかに加速しています。そこで今年の中国建国70周年を記念し、この中国滞在エピソードコンクールを開催します」とした。

今回の募集テーマは「私の初めての中国」「中国で叶えた幸せ」「中国のここが好き、これが好き」「中華人民共和国建国70周年に寄せて」の4つ。テーマの選択は自由、複数応募も可。応募資格は、これまでに中国に行ったことのある全ての日本人で、現在中国に在住している人も可能だという。

応募作品の中から、中国建国70周年にちなみ70作品を入選とする。内訳は最優秀賞の中国大使賞1人、1等賞5人、2等賞20人、3等賞44人で、最優秀賞には賞金10万円が贈呈される。応募受付は2019年5月13日（月）～6月16日（日）（必着）。入選発表は2019年9月下旬を予定している。（編集/北田）

Record China
2019年2月27日

“日本と中国”を読む

心と心つないだ餃子

第一回「忘れられない中国滞在エピソード」受賞作品集

伊佐進一など44人〈著〉 段躍中〈編〉

日中平和友好条約40周年記念・第1回「忘れられない中国滞在エピソード」受賞作品集。相互理解の促進をめざして、日本人の中国滞在経験者を対象として行われた初のコンクールには、現滞在者を含む日本全国の10～80代の幅広い世代から数多くの作品が寄せられた（2017年・第1回「忘れられない中国留学エピソード」の拡大版。ともに日本僑報社主催）。昨年11月に都内で開かれた表彰式で程永華・駐日中国大使は「身近に起きたことが様々な角度から書かれていた。交流を通じて理解や信頼が生まれる」と語った。

本書には、最優秀賞の「心と心つないだ餃子」ほか入賞作を収録。近くて遠い大国・中国の本当の姿とは？ 14億の隣人と今後どう向き合うべきか？ 新たな示唆を与えてくれる涙と感動のありのままの体験を伝える。

日本僑報社
2,200円（税別）

日本と中国
Japan and China Friendship Newspaper
2019年2月1日

国際貿易

2018年12月4日　2019年1月25日

中国滞在エピソード
作文コンクール表彰式開く

「第1回忘れられない中国滞在エピソード」作文コンクール（当協会などが後援）の表彰式が中国大使館で11月22日、開催された。冒頭、程永華大使があいさつし、受賞者を祝福するとともに「中国人と日本人を同文同種という先入観で見ると誤解が生じやすい。交流し違いを見つめることで理解が生まれ、それが信頼、友好につながっていく。これからも日中友好のために頑張ってほしい」と激励した。

また、グランプリにあたる「中国大使賞」を受賞した原真由美氏をはじめとする受賞者の代表数人が登壇し、それぞれが受賞の喜びや今後の抱負等を語った。

同コンクールは日本僑報社が日中平和友好条約締結40周年を記念して初開催、10代から80代までの幅広い年齢層の応募者が自らの中国滞在の経験を紹介し、40人余りが受賞した。

同社より受賞作品集『心と心つないだ餃子』が出版されている。

表彰式に先立ち、日本僑報社の主宰する中国語翻訳塾で長年にわたり後進の育成に尽力してきた武吉次朗当協会相談役をねぎらう程大使との面談が行われた。

『心と心つないだ餃子―忘れられない中国滞在エピソード』

（伊佐進一ほか・日本僑報社・2200円＋税）

いまこの一冊 新刊紹介

岡崎雄兒
前中京学院大学教授

心ゆさぶる体験が満載

書籍出版をはじめ日中交流に尽力している日本僑報社が、日本人の中国滞在経験者を対象に「忘れられない中国滞在エピソード」を募集した。本書は応募総数125本から最優秀賞など入選作品40本を収録した第1回受賞作品集である。

作品の書き手は高校生、大学生、会社員、日本語講師、教員、医師など、年齢も10代から70代と老若男女さまざま。体験した内容も多岐にわたってそれぞれに興味を惹かれる。

最優秀賞に選ばれた原真由美さんの「世界で一番美味しい食べ物」は、中国人継父との心の葛藤を描く。餃子は親子の絆をくれ、「そして人と人の絆を強くし、心と心を繋（つな）げてくれる、世界で一番美味しい食べ物だと、私は思っています」と結ぶ。

また三本美和さんの「具だくさん餃子の味」は痛快。留学を始めて3カ月ほど経ち生活にも慣れてきた彼女は、留学とは現地の人の生活に入ることだと考えていた。なのにそれがない。そこで友だちと作戦を練った。食べることが好きなので食べ物に関することにしょう。中国人の家に行って家庭を見てみたい。お願いするだけでなく日本の文化も伝えたい。ひねりだしたのが「ヒッチクック」。画用紙に「餃子を作りたい」と書いて道行く人に声を掛けた。さてこの作戦はどんな展開になったのか。それは本書を読んでのお楽しみ。

いま日中関係は、首脳交流は再開されたものの訪日中国人客に比べ訪中日本人は依然少ない。14億もの人が住む隣国への無関心がこのまま続くのは残念だ。日本人と中国人のさまざまな場面でのふれ合いで得られた心ゆさぶる体験満載の本書が、まだ訪中したことのない日本人が中国を訪れるきっかけになればと願うばかりである。

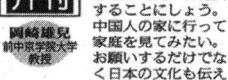

東京　作文でつづる中国の思い出

2019年1月号　人民中国 PEOPLE'S CHINA

中国での体験談を募った日本僑報社主催の第1回「忘れられない中国滞在エピソード」コンクールの表彰式が昨年11月22日、駐日本中国大使館で行われた。同コンクールには、10～80代の幅広い年齢層から125作品の応募があり、40点が入選した。

程永華駐日中国大使はあいさつで、「最初から友好が生まれるのではない。交流から理解が生まれる。理解が深まって、初めて信頼が生まれる。信頼が深まって初めて友好だ。努力することで、友好が初めて実現できる」と交流の重要性を訴えた。

最優秀賞に輝いた原麻由美さんは12歳から中国で暮らし、昨年7月に清華大学を卒業した。受賞作の「世界で一番美味しい食べ物」は、うとましいと感じていた中国人の義父と、ギョーザ作りで心を通わせた経験をつづった。表彰式で原さんは、「心と心のつながりは国境や血縁を越えることを、義父との経験が教えてくれました」とスピーチした。

聖　教　新　聞　　2018年12月25日

日中平和友好条約締《てい》結《けつ》40周年を記念

日中平和友好条約締結40周年の記念行事を二つ紹介する。

◇

【第1回「忘れられない中国滞在エピソード」コンクール】

日本人の中国滞在経験者を対象とした、このコンクールは、日本僑報社が主催し、中国大使館などが後援。10代から80代まで合計125本の応募があり、40本が入選した。

東京・港区の中国大使館で行われた表彰式（11月22日）で、程永華駐日大使は、中国と日本は「引っ越すことができない」隣国であり、友好への努力を惜しんではならないと力説。「交流から理解が生まれ、理解から信頼が生まれ、信頼から友好が生まれます。ダイナミックに交流を重ね、両国の平和友好関係を一層、強固にしていきたい」と呼び掛けた。

入賞作品は『心と心つないだ餃子――第1回「忘れられない中国滞在エピソード」受賞作品集』に収められている。

入賞者が中国大使館の程永華駐日大使らと記念のカメラに（11月22日）

段躍中編『心と心つないだ餃子』日本僑報社

◇

【金陵画派新韻――中日水墨画芸術展】

金陵とは、中国・江蘇省の南京のこと。金陵画派とは、明・清の時代に南京を中心に活躍した画家の一派である。日本に留学した画家・傅抱石を中心とする新金陵画派は、伝統を継承しながら新しい芸術を追求し、中国画壇に新風を巻き起こした。

同展は、現代中国画壇で活躍する新金陵画派の世界を紹介。代表作家20人の作品と、日本の関西を中心に活動する40人の作品が公開された。東京・港区の中国文化センターで12月4日から7日まで開かれ、「日中の友好親善の絆を強める展示」（中国大使館の陳諍文化参事官）となった（写真、主催＝江蘇省美術家協会、日中書画芸術交流協会、中国文化センター）。

東京新聞　2018年12月17日

私説　論説室から

想包餃子

「忘れられない中国滞在エピソード」というテーマの作文コンクール表彰式が、中国大使館で行われた。その中に「想包餃子」（ぎょうざを作りたい）と書いた紙を手にした大学生がいた。三本美和《みもとみわ》さん（二二）だった。

三本さんの作文は二〇一六年から約一年間、上海に語学留学した時のこと。現地の人と交流したいと考え、留学仲間と、この中国語を画用紙に大きく書いて公園で掲げてみた。

多くの人は通り過ぎていく。一人の中年女性が足を止め、三本さんたちを見ていた。

すかさず「中国人の生活を体験したいのです」と頼み込んだ。「私は餃子を作るのがうまくない。家もここから遠いけどいい？」

女性は二人と車に乗り、材料を買って高層マンションの自宅に招き入れた。そして、作り方を丁寧に教えてくれた。お礼に二人は、ツナ缶で日本風のおにぎりを作った。

女性は、日中戦争について語り出した。「だから、日本人を好きになれなかった。でも…」と女性は言葉を継いだ。

「お互い憎み合うのは悲しいことだと、今日気がついた。いつでも遊びにおいで」

中国は怖い、韓国は嫌いと言う人が少なくない。そう言う前に、一歩自分から歩み寄ってほしい。何か感じることがあるはずだ。

三本さんは「あの餃子は幸せの味だった」と作文を締めくくった。入賞作品集は日本僑報社から出版されている。（五味洋治）

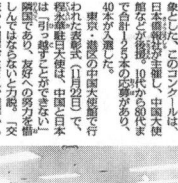

北海道新聞　どうしん電子版　2018年11月22日

忘れられぬ経験つづる　中国滞在の作文コンクール

2018/11/22 18:06 更新

最優秀賞に選ばれ、中国の程永華駐日大使（右）から賞状を受け取る原麻由美さん＝22日、東京都港区の中国大使館

忘れられない中国滞在の経験をテーマにした日本語の作文コンクールの表彰式が22日、東京都港区の中国大使館であり、7月に中国の清華大を卒業して帰国した原麻由美さん（23）＝神奈川県＝に最優秀賞、浜松市の高校1年相曽圭さん（15）ら5人に1等賞が贈られた。

12歳から中国で暮らしていた原さんは作文で、かつて敬遠していた中国人継父と信頼関係を築くまでのエピソードを紹介。表彰式では「心と心のつながりは、国境や血縁を越えることを（継父が）教えてくれた」とスピーチした。

相曽さんは、父親の赴任で天津日本人学校の小学部に通っていたころの体験を文章にまとめた。いつの間にか自分の中にあった「中国人との間の壁」を壊すと「人々の温かさに気づくことができた」とつづった。

西日本新聞　2018年11月22日

西日本新聞 › ニュース › アジア・世界

忘れられぬ経験つづる　中国滞在の作文コンクール

2018年11月22日17時51分 (更新 11月22日 18時12分)

最優秀賞に選ばれ、中国の程永華駐日大使（右）から賞状を受け取る原麻由美さん＝22日、東京都港区の中国大使館

写真を見る

作文コンクールの表彰式で賞状を手にする受賞者たち＝22日、東京都港区の中国大使館

忘れられない中国滞在の経験をテーマにした日本語の作文コンクールの表彰式が22日、東京都港区の中国大使館であり、7月に中国の清華大を卒業して帰国した原麻由美さん（23）＝神奈川県＝に最優秀賞、浜松市の高校1年相曽圭さん（15）ら5人に1等賞が贈られた。

12歳から中国で暮らしていた原さんは作文で、かつて敬遠していた中国人継父と信頼関係を築くまでのエピソードを紹介。表彰式では「心と心のつながりは、国境や血縁を越えることを（継父が）教えてくれた」とスピーチした。

相曽さんは、父親の赴任で天津日本人学校の小学部に通っていたころの体験を文章にまとめた。いつの間にか自分の中にあった「中国人との間の壁」を壊すと「人々の温かさに気づくことができた」とつづった。

コンクールは日本僑報社が主催し、今回が第1回。125本の応募があった。中国の程永華駐日大使は「身近に起きたことがさまざまな角度から書かれていた。交流を通じて理解や信頼が生まれる」と語った。

KYODO 共同通信　2018年11月22日

忘れられぬ経験つづる

中国滞在の作文コンクール

2018/11/22 18:07 (JST) | 12/7 15:31 (JST) updated

最優秀賞に選ばれ、中国の程永華駐日大使（右）から賞状を受け取る原麻由美さん＝22日、東京都港区の中国大使館

忘れられない中国滞在の経験をテーマにした日本語の作文コンクールの表彰式が22日、東京都港区の中国大使館であり、7月に中国の清華大を卒業して帰国した原麻由美さん（23）＝神奈川県＝に最優秀賞、浜松市の高校1年相曽圭さん（15）ら5人に1等賞が贈られた。

12歳から中国で暮らしていた原さんは作文で、かつて敬遠していた中国人継父と信頼関係を築くまでのエピソードを紹介。表彰式では「心と心のつながりは、国境や血縁を越えることを（継父が）教えてくれた」とスピーチした。

相曽さんは、父親の赴任で天津日本人学校の小学部に通っていたころの体験を文章にまとめた。いつの間にか自分の中にあった「中国人との間の壁」を壊すと「人々の温かさに気づくことができた」とつづった。

コンクールは日本僑報社が主催し、今回が第1回。125本の応募があった。中国の程永華駐日大使は「身近に起きたことがさまざまな角度から書かれていた。交流を通じて理解や信頼が生まれる」と語った。

作文コンクールの表彰式で賞状を手にする受賞者たち＝22日、東京都港区の中国大使館

福島民報　2018年11月22日

忘れられぬ経験つづる

中国滞在の作文コンクール

忘れられない中国滞在の経験をテーマにした日本語の作文コンクールの表彰式が２２日、東京都港区の中国大使館であり、７月に中国の清華大を卒業して帰国した原麻由美さん（２３）＝神奈川県＝に最優秀賞、浜松市の高校１年相曽圭さん（１５）ら５人に１等賞が贈られた。

１２歳から中国で暮らしていた原さんは作文で、かつて敬遠していた中国人継父と信頼関係を築くまでのエピソードを紹介。表彰式では「心と心のつながりは、国境や血縁を越えることを（継父が）教えてくれた」とスピーチした。

山陰中央新報 ONLINE NEWS　2018年11月22日

忘れられぬ経験つづる　中国滞在の作文コンクール

忘れられない中国滞在の経験をテーマにした日本語の作文コンクールの表彰式が２２日、東京都港区の中国大使館であり、７月に中国の清華大を卒業して帰国した原麻由美さん（２３）＝神奈川県＝に最優秀賞、浜松市の高校１年相曽圭さん（１５）ら５人に１等賞が贈られた。

最優秀賞に選ばれ、中国の程永華駐日大使（右）から賞状を受け取る原麻由美さん＝２２日、東京都港区の中国大使館

１２歳から中国で暮らしていた原さんは作文で、かつて敬遠していた中国人継父と信頼関係を築くまでのエピソードを紹介。表彰式では「心と心のつながりは、国境や血縁を越えることを（継父が）教えてくれた」とスピーチした。

相曽さんは、父親の赴任で天津日本人学校の小学部に通っていたころの体験を文章にまとめた。いつの間にか自分の中にあった「中国人との間の壁」を壊すと「人々の温かさに気づくことができた」とつづった。

作文コンクールの表彰式で賞状を手にする受賞者たち＝２２日、東京都港区の中国大使館

コンクールは日本僑報社が主催し、今回が第１回。１２５本の応募があった。中国の程永華駐日大使は「身近に起きたことがさまざまな角度から書かれていた。交流を通じて理解や信頼が生まれる」と語った。

福井新聞 FUKUISHIMBUN ONLINE　2018年11月22日

HOME＞ 全国のニュース＞ 国際

忘れられぬ経験つづる

中国滞在の作文コンクール

2018年11月22日 午後5時47分

最優秀賞に選ばれ、中国の程永華駐日大使（右）から賞状を受け取る原麻由美さん＝２２日、東京都港区の中国大使館

忘れられない中国滞在の経験をテーマにした日本語の作文コンクールの表彰式が２２日、東京都港区の中国大使館であり、７月に中国の清華大を卒業して帰国した原麻由美さん（２３）＝神奈川県＝に最優秀賞、浜松市の高校１年相曽圭さん（１５）ら５人に１等賞が贈られた。

１２歳から中国で暮らしていた原さんは作文で、かつて敬遠していた中国人継父と信頼関係を築くまでのエピソードを紹介。表彰式では「心と心のつながりは、国境や血縁を越えることを（継父が）教えてくれた」とスピーチした。

相曽さんは、父親の赴任で天津日本人学校の小学部に通っていたころの体験を文章にまとめた。いつの間にか自分の中にあった「中国人との間の壁」を壊すと「人々の温かさに気づくことができた」とつづった。

沖縄タイムス＋プラス OKINAWA TIMES　2018年11月22日

忘れられぬ経験つづる　中国滞在の作文コンクール

2018年11月22日 17:47

忘れられない中国滞在の経験をテーマにした日本語の作文コンクールの表彰式が２２日、東京都港区の中国大使館であり、７月に中国の清華大を卒業して帰国した原麻由美さん（２３）＝神奈川県＝に最優秀賞、浜松市の高校１年相曽圭さん（１５）ら５人に１等賞が贈られた。

最優秀賞に選ばれ、中国の程永華駐日大使（右）から賞状を受け取る原麻由美さん＝２２日、東京都港区の中国大使館

１２歳から中国で暮らしていた原さんは作文で、かつて敬遠していた中国人継父と信頼関係を築くまでのエピソードを紹介。表彰式では「心と心のつながりは、国境や血縁を越えること

Web東奥　2018年11月22日

忘れられぬ経験つづる　中国滞在の作文コンクール

忘れられない中国滞在の経験をテーマにした日本語の作文コンクールの表彰式が２２日、東京都港区の中国大使館であり、７月に中国の清華大を卒業して帰国した原麻由美さん（２３）＝神奈川県＝に最優秀賞、浜松市の高校１年相曽圭さん（１５）ら５人に１等賞が贈られた。

最優秀賞に選ばれ、中国の程永華駐日大使（右）から賞状を受け取る原麻由美さん＝２２日、東京都港区の中国大使館

１２歳から中国で暮らしていた原さんは作文で、かつて敬遠していた中国人継父と信頼関係を築くまでのエピソードを紹介。表彰式では「心と心のつながりは、国境や血縁を越えることを（継父が）教えてくれた」とスピーチした。

相曽さんは、父親の赴任で天津日本人学校の小学部に通っていたころの体験を文章にまとめた。いつの間にか自分の中にあった「中国人との間の壁」を壊すと「人々の温かさに気づくことができた」とつづった。

佐賀新聞LiVE　2018年11月22日

忘れられぬ経験つづる

中国滞在の作文コンクール

2018/11/22（共同通信）

最優秀賞に選ばれ、中国の程永華駐日大使（右）から賞状を受け取る原麻由美さん＝２２日、東京都港区の中国大使館

作文コンクールの表彰式で賞状を手にする受賞者たち＝２２日、東京都港区の中国大使館

忘れられない中国滞在の経験をテーマにした日本語の作文コンクールの表彰式が２２日、東京都港区の中国大使館であり、７月に中国の清華大を卒業して帰国した原麻由美さん（２３）＝神奈川県＝に最優秀賞、浜松市の高校１年相曽圭さん（１５）ら５人に１等賞が贈られた。

１２歳から中国で暮らしていた原さんは作文で、かつて敬遠していた中国人継父と信頼関係を築くまでのエピソードを紹介。表彰式では「心と心のつながりは、国境や血縁を越えることを（継父が）教えてくれた」とスピーチした。

相曽さんは、父親の赴任で天津日本人学校の小学部に通っていたころの体験を文章にまとめた。いつの間にか自分の中にあった「中国人との間の壁」を壊すと「人々の温かさに気づくことができた」とつづった。

中日新聞 CHUNICHI Web　2018年11月22日

忘れられぬ経験つづる　中国滞在の作文コンクール

IWATE NIPPO　2018年11月22日

忘れられぬ経験つづる
中国滞在の作文コンクール

東京新聞 TOKYO Web　2018年11月22日

忘れられぬ経験つづる　中国滞在の作文コンクール

四国新聞社　2018年11月22日

忘れられぬ経験つづる／中国滞在の作文コンクール

2018/11/22 17:47

メールで記事を紹介　印刷する　一覧へ

ツイート　B! 0　シェア 0

忘れられない中国滞在の経験をテーマにした日本語の作文コンクールの表彰式が22日、東京都港区の中国大使館であり、7月に中国の清華大を卒業して帰国した原麻由美さん（23）＝神奈川県＝に最優秀賞、浜松市の高校1年相曽圭さん（15）ら5人に1等賞が贈られた。

作文コンクールの表彰式で賞状を手にする受賞者たち＝22日、東京都港区の中国大使館

最優秀賞に選ばれ、中国の程永華駐日大使（右）から賞状を受け取る原麻由美さん＝22日、東京都港区の中国大使館

12歳から中国で暮らしていた原さんは作文で、かつて敬遠していた中国人継父と信頼関係を築くまでのエピソードを紹介。表彰式では「心と心のつながりは、国境や血縁を越えることを（継父が）教えてくれた」とスピーチした。

相曽さんは、父親の赴任で天津日本人学校の小学部に通っていたころの体験を文章にまとめた。いつの間にか自分の中にあった「中国人との間の壁」を壊すと「人々の温かさに気づくことができた」とつづった。

コンクールは日本僑報社が主催し、今回が第1回。125本の応募があった。中国の程永華駐日大使は「身近に起きたことがさまざまな角度から書かれていた。交流を通じて理解や信頼が生まれる」と語った。

YOMISAT
中国・アジア
2018年6月28日

中国滞在時の体験記を募集

日本僑報社

【北京＝比嘉清太】日中関係の書籍を出版している「日本僑報社」（本社・東京都豊島区）が、中国滞在経験のある日本人を対象に、滞在時の忘れられないエピソードをつづる作文を募集している。日中平和友好条約締結40周年の今年、応募作品から40人分を収録して書籍化することも検討している。

同社は昨年、日本人の中国留学経験者を対象に留学エピソードをつづる作文を募集、書籍化しており、日中双方のメディアで話題を読んだ。その拡大版と位置づける今回の事業では、旅行や留学を含め、滞在期間の長短は問わない。現在、中国に滞在中の日本人でも応募できる。

同社編集長の段躍中さんは、「中国での体験を記してもらうことで、日中の相互理解の促進につなげたい」と話している。

最優秀賞（1人）には賞金10万円が進呈される。応募期間は今月30日まで。原稿の送付先は、メール（40@duan.jp）へ。文字数は3000字で、略歴200字。詳細は同社のホームページ（http://duan.jp/cn/）で。

忘れられない中国滞在エピソード大募集

日本僑報社主催

日本僑報社が「忘れられない中国滞在エピソード」を左記の要領で募集しています。これは日中平和友好条約締結40周年を記念した取り組み。

▽**内容**＝中国滞在時の貴重な思い出、帰国後の中国とのかかわり、近況報告、中国の魅力、今後の日中関係への提言など

▽エピソードは日本語3000字＋文末に略歴200字（ワード形式で）

文字数のほか、郵便番号、住所、氏名、年齢、性別、職業、連絡先（E-mail、電話番号、微信ID）といった情報を、エクセル形式で一行にまとめて送付

▽**写真**＝滞在時の思い出の写真1枚と筆者の近影1枚

▽**送付先**＝E-mail 40@duan.jp（送信メールの件名（タイトル）は「忘れられない中国滞在エピソード応募」と記入、応募者の氏名も明記

▽**応募期間**＝6月1日（金）～30日（土）

▽**入選発表**＝8月31日（金）予定

▽**特典**＝最優秀賞（中国大使賞）1名（賞金10万円）、1等賞5名、2等賞10名、3等賞24名、佳作賞をそれぞれ進呈

▽**問い合わせ**＝☎03（5956）2808 担当（張本、伊藤）

日中友好新聞　2018年6月15日

公募ガイド

2018年6月号

体験記・作文ほか

＼第1回／

日中平和友好条約締結40周年記念
「忘れられない中国滞在エピソード」募集

副賞 10万円　原稿 3000字程度　入選 40編　2018 6/30

舞台は中国、とっておきの思い出を！
留学生やビジネスパーソン、行政・教育・文化・スポーツ・科学技術関係者や駐在員家族、国際結婚をした人、短期旅行者など、幅広い分野や立場での中国滞在経験者のエピソードを募集。中国人の同僚や部下、恩師や友人、家族との関わり、現在の中国との関わり、知る人ぞ知る中国の魅力、日中関係への提言といった平和友好条約締結40周年を記念するにふさわしい作品を。入選作40編は、作品集として刊行される予定。（ふ）

応募要項

●**内容**／忘れられない中国滞在エピソードを募集。　●**規定**／メールで応募。Word形式で、3000字程度。文末に200字程度の略歴をつける。縦書き。1行の字数、1枚の行数自由。末尾に〒住所、氏名、年齢、性別、職業、連絡先（メールアドレス、TEL、あれば微信ID）を明記。滞在時の思い出の写真1枚と応募者の近影1枚をJPG形式で添付。長辺600ピクセル以内。写真は入選の連絡後に送付しても可。メールの件名は「忘れられない中国滞在エピソード応募（応募者名）」とする。応募数自由。　●**資格**／中国滞在経験のある日本人　●**賞**／1等賞（中国大使賞）1編＝10万円、ほか　●**応募期間**／6月1日～30日　●**発表**／8月31日予定

応募先 40@duan.jp　問合せ 03-5956-2808　03-5956-2809　http://duan.jp/news/jp/20180402.htm　主催：日本僑報社

Record China　2018年11月24日

※ TOP > 社会

「餃子が心と心をつないだ」＝忘れられない中国滞在エピソード最優秀賞の原麻由美さん、表彰式で日中国民の友好訴え<受賞作全文掲載>

Record china　配信日時：2018年11月24日(土) 11時0分

中国に滞在した経験のある日本人を対象にした第1回「忘れられない中国滞在エピソード」コンクールの表彰式が東京の中国大使館で開催された。最優秀賞を受賞した原麻由美さんの「世界で一番美味しい食べ物」。写真は表彰式風景。

公明新聞　2018年4月13日

◆第1回「忘れられない中国滞在エピソード」募集

日中平和友好条約締結40周年に当たる2018年、中国に滞在したことのある日本人を対象にした第1回「忘れられない中国滞在エピソード」の原稿を募集する。文字数は3000字で、応募期間は6月1～30日。入選発表は8月31日。送信メールのタイトルに「忘れられない中国滞在エピソード応募（氏名）」として、40@duan.jp（Eメール）へ。詳しい問い合わせは☎03・5956・2808へ。

日中文化交流　2018年5月1日

日本僑報社主催「忘れられない中国滞在エピソード」募集はじまる

日本僑報社（段躍中編集長）は、6月1日から30日まで、第1回「忘れられない中国滞在エピソード」への原稿の公募を実施する。

公募内容は、中国滞在時の思い出や、帰国後の中国との関わり、中国の魅力、日中関係への提言など。中国滞在経験者が対象。入選発表は8月31日を予定しており、40本の入選作品は単行本として出版される予定。当協会後援。

応募方法、特典など詳細は、HP（http://duan.jp/cn/2018.htm）参照。

日本と中国　Japan and China Friendship Newspaper　2018年5月1日

「忘れられない中国滞在エピソード」
第1回作品を6月1日から募集
1等の中国大使賞は賞金10万円！

日本僑報社は、今年の日中平和友好条約締結40周年を記念して、中国に滞在したことのある日本人を対象とした第1回「忘れられない中国滞在エピソード」（駐日中国大使館、（公社）日中友好協会などが後援）の原稿を募集する。

1972年に日中国交正常化が実現し、79年に両国政府が留学生の相互派遣で合意して以来、これまで約23万人の日本人が中国へ留学し、来日した中国人留学生は累計100万人を超えるという。

今回は、中国滞在時のとっておきのエピソードをはじめ、現在の中国との関わり、知る人ぞ知る中国の魅力、そしてこれからの日中関係にプラスになるような提言といった、40周年を記念するにふさわしい内容のオリジナリティーあふれる作品を募集する。

40周年に合わせて、原則として40作品を入選作として選び、それらを1冊の作品集として刊行する予定。さらに入選作から、1等賞1人（中国大使賞）、2等賞10人、3等賞29人（以上40人・作品）、佳作賞若干名を選出し、1等賞には副賞10万円が贈られる。

応募期間は6月1日から6月30日まで。応募の詳細は同社ホームページ（http://duan.jp/news/jp/20180402.htm）を参照のこと。

人民日報 海外版 PEOPLE'S DAILY OVERSEAS EDITION 2019年1月9日

讲述交往故事，增进交流理解

《连心饺子》汇集日本友人记忆

本报驻日本记者 刘军国

■"难忘的旅华故事"征文比赛显示中日民众相互交流的热情

■通过在中国学习历史、以史为鉴，理解了和平的珍贵

为纪念中日和平友好条约缔结40周年，由日本侨报出版社主办、中国驻日本大使馆担任后援单位的第一届"难忘的旅华故事"征文比赛颁奖典礼日前在东京举行。中国驻日本大使程永华、日本侨报社总编辑段跃中、日本财务大臣政务官伊佐进一、日中友好协会顾问小岛康誉以及获奖者等约150人出席了此次颁奖礼。

在颁奖礼上，获奖者先后上台分享了各自在中国的见闻以及与中国朋友交往的感人故事。各位获奖者均表示，通过在中国工作、学习和生活的经历，认识了一个完全不一样的中国，今后愿做日中友好交流的桥梁，增强两国关系发展的民意纽带。

期待日本民众多去中国走走看看

"难忘的旅华故事"征文比赛面向所有拥有旅华经历、包括目前正在中国的日本民众，征集他们旅华期间的故事，旨在促进日中友好交流和相互理解。在众多参赛作品中，有的讲述与中国民众的交往故事，有的抒发体验中国文化的感悟。获奖文章已经结集为《连心饺子》一书出版，并在日本各大实体和网络书店销售。

日本自民党干事长二阶俊博发来贺信表示："希望有旅华经历的日本人将这一宝贵经历充分运用到日中友好交流中，希望广大日本读者能够铭记阅读时的感动，能够亲眼去看一看中国，从而写出更多新的难忘的旅华故事。"

国之交在于民相亲。程永华在颁奖礼致辞中说，"难忘的旅华故事"征文比赛成功举办，充分显示了中日两国民众相互交流的热情。很高兴看到很多日本民众从对中国一无所知，到通过交流与中国民众加深相互了解、增进理解和信任，最终建立起牢固的友谊。

2018年是中日和平友好条约缔结40周年。程永华表示，在中日关系保持良好改善发展势头的大背景下，希望两国民众特别是青年之间进一步扩大交流、增进友谊，为中日关系长期健康稳定发展发挥积极作用。

段跃中对本报记者说，希望日本全国各地的民众都能读到《连心饺子》一书，能够多去中国走走看看，感受中国悠久灿烂的文化、日新月异的变化，结识中国淳朴善良的民众。

希望向更多人讲述中国的魅力

很多日本民众读了《连心饺子》中的故事后备受感动，希望去中国看看。日本前首相福田康夫为《连心饺子》撰写序言，称赞这些珍贵的经历对于促进日中两国人民相互理解发挥着重要作用。

2018年7月刚从清华大学毕业的原麻由美回忆自己10年的赴华学习生活，撰写了《世界上最美味的食物》一文，讲述了饺子作为心与心之间的纽带，给自己人生带来的积极影响。

在颁奖礼上，原麻由美激动地讲述了自己在中国的美好回忆。2008年，由于母亲与中国继父结婚，12岁的原麻由美跟随母亲从日本来到中国上学。初到中国，原麻由美每次考试都在班级里倒数第一，这令她很难受。

一天放学后，中国继父带着原麻由美去一家饺子馆吃饭。吃着热腾腾的饺子，中国继父打破了沉默："不要为倒数第一名感到羞愧。你只学习了一年汉语，同学们的母语是汉语，你们成绩不一样是正常的。你把中国同学当作榜样去努力，为超越过去的自己而奋斗，慢慢进步就可以了。"这段话深深地温暖了原麻由美。那年春节，原麻由美向继父提议全家人一起包饺子，边吃边聊。从那以后，原麻由美从心底里接受了中国继父，融为真正意义上的一家人。

原麻由美在文中写道："十年在中国的学习生活中，给予我如饺子一样热腾腾的爱的人无疑就是中国继父。与继父一起吃饺子的温暖和启迪就像太阳一样，照亮了我的心灵，给予了我无限的希望，给予我和继父超越国境与血缘的父女之情。从此，我们一起吃的饺子也变成了世界上最美味的食物，成为心与心之间的纽带。"

原麻由美认为，与中国人相处、交流并学习中国文化的经历是她一生中宝贵的经验。在文章结尾，原麻由美表示："希望通过介绍自己在中国的美好回忆，向更多人传达中国的魅力。"

日本庆应大学学生正在翻看《连心饺子》一书。 本报记者 刘军国摄

从历史中理解和平的珍贵

程永华说，尤其令人感到欣慰的是，有的作者通过参观历史纪念馆和战争遗迹，加深了对中日之间不幸历史的了解，写下了对中日关系的深入思考。正是这种正视历史、以史为鉴、面向未来的正确态度，才有助于两国民众超越历史纠葛，构筑两国和平友好合作关系。

一名叫中关令美的东京姑娘在文章中讲述了自己与一名南京姑娘的故事。当中关令美告诉家人，应中国朋友之邀要去南京旅游时，祖父母表达了深切担忧和强烈反对。中关令美不顾家人反对，只身一人前往南京。

曾经在中学历史教科书中了解了南京大屠杀历史的中关令美到达南京之后，起初特别在意自己的国籍。在海关入关处，为把护照正面的"日本"两字藏起来，她刻意把护照反面朝上交给工作人员。每当被出租车司机、餐馆服务员问起自己的国籍，她内心都十分忐忑。但令她惊讶的是，当她告诉对方自己是日本人时，对方依然友善地对待她。

当她的南京朋友问她最想去哪里时，中关令美说，希望去侵华日军南京大屠杀遇难同胞纪念馆参观。在认真参观完纪念馆后，她的中国朋友说道："历史不容篡改，南京大屠杀铁证如山，不容推翻。但我们永远是朋友。"中关令美顿时泪如泉涌。她意识到，虽然时钟无法拨回到1937年，无法阻止那场大屠杀，但是我们可以以史为鉴，从历史中学习和平的珍贵。

中关令美最后写道："在机场与中国朋友道别之后，我种下了一个新的梦想，那就是将来做日本和中国友好的桥梁。我将把在南京的经历铭记在心，继续努力下去。"

（本报东京电）

中文導報 CHUBUN 2018年11月29日

"难忘的旅华故事" 东京颁奖

Record China 2018年4月4日

■ TOP > 社会

「忘れられない中国滞在エピソード」大募集！＝日中平和友好条約締結40周年記念

日本僑報社

配信日時：2018年4月4日(水) 18時0分

Email

Share

Tweet

コメント

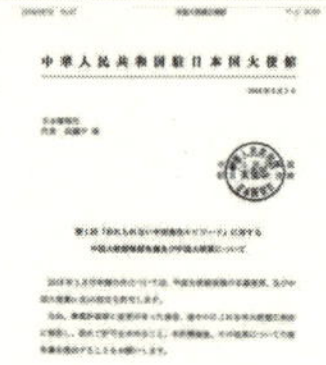
中華人民共和国駐日本国大使館

日本僑報社は、日中平和友好条約締結40周年を記念して、中国に滞在したことのある日本人を対象とした第1回「忘れられない中国滞在エピソード」原稿を大募集します！

1972年の日中国交正常化以降、とくに1979年に両国政府が留学生の相互派遣で合意してから、これまでに中国は累計約23万人の日本人留学生を受け入れており、来日した中国人留学生は累計100万人を超えています。

人民日报 海外版
PEOPLE'S DAILY OVERSEAS EDITION

2018年12月7日

改革开放与党的九十年

读王蒙《中国人的思路》

朱镕村的故事

07

《连心饺子》在日首发

为纪念中日和平友好条约缔结40周年，由日本侨报出版社主办、中国驻日大使馆支援的第一届"难忘的旅华故事"征文比赛颁奖典礼暨获奖文集《连心饺子》首发式，近日在东京举行。中国驻日本大使程永华，日本众议院议员、财务大臣政务官伊佐进一、日本著名作家海老名香叶子等及获奖者约150人出席。

日本前首相福田康夫在为《连心饺子》撰写的序言中写到，读完"旅华故事"后心潮澎湃，这些珍贵的经历对于促进日中两国民相互理解发挥不可替代的重要作用，无疑将成为日中关系发展的正能量。

日本自民党干事长二阶俊博发来贺信表示，希望有旅华经历的日本人将这一宝贵经历充分运用到日中友好交流中，希望广大日本读者能够铭记阅读时的感动，去亲眼看一看中国，从而写出更多新的难忘的旅华故事。

（刘军国）

首届"难忘的旅华故事"征文比赛在东京揭晓

2018年11月23日 12:01 来源：经济日报-中国经济网 苏海河

[手机看新闻] [字号 大 中 小] [打印本稿]

程永华大使为获奖作者颁奖

中国经济网
www.ce.cn
2018年11月23日

经济日报-中国经济网东京11月23日讯（记者 苏海河）为纪念中日和平友好条约缔结40周年，由日本侨报出版社主办、中国驻日大使馆支援的首届"难忘的旅华故事"征文比赛，11月22日评选揭晓并在我国驻日大使馆举行颁奖典礼。

中青在线 2018年11月26日

《连心饺子》首发：旅华故事传递中日友好

发布时间：2018-11-26 14:04 来源：中青在线 作者：蒋肖斌

中青在线讯（中国青年报·中青在线记者 蒋肖斌）为纪念中日和平友好条约缔结40周年，由日本侨报出版社主办、中国驻日大使馆支持的第一届“难忘的旅华故事”征文比赛颁奖典礼暨获奖文集《连心饺子》首发式，11月22日在东京举行。

程永华大使在会场和原麻由美合影。段跃中摄

中国驻日本大使程永华向清华大学留学生原麻由美颁发了“中国大使奖”，向日本众议院议员兼财务大臣政务官伊佐进一颁发了“特别奖”，另有54位日本人分别获得一二三等和佳作奖。

www.news.cn 新华网 NEWS www.xinhuanet.com 2018年11月24日

第一届“难忘的旅华故事”征文比赛颁奖典礼在东京举行

2018-11-24 14:18:40 来源：新华网

新华网东京11月24日电（记者 姜俏梅）为纪念中日和平友好条约缔结40周年，由日本侨报社主办的第一届“难忘的旅华故事”征文比赛颁奖典礼近日在中国驻日本大使馆举行，日本各界代表160余人出席了颁奖典礼。

曾在清华大学留学的日本女孩原麻由美以《世界最美味食物》一文获得最高奖项“中国大使奖”。原麻由美在文章中写道，“饺子如太阳一般照耀到我的心底，给我希望，支撑着我在中国的留学生活，并帮助我和继父之间建立起超越国界和血缘的亲子关系。在我心里，饺子是能够超越国界，让人与人心灵相通的全世界最美味的食物。”

中国驻日本使馆举行“难忘的旅华故事”征文比赛颁奖仪式

11月22日，中国驻日本使馆举行“难忘的旅华故事”征文比赛颁奖仪式，中国驻日本大使程永华，众议院议员、财务大臣政务官伊佐进一，日中友好协会顾问小岛康誉以及获奖者等约150人出席。

程大使在致辞中表示，“难忘的旅华故事”征文比赛成功举办，充分显示了中日两国民众相互交流的热情。在众多参赛作品中，有的讲述与中国人的交往趣事，有的描写体验中国文化的感悟，这些发生在普通日本民众身边的故事令人感动。很高兴看到很多日本民众从对中国一无所知，到通过交流与中国民众加深相互了解认识，在此基础上增进相互理解和信任，进而建立起牢固的友好感情。尤其令人感到欣慰的是，有的作者通过参观历史纪念馆和战争遗迹，加深了对中日之间不幸历史的了解，写下了对中日关系的深入思考。正是这种正视历史、以史为鉴、面向未来的正确态度，才有助于两国民众超越历史纠葛，实现民族和解并构筑两国和平友好合作关系。

程大使表示，今年是中日和平友好条约缔结40周年，在双方共同努力下，两国关系在重回正轨基础上取得新的发展。今年5月，李克强总理成功访问日本。安倍首相上个月访问中国，两国领导人一致同意开展更加广泛的人文交流，增进相互理解。两国领导人还同意将明年定为“中日青少年交流促进年”，鼓励两国各界特别是年轻一代踊跃投身中日友好事业。2020年、2022年，东京和北京将相继迎来夏季和冬季奥运会，在中日关系保持良好改善发展势头的大背景下，希望两国民众特别是青年进一步扩大交流，增进友谊，为中日关系长期健康稳定发展发挥积极作用。

自民党干事长二阶俊博发来贺信表示，希望有旅华经历的日本人将这一宝贵经历充分运用到日中友好交流中，希望广大日本读者能够铭记阅读时的感动，多去亲眼看一看中国，从而写出更多新的“难忘的旅华故事”。希望通过此次征文比赛，日本民众可以增加与中国的交往，加深对中国的了解，为日中关系改善发展贡献更多力量。

伊佐进一和获奖者分别上台发言，分享了在中国的见闻以及与中国朋友交往的感人故事。获奖者表示，通过在中国生活、旅行，增进了了解中国，改变了对中国的刻板印象。日中关系不仅是政治（转第3版）

大富報 2018年12月2日

中华人民共和国驻日本国大使馆
EMBASSY OF THE PEOPLE'S REPUBLIC OF CHINA IN JAPAN

中文　日本語

2018年11月23日

驻日本使馆举行"难忘的旅华故事"征文比赛颁奖仪式

11月22日，驻日本使馆举行"难忘的旅华故事"征文比赛颁奖仪式，程永华大使、日本侨报社社长段跃中、众议院议员、财务大臣政务官伊佐进一、日中友好协会顾问小岛康誉以及获奖者等约150人出席。

程大使在致辞中表示，"难忘的旅华故事"征文比赛成功举办，充分显示了中日两国民众相互交流的热情。在众多参赛作品中，有的讲述与中国人的交往趣事，有的描写体验中国文化的感悟，这些发生在普通日本民众身边的故事令人感动。很高兴看到很多日本民众从对中国一无所知，到通过交流与中国民众加深相互了解认识,在此基础上增进相互理解和信任，进而建立起牢固的友好感情。尤其令人感到欣慰的是，有的作者通过参观历史纪念馆和战争遗迹，加深了对中日之间不幸历史的了解，写下了对中日关系的深入思考。正是这种正视历史、以史为鉴、面向未来的正确态度，才有助于两国民众超越历史纠葛，实现民族和解并构筑两国和平友好合作关系。

人民视频 v.people.cn　2018年11月23日

"难忘的旅华故事"征文比赛在东京举行颁奖仪式

2018/11/23 22:59:44　来源：人民网-人民视频

人民网 people.cn　2018年11月22日

"难忘的旅华故事"征文比赛东京颁奖 日本留学生荣获"中国大使奖"

2018年11月22日17:14　来源：人民网-日本频道

首届征文大赛颁奖典礼颁奖嘉宾及获奖者合影

人民网东京11月22日电（吴颖）11月22日，第一届"难忘的旅华故事"征文比赛在中国驻日本使馆举行颁奖典礼。本次征文比赛为纪念中日和平友好条约缔结40周年，由日本侨报出版社主办、中国驻日大使馆支援。

人民日報 2018年4月3日

“难忘的旅华故事”征文比赛在东京启动

本报东京4月2日电 （记者**刘军国**）为纪念中日和平友好条约缔结40周年，第一届“难忘的旅华故事”征文比赛4月2日在东京启动。

您在中国生活和工作期间有哪些难忘的故事？您心中一直怀念哪位中国朋友？您现在与中国割舍不断的联系是什么？您是怎样讲述您认识的中国人及中国魅力的……主办方希望在中国生活和工作过的日本各界人士拿起笔来，写出珍藏在心中的记忆，分享各自的原创故事，从而让更多的日本人了解到在中国生活和工作、旅游的快乐，让更多的人感受到中国独特的魅力，促进中日之间的相互理解。

2017年，日本侨报出版社举办了首届“难忘的中国留学故事”征文比赛，受到日本各界好评。据悉，由于很多没有在中国留学的日本人也想参加该活动，在中日和平友好条约缔结40周年之际，主办方把参加对象扩大至所有在中国生活和工作过的日本人，并表示将把此项活动长期办下去。中国驻日本大使馆是本次活动的后援单位。

人民网 people.cn 2018年9月13日

第一届“难忘的旅华故事”征文比赛结果揭晓

2018年09月13日07:15 来源：人民网-国际频道 分享到：

人民网东京9月12日电（记者 刘军国）为纪念中日和平友好条约缔结40周年，由日本侨报社主办的第一届“难忘的旅华故事”征文比赛评选结果9月12日揭晓。清华大学留学生原麻由美获中国大使奖，另有54位日本人分别获得一二三等和佳作奖。

本次“旅华故事”征文活动是以促进中日友好交流和相互理解为目的，向拥有旅华经验（包括目前正在中国）的日本人征集他们旅华期间的珍贵往事，特别是那些符合中日和平友好条约精神的原创作品。

据了解，主办方审查员评价作品主要依据以下标准。一是符合“难忘的旅华故事”主题，写出了令人感动、印象深刻的故事，二是通过自己独特的旅华经验，使读者感受到勇气、希望等充满“正能量”，三是对今后的中日关系的良性发展，有着积极引导的作用。

此次征文是去年举办、广受好评的“难忘的中国留学生故事”的扩大版。据主办方介绍，此次共收到125篇作品，都是作者亲历的倾心之作，有的作者依然生活在中国，有的作者已经回到日本。

获奖名单如下：http://duan.jp/cn/2018shou.htm。

主办方将把获得中国大使奖和一二三等奖的40部作品结集出版在日本公开发行。颁奖典礼暨出版纪念酒会将于11月22日中国驻日大使馆举行。

每日新聞 2017年5月14日

中国留学エピソード募集

日中国交正常化から今年で45周年を迎えるのを機に、出版社「日本僑報社」（東京都豊島区）が「忘れられない中国留学エピソード」の作文を募集している。対象は中国留学経験者で、原則として日本人（現役留学生可）。テーマは「中国との出会い」や「恩師やクラスメートとの交流」「日中関係にプラスになるような提言」など。31日締め切り。問い合わせは同社（03・5956・2808）。

日本東方新報 —www.LiveJapan.cn— 2018年4月3日

首页 新闻聚焦 新报专题 新报时评 文华TV 日中飞鸿 玩转日本 东瀛

当前位置：新闻聚焦 > 日中之间 > > 内容

《难忘的旅华故事》征文赛在东京启动

来源：东方新报 作者：朱耀忠 时间：2018-04-03 分享到：

纪念中日和平友好条约签订40周年
首届《难忘的旅华故事》征文比赛在东京启动

公明新聞

2018年
10月26日

中国 私の留学時代

公明党参院議員　西田　実仁

学生、教授との交流は「宝」

日中関係をテーマに出版する、日本僑報社の段躍中代表から、「中国留学のエピソードを」と依頼があり、『忘れられない中国留学エピソード』【写真】に拙文を寄せた。そこで私の中国留学時代をお伝えしてみたい。

留学したのは1982年、私が慶応義塾大学経済学部の2年生で19歳だった。留学先は、北京語言学院。世界各国からの留学生で溢れていた。中国に留学したいという思いは、高校時代からだろうか。

母が10歳まで旧満州で育ち、「戦争に敗れて逃げ帰ってくるときに、現地の中国人に食べるものや着るものなど、大変に世話になった」と幼い頃から聞いていた。もし、母がそこで亡くなれば、今の私は存在しないわけで、「自らのルーツともいうべき中国大陸に渡って、中国の人々と中国語で話ができるようになりたい」という素朴な思いからだった。

初めての海外が中国・北京。両親と離れて一人暮らしをするのも初めて。薄暗い洗い場で、衣服を手洗いするのも初めて。その思い出は、年を重ねるごとに、より膨らみ、私にとって貴重な「宝」となっていることを実感する。

2004年、参院議員に送り出していただき、日中の諸問題に直接、携わる機会を拝した。13年、国家主席就任前の習近平氏と公明党の山口那津男代表が約70分間、会談する場に陪席した。その後、15年、そして今年9月、山口代表とともに中国・北京へ渡り、安倍晋三首相の親書を要人に手渡すなど、中国との交流窓口として、働かせていただいている。

留学の思い出は、楽しいことばかりだ。語言学院の前の五道口《ごどうこう》の商店で、当時はまだ配給制だった肉票や布票を使って、肉や洋服を買ったこと、ちょうど20歳になったお祝いに、同班同学と気の抜けたビールで乾杯したこと、郊外には馬車でわらを運ぶ農民がいて、その轍に当たりそうになったこと、などなど。

ある初老の大学教授との出会いも忘れられない。当時、中華人民共和国が誕生して33年。先生はそれまでの様々な出来事を振り返りながら、自宅で夜の「互相学習」の時間を持ってくださった。とても心地よかった。目的は、日本語と中国語を相互に学びあうことだったが、実際にはほとんど中国語による会話となった。ときに諭すように、ときに嘆き、ときに笑い、そして期待を込めて、話しかけてくれた優しい眼差しは今も忘れていない。当時の中国を、そして日中関係を深く考えるきっかけとなった。

日中の学生が集まって、誰かの誕生日に「餃子会」と称して、宿舎内で、いろいろなものを餃子の皮に包んで食べたことは昨日のことのように思い起こす。中国に留学できれば最高だ。そして、旅行でも、仕事でも、とにかく触れ合うことから交流は始まる。お互いに引っ越すことのできないお隣の国にいるのだから。

（にしだ・まこと）

段躍中編『忘れられない中国留学エピソード』（日本僑報社＝☎03・5956・2808＝2600円＋税）

中国留学時代の西田氏（右から3人目）＝1982年

THE YOMIURI SHIMBUN
讀賣新聞　2018年3月18日

記者が選ぶ

忘れられない中国留学エピソード

段躍中編

中国で日本語を学ぶ学生たちの作文コンクールを長く催してきた出版社が、今度は日本人の中国留学経験者を対象に、留学エピソードをつづる作文を募集した。本書は入賞作を含む計48本を収録した。

還暦を過ぎてMBA（経営学修士）コースに入学した人、現在はネットラジオで活躍する人など、経歴も様々だが、体験している内容も幅広い。不幸な歴史を抱えているだけに、心温まる体験ばかりではない。だが、留学がそれぞれの人生に、大切な何かを刻んだことがよく分かる。行って暮らしてみることの意義や魅力が伝わってくる。

今回の取り組みで友好親善が深まるというのは、単純すぎる理解かもしれない。だが、継続していくことで育つものが、確実にあると感じられた。（日本僑報社、2600円）　（佑）

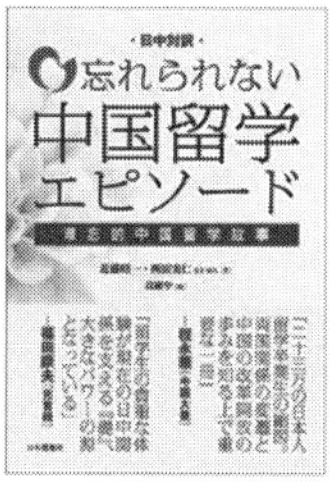

讀賣新聞 オンライン　2018年3月28日

ライフ　本よみうり堂　コラム　記者が選ぶ

『忘れられない　中国留学エピソード』 段躍中編

2018年03月28日

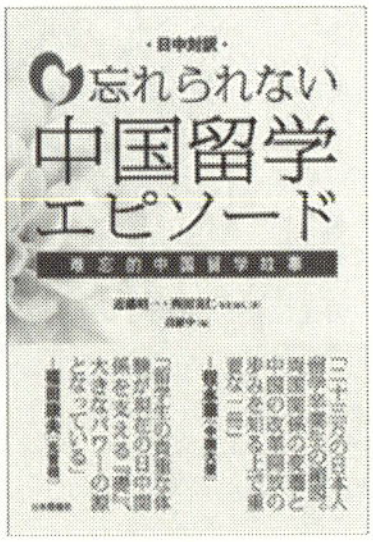

中国で日本語を学ぶ学生たちの作文コンクールを長く催してきた出版社が、今度は日本人の中国留学経験者を対象に、留学エピソードをつづる作文を募集した。本書は入賞作を含む計48本を収録した。

還暦を過ぎてMBA（経営学修士）コースに入学した人、現在はネットラジオで活躍する人など、経歴も様々だが、体験している内容も幅広い。不幸な歴史を抱えているだけに、心温まる体験ばかりではない。だが、留学がそれぞれの人生に、大切な何かを刻んだことがよく分かる。行って暮らしてみることの意義や魅力が伝わってくる。

今回の取り組みで友好親善が深まるというのは、単純すぎる理解かもしれない。だが、継続していくことで育つものが、確実にあると感じられた。（日本僑報社、2600円）（佑）

しんぶん赤旗　2018年5月13日

忘れられない中国留学エピソード

段躍中編

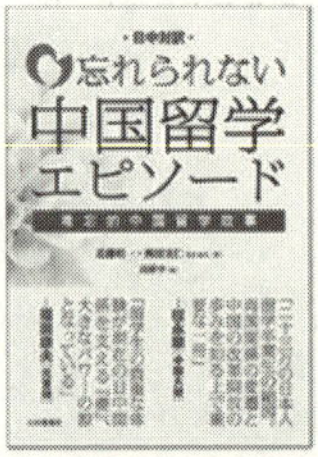

中国政府の発表によるとこれまでに中国を訪れた日本人留学生は約23万人。日中国交正常化45周年の2017年、これら留学経験者を対象に呼びかけられた第1回「忘れられない中国留学エピソード」コンクールの入選作品集です。抗日戦線にも従事した日本嫌いの先達の学者に思い切って質問し、快く受け入れられた経験（堀川英嗣氏）など45作品を収録します。中国語対訳つき。

（日本僑報社・2600円）

国際貿易　2018年1月30日

近着の 図書紹介

■『忘れられない中国留学エピソード』（段躍中編・日本僑報社・2600円＋税）

日本僑報社は17年、日中国交正常化45周年を記念して第1回「忘れられない中国留学エピソード」コンクール（当協会などが後援）を実施した。93本の応募があり、45本が入賞。応募者は20代から80代、留学時期は70年代から現代まで。入賞作と留学経験のある国会議員の近藤昭一、西田実仁氏による寄稿、親族から送られた故幾田宏氏（享年89歳）の日記の一部を収録。小林陽子氏（深圳大学留学）は日本にいた時に中国人から日本の習慣について質問攻めに遭い、答えに窮していた。しかし、留学してみると、日本人の習慣になかったことを不思議に思い、質問ばかりしている自分を発見した。日中対訳になっている。（亜娥歩）

人民中国 PEOPLE'S CHINA　2018年2月号

東京　世代を超えた留学交流

昨年12月8日、駐日本中国大使館は中国留学経験者の交流の場として、「2017年中国留学経験者の集い」を開催した。約250人の参加者の年齢層は幅広く、世代を越えて中国留学の思い出や帰国後の様子を和やかに語り合った。

当日は「『忘れられない中国留学エピソード』入選作品集発刊式」も同時開催され、28年前の北京大学留学での経験をつづって一等を受賞し、訪中旅行の機会を得た岩佐敬昭さんは、「訪中旅行では中国人の友人と28年ぶりに再会した。見た目は変わったが、優しい瞳がそのままだった。ウイーチャットアドレスも交換したので、これからはいつでも連絡ができる」と喜びを語り、これを機会に引き続き中日交流を大切にしていく決意を新たにしたと締めくくった。

中国関連書籍紹介

【日中対訳】忘れられない中国留学エピソード

－難忘的中国留学故事－

近藤昭一、西田実仁など48人〈共著〉・段躍中〈編〉

日本僑報社
2,600円（税別）

日中国交正常化45周年記念・第1回「忘れられない中国留学エピソード」受賞作品集。お隣の国・中国がこれまでに受け入れた日本人留学生は累計23万人！この「中国留学エピソード」は、日中相互理解の促進をめざし中国留学の経験者を対象として2017年にスタート（日本僑報社主催）。記念すべき第1回には短期募集にも関わらず北京大学、南京大学など留学先は52校、20～80代までの幅広い世代による93本もの作品が寄せられた。本書には入賞作を含め計48本を収録。心揺さぶる感動秘話や驚きの体験談などリアル中国留学模様を届ける。

日本と中国
Japan and China Friendship Newspaper

2018年2月1日

23万人の日本人留学卒業生の縮図 『忘れられない中国留学エピソード』が発売

タグ：留学 中国 作文 コンクール

発信時間: 2018-01-08 15:00:56 | チャイナネット | 編集者にメールを送る

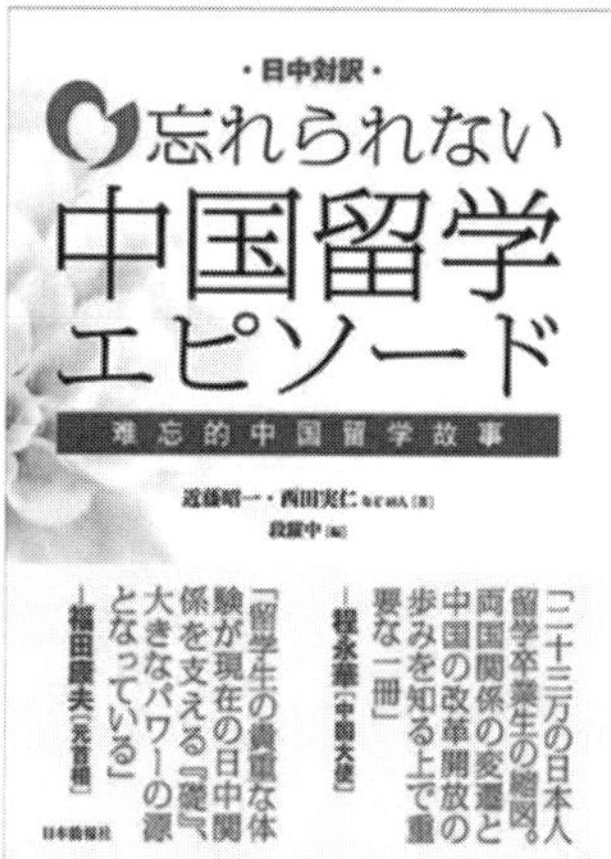

中国网

2018年1月8日

中日国交正常化45周年にあたる2017年、在日本中国大使館の支援のもとで、日本僑報社は日本の中国留学経験者を対象とした第1回『忘れらない中国留学エピソード』コンクールを開催した。45日間の募集期間に、政治家や外交官、ジャーナリスト、会社員、日本語教師、主婦、現役の留学生など各分野で活躍する人たちから93本の寄稿が集まった。入賞作を含め、その中から選ばれた48本の応募作品を日本僑報社は『忘れられない中国留学エピソード』という本に収録し、12月に出版した。

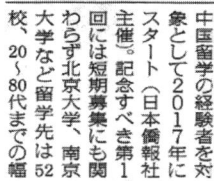

MAINICHI 毎日新聞

2018年
1月27日

憂楽帳

可愛い人

「あなたは顔が大きすぎるから、美容整形をして骨を削ったら?」。最近出版された「忘れられない中国留学エピソード」(日本僑報社)に、タレントを目指して北京電影学院に留学し、中国の同級生から整形手術を勧められた元留学生の体験談が載っている。

筆者で埼玉県在住の中国語講師、小林美佳さん(48)に聞くと、「結局、整形しなかったけれど、本当にショックで食事ものどを通らなかった」とふり返った。美容整形が珍しかった1990年代の話だ。

中国は今、市場規模で米国、ブラジルに次ぐ世界3位の「整形大国」になっている。旧知の女性が大きな整形手術をしていたことを知り、驚いたことも一度や二度ではない。その際、どう声をかけるか。実に悩ましい。

整形しようか悩んでいた小林さんを救ったのは「あなたは可愛い人」という別の同級生の一言だったという。

「美しい人が可愛いのではなく、可愛らしい人が美しいのです」。ロシアの文豪トルストイの言葉だ。もっと知られてほしい。【浦松丈二】

2018.1.27

日中友好新聞

本の紹介

『忘れられないい中国留学エピソード』近藤昭一・西田実仁など48人著 段躍中 編

日本僑報社は、日中国交正常化45周年の節目に当たる2017年を記念して、第1回「忘れられない中国留学エピソード」コンクールを開催しました。

本書は入賞作含め48本を収録。いずれも中国留学の楽しさ、つらさ、意義深さ、そして中国の知られざる魅力を日中対訳版で紹介。

発行に当たり、程永華中国大使は「23万の日本人留学生の縮図。両国関係の変遷と中国の改革開放の歩みを知るうえで重要な一冊」と評しています。

日本僑報社発行、定価2600円+税。問い合わせは同社☎03(5956)2808

2018年1月25日　　2017年8月5日

「忘れられない中国留学エピソード」

作文の受賞者決まる

日中国交正常化45周年記念・第1回「忘れられない中国留学エピソード」を主催する日本僑報社は7月3日、厳正な審査の結果、作文の各賞受賞者を決定しました。

主催者にとっては、中国留学に関する作品の初めての募集。また募集発表から応募締切まで約45日間と短期間だったにもかかわらず、応募総数延べ93本、留学先の大学・学校は延べ52校で中国のほぼ全土にわたることが、明らかになりました。応募者は男性45人、女性48人。年代別では20代から80代まで幅広い年齢層でした。

入選作は、国交正常化45周年に合わせて原則として45作品とし、さらに入選作から1等賞10本、2等賞15本、3等賞20本を選出しました。

1等賞は、東京都の五十木正さん(留学先=北京大学)らで、男性8人、女性2人。いずれもかけがえのない留学体験にもとづいた力作、秀作ぞろいで甲乙つけがたく、各審査員も大いに頭を悩ませました。

その中でも上位に選ばれた作品は、(1)「忘れられない中国留学エピソード」というタイトルにふさわしく、具体的かつ印象的なエピソードが記されたもの

(2)テーマ性、メッセージ性のはっきりしたもの

(3)独自の中国留学体験から、読者に勇気や希望、感動を与えてくれたもの――などの点が高く評価されました。

主催者は、入選作45本など計48本を1冊の作品集としてまとめ、日中2カ国語版として年内に刊行する予定です。

中日新聞
2018年
7月26日

中国留学作文コンクール
県出身2人が1等賞

山本勝巳さん

市川真也さん

日中関係の出版社・日本僑報社（東京）の作文コンクール「忘れられない中国留学エピソード」で、星城大事務職員、山本勝巳さん(三三)＝東海市富貴ノ台二＝と、安城市出身の早稲田大四年、市川真也さん(二二)＝東京在住＝が一等賞の十人の中に選ばれた。二人とも中国での体験を通じ、市民レベルでの交流や相手の立場で考えることの大切さを訴えた。

コンクールは、日中国交正常化四十五周年を記念して行われた。二十代から八十代までの中国留学経験者や現役留学生九十三人から応募があり、今月上旬に受賞者が決まった。

山本さんは二〇〇七年三月から約一年間、北京の演劇大学・中央戯劇学院で中国語や演技を学んだ。作文では、中国のドラマに日本兵役で出演した経験に触れた。ロケ地で子どもたちから「バカヤロ」と怒鳴られたが、自分から中国語で話し掛けると次第にうち解け、日本のアニメのことで質問攻めにあった体験をつづった。

市川さんは一五年二月から半年余り、北京大に留学。寮で同室だった中国人と一緒に「抗日ドラマ」を見たのをきっかけに、日中戦争について知ろうと、旅順やハルビン、南京などを訪問。生存者の悲痛な声も聞き、「彼らの戦争体験、私が見てきたもの、すべてを伝えていかなければならないと心から感じた」と書いた。

受賞の知らせに、山本さんは「自分の考えに共感してもらえたのでうれしい」と述べた。市川さんは「一等賞になるとは思わなかった。多くの人に中国の現場を訪れてほしいと思う」と話した。

一等賞の受賞者十人は十一月に一週間の中国旅行に招待される。

（重村敦）

讀賣新聞　2017年5月27日

よみうり抄

◆「忘れられない中国留学エピソード」募集　中国留学の経験者や現役の留学生を対象に、思い出や日中関係への提言などを原稿用紙5枚（2000字）程度で募集。1等賞10人は1週間の中国旅行に招待。入賞者の作品は刊行予定も。31日まで。問い合わせは主催の日本僑報社（☎03・5956・2808）。

週刊読書人 2017年5月26日

第1回 忘れられない中国留学エピソード

募集（締切：5月31日）

主催：日本僑報社

■内容
忘れられない中国留学エピソード
※中国留学の思い出、帰国後の中国とのかかわり、近況報告、中国の魅力、今後の日中関係への提言など。テーマ性を明確に。

■対象
中国留学経験者※原則として日本人。現役留学生可。

■入賞数
45名（作品）

■文字数
400字詰め原稿用紙5枚（2000字）＋文末に略歴200字以内（ワード形式で）※規定文字数のほか、郵便番号、住所、氏名、年齢、性別、職業、連絡先（E-mail、電話番号、微信ID）を記入のうえ送付。

■写真
留学時の思い出の写真、筆者の近影計2枚（JPG形式で、サイズは長辺600ピクセル以内）

■送付方法
原稿と写真を、E-mailで送付。

【あて先】
E-mail:45@duan.jp
※送信メールの「件名（タイトル）」は「忘れられない中国留学エピソード応募（お名前）」として、応募者の名前も明記。

■応募期間
2017年5月8日～5月31日

■入選発表
6月30日（予定）

■問い合わせ
「忘れられない中国留学エピソード係」☎03・5956・2808

聖教新聞 2017年5月13日

SEIKYO SHIMBUN

第1回 忘れられない中国留学エピソード

募集

31日締め切り　日本僑報社

日本僑報社が、日中国交正常化45周年を記念し、第1回「忘れられない中国留学エピソード」の作品を募集している。

中国への日本人留学生は、受け入れが始まった1962年から2015年までに累計22万人を超えた。そうした多くの留学経験者（現役留学生含む）が対象で、留学時代の思い出や中国の魅力、帰国後の中国との関わり、日中関係への前向きな提言など、各人のエピソードを、テーマ性を明確にしてまとめる。

入選作45作品は作品集として8月に同社から刊行される。また、入選作の中から1等賞（10作品、中国大使館主催の「一週間中国旅行」に招待）、2等賞（15作品、2万円相当の同社書籍贈呈）、3等賞（20作品、1万円相当の同社書籍贈呈）が選ばれる。

詳細は公式ホームページ（http://duan.jp/cn/2017.htm）を参照。

文字数＝400字詰め原稿用紙5枚と掲載用略歴200字以内（どちらもワード形式）。規定文字数のほか、住所・氏名・年齢・職業・連絡先を記載。

写真＝2枚（留学時のもの、筆者の近影）を添付。

応募先＝日本僑報社内「忘れられない中国留学エピソード」係まで、メール（45@duan.jp）で作品と写真を送信する。

募集期間＝5月31日（水）まで。入選発表は6月30日（金）。

問い合わせ先＝日本僑報社、忘れられない中国留学エピソード係、電話03（5956）2808。

中日新聞 2017年5月12日

★中国留学エピソード募集

今年秋が日中国交正常化四十五周年の節目になるのを記念し、東京都豊島区西池袋の出版社・日本僑報社が「忘れられない中国留学エピソード」の原稿を募集している。

入選四十五作品を今年八月に同社が作品集として刊行するほか、後援の在日中国大使館が入選のうち一等賞の十人を八月に一週間の中国旅行に招待する。

同社は「経験者以外にあまり知られていない中国留学の楽しさ、つらさ、意義深さ、中国の知られざる魅力を書いてください」と積極的な応募を呼びかけている。

中国は国交正常化前の一九六二年から日本人留学生を受け入れ、二〇一五年までに累計で二十二万人を超えるという。作品募集の対象は日本人の中国留学経験者で、現役留学生も可。

四百字詰め原稿用紙五枚の本文と二百字以内の略歴、留学時の思い出の写真と筆者近影の二枚をEメールで送る。宛先は45@duan.jp。締め切りは今月三十一日。入選発表は六月三十日。問い合わせは日本僑報社＝電03（5956）2808＝へ。

日中国交正常化45周年記念

第1回「忘れられない中国留学エピソード」大募集

日本僑報社は、日中国交正常化45周年の年である今年、中国留学の経験者を対象とした第1回「忘れられない中国留学エピソード」原稿を募集します。

中国は1962年から日本人留学生を受け入れ、2015年までにその数は累計22万人を超えています（うち中国政府奨学金を受けた留学生は、計7000人余り）。

また2015年時点で、中国国内で学ぶ日本人留学生は1万4085人を数え、これは世界202カ国・地域にわたる計39万8000人の日本人留学生のうち、国別・地域で第7位にランクされています。

留学時代のとっておきのエピソード――中国との出合い、恩師とクラスメートなどとの思い出をはじめ、現在の中国とのかかわり、知る人ぞ知る中国の魅力、そしてこれからの日中関係にプラスになるような提言といった、国交正常化45周年にふさわしい幅広い内容のオリジナリティーあふれる作品が期待されています。

同社では、原則として45作品を入選作として選び、それらを1冊の作品集として刊行する予定。さらに入選作から、1等賞10本、2等賞15本、3等賞20本を選出。副賞として1等賞の受賞者10人は、中国大使館主催の「一週間中国旅行」に招待。2等賞と3等賞の受賞者には、それぞれ2万円相当と1万円相当の日本僑報社の書籍が贈呈されます。

募集内容は以下の通り。

■内容＝忘れられない中国留学エピソード
※中国留学の思い出、帰国後の中国とのかかわり、近況報告、中国の魅力、今後の日中関係への提言など。中国留学の忘れられない思い出に触れつつもテーマ性を明確にしてください。
■主催＝日本僑報社（http://jp.duan.jp）
■対象＝中国留学経験者
※原則として日本人、現役留学生可。
■入賞数＝45人
■文字数＝400字詰め原稿用紙5枚（2000字）＋掲載用略歴200字以内
※日本語、縦書きを想定のこと。表記は『記者ハンドブック』『用語の手引』等を参考にしてください。文字数のほか、住所、氏名、年齢、職業、連絡先（E-mail、電話番号、微信ID）を記入。
■写真＝留学時の思い出の写真、筆者の近影 計2枚
■応募期間＝5月8日～5月31日
■入選発表＝6月30日
○あて先＝〒171−0021 東京都豊島区西池袋3−17−15 日本僑報社内「忘れられない中国留学エピソード」係 担当、段、張本 E-mail：45@duan.jp（※作品はE-mailでお送りください）
○問い合わせ＝☎03（5956）2808 Fax03（5956）2809
※応募作品は、返却しません。
※個人情報は、本プロジェクトについてのみ使用します。

日中友好新聞 2017年5月5日

東京新聞

2017年5月2日

日中国交正常化45周年を記念

中国留学 体験談を教えて

都内の出版社 作品募集へ

今年、日中国交正常化四十五周年となるのを記念し、中国留学の経験者を対象とした「忘れられない中国留学エピソード」を東京・西池袋にある出版社、日本僑報社が募集する。在日中国大使館などが後援しており、入選四十五作品を書籍として刊行するほか、一等賞十人には一週間の中国旅行が贈られる。

旅行は中国政府が主催するもので、国内の有名な史跡や都市を回り、歴史、文化を学ぶ内容。

中国は一九六二年から日本人留学生の受け入れを始めた。二〇一五年までに累計約二十二万人（うち中国政府奨学金を受けた留学生は、計七千人）を超えた。

また、中国国内で学ぶ日本人留学生数は約一万三千六百人（一六年現在、中国政府まとめ）となり、韓国、米国などに次ぎ九番目だが、若者の留学離れの影響などから日本の順位は年々下がっている。

テーマは、留学時代のエピソードや、恩師とクラスメートなどとの思い出、自分が出会った中国の魅力、日中関係への提言など自由。日本僑報社の段躍中社長は、「中国留学の楽しさを伝える作品を期待します」と話している。

四百字詰め原稿用紙五枚分で、年齢制限はなく、現在留学中でも可。応募方法など詳細は、日本僑報社＝http://jp.duan.jp＝へ。

応募期間は五月八～三十一日まで。入選発表は六月三十日。 （五味洋治）

中国の名門・復旦大学で行われた日本人留学生と中国人学生の交流会＝4月、上海で（坂井華海さん提供）

日本僑報社、「忘れられない中国留学エピソード」を募集

日中国交正常化45周年を記念し、第1回「忘れられない中国留学エピソード」を開催する。中国留学経験のある日本人を対象に、5月8日、作品の募集を開始した。
応募作品のなかから入選45作を選出し、1等賞10点、2等賞15点、3等賞20点を決める。1等賞受賞者は、中国大使館主催の「一週間中国旅行」に招待される。また、入選作は1冊にまとめて単行本化し、8月に日本僑報社から刊行される予定。
応募締切は5月31日。入選発表は6月30日。

新文化

2017年5月9日

西日本新聞 2017年5月1日

中国留学思い出文募集
国交正常化45周年で

日本僑報社（東京）は、中国留学経験者を対象に「第1回忘れられない中国留学エピソード」の作品を募集している。今年が日中国交正常化45周年に当たることから企画した。入選作45作品は、同社が8月に書籍として刊行する予定。

中国留学の思い出や帰国後の中国との関わりなどをテーマに、日本語で400字詰め原稿用紙5枚（2千字）にまとめる。書籍掲載用の略歴（200字）、留学時の思い出の写真と筆者近影を添えて、メールで申し込む。募集は5月8～31日。入選者には在日中国大使館が主催する1週間の中国旅行などが贈られる。

メールアドレス＝45@duan.jp。問い合わせは同社＝03（5956）2808。

ニューストップ ＞ 海外ニュース ＞ 中国 ＞ 記事

@niftyニュース

あなたの「忘れられない中国留学エピソード」は？―日中国交正常化45周年を記念した作文コンクール始まる

いいね！0　シェア　ツイート

2017年4月23日

出版社・日本僑報社はこのほど、日中国交正常化45周年の節目の年である今年、中国に留学した経験を持つ日本人を対象としたコンクール第1回「忘れられない中国留学エピソード」の原稿の募集を開始すると発表した。

出版社・日本僑報社はこのほど、中国に留学した経験を持つ日本人を対象としたコンクール第1回「忘れられない中国留学エピソード」の原稿の募集を開始すると発表した。写真は留学経験者パーティー。（撮影・提供/段躍中）

中国は1962年から日本人留学生を受け入れ、2015年までにその数は累計22万人を超えている。2015年時点で、中国国内で学ぶ日本人留学生は1万4085人を数え、世界202カ国・地域で学ぶ計39万8000人の日本人留学生のうち、国・地域別で第7位にランクされている。

中国留学を経験した日本人は多数に上り、そこには1人ひとりにとってかけがえのない、数多くの思い出が刻まれてきた。駐日中国大使館がこれまでに中国に留学した「日本人卒業生」を対象にした交流会を開催したところ、卒業生たちがそれぞれに留学の思い出話に花を咲かせ、大いに盛り上がったという。

日中文化交流　2017.5.1

日本僑報社がエピソード募集
「忘れられない中国留学」

日本僑報社（段躍中代表）が第1回「忘れられない中国留学エピソード」を5月8日から募集する。中国留学経験者を対象に、帰国後の中国との関わり、日中関係への提言など幅広い内容を受け付ける。入選した45作品は8月に単行本として刊行される予定。一等の10名は、中国大使館主催による一週間の中国旅行へ招待される。締切りは5月31日。入選発表は6月30日。字数、応募方法などお問合せは日本僑報社（電話03・5956・2808）まで。日中文化交流協会などが後援。

(1)第398号　日中月報　2017（平・29）年5月1日

一般社団法人　日中協会　編集

日中月報

題字　茅　誠司

発行日　平成29年5月1日
発行所　一般社団法人　日中協会
毎月1回1日発行（4月・10月休刊）
〒112-0004　東京都文京区後楽
1-5-3　日中友好会館本館3F
TEL (03) 3812－1683
FAX (03) 3812－1694
ホームページ　http://jca.or.jp/

日中国交正常化45周年記念

第1回「中国留学の思い出」エピソードを大募集

入選作品集を刊行、1等賞10名は「一週間中国旅行」に招待

主催／日本僑報社　後援／日中協会、駐日中国大使館　他

日本僑報社は、日中国交正常化45周年の節目の年である今年、中国留学の経験者を対象とした第1回「中国留学の思い出」エピソード原稿を大募集します！

公明新聞
2017年4月21日

◆第1回「忘れられない中国留学エピソード」募集

中国は1962年から日本人留学生を受け入れ、2015年までにその数は累計22万人を超え、数多くの思い出が刻まれた。そこで「忘れられない中国留学エピソード」を募集する。文字数は2000字で。応募期間は5月8～31日。入選発表は6月30日。作品は日本僑報社内「忘れられない中国留学エピソード」係あてにEメール＝45@duan.jpへ送信を。詳しい問い合せは☎03・5956・2808へ。

日本と中国　2017年5月1日

忘れられない中国留学エピソード作品募集中！

1等賞10人に「一週間中国旅行」招待

日本僑報社はこのほど、中国留学の経験者を対象とした第1回「忘れられない中国留学エピソード」作品を5月8日から31日まで募集する。（公社）日中友好協会などの後援。

中国は1962年から日本人留学生を受け入れ、2015年までに累計22万人を超える（うち中国政府奨学金を受けた留学生は7000人余り）。そこで、中国留学経験者なら必ずあるだろう「忘れられない中国留学エピソード」を募集する。応募作品の中から国交正常化45周年にちなみ45作品（1等10人、2等15人、3等20人）を選び、副賞として1等10人を、中国大使館主催の「一週間中国旅行」に招待する。

中国留学の楽しさ、つらさ、中国の魅力などを伝えるユニークな作品を幅広く集め、入賞作品は作品集としてまとめ刊行する予定。

第1回「忘れられない中国留学エピソード」募集内容

■内容：忘れられない中国留学エピソード　※思い出、帰国後の中国とのかかわり、近況報告、中国の魅力、日中関係への提言など（テーマ性を明確に！）。
■対象：中国留学経験者　※原則として日本人、現役留学生可。
■文字数：400字詰め原稿用紙5枚（2000字）＋掲載用略歴200字以内　※日本語、縦書きを想定のこと。表記は『記者ハンドブック』等をご参考ください。規定文字数のほか、住所、氏名、年齢、職業、連絡先（E-mail、電話番号、微信ID）をご記入ください。
■写真：留学時の思い出の写真、筆者の近影　計2枚
■入賞数：45名（作品）　**■特典**：応募作品は単行本として8月に日本僑報社から刊行予定。※入選作品から、1等賞10本、2等賞15本、3等賞20本を選出。1等賞の受賞者は中国大使館主催の「一週間中国旅行」（8月実施予定）に招待。2等賞と3等賞の受賞者にはそれぞれ2万円相当と1万円相当の日本僑報社の書籍を贈呈。
■応募期間：2017年5月8日～5月31日　**■発表**：6月30日
○作品応募先　E-mail：45@duan.jp　※作品はE-mailでお送りください。
○問合せ：Tel 03-5956-2808　Fax03-5956-2809　担当：段、張本
※応募作品は、返却しません。※個人情報は、本件のみに使用します。
応募の詳細は、日本僑報社HP（http://duan.jp/cn/2017.htm）に掲載

人民日报

2018年1月5日

日报 周报 杂志

人民网 people.cn

人民日报海外版 2018年01月05日 星期五

返回目录

往期回顾 分类检索

《难忘的中国留学故事》在日出版

《人民日报海外版》（2018年01月05日 第07版）

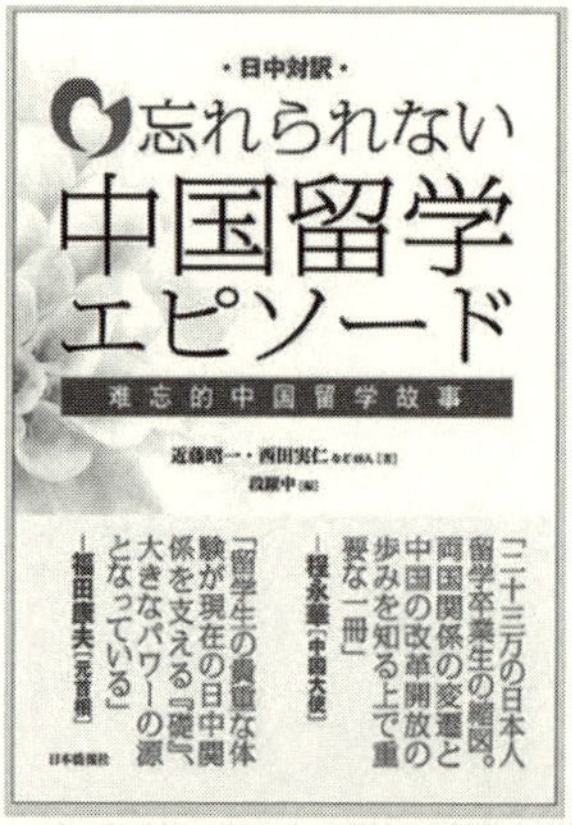

2017年12月中旬，刊登了45篇获奖文章的《难忘的中国留学故事》在日本各大书店上架。

为纪念中日邦交正常化45周年，在中国驻日使馆支持下，日本侨报社今年4月举办首届“难忘的中国留学故事”征文活动。45天里收到93篇文章，作者既有退休老人，也有还在中国学习的年轻学子，有外交官、大学教授还有企业高管，文章记录了因留学与中国的相遇结缘、结识的朋友与感受到的中国魅力，有的还对中日关系发展提出了积极建议。中国驻日本大使程永华与日本前首相福田康夫为该书作序。日本侨报社总编辑段跃中说，希望通过日本留华毕业生的文字，让更多日本人感受到中国的魅力。

（刘军国）

光明日报

2018年4月3日

报纸 杂志 光明日报 2018年04月03日 星期二

往期回顾 数字报检索 返回目录 ＜上一期 下一期＞

感知中国 “用真心碰撞真心”

作者：本报记者 张冠楠　《光明日报》（ 2018年04月03日 12版）

自1979年，中日两国政府就互派留学生达成协议后，两国留学生交流不断得到发展。据统计，截至目前，日本累计赴华留学人数超过24万人，其中享受中国政府奖学金的日本留学生超过7000名。2016年，在华日本留学生人数为13595人，在205个国家44.3万留学生中位列第九位。

从2015年开始，中国驻日本大使馆每年年底都会举办日本留华毕业生交流会，受到日本各界好评。在去年的交流会上，日本文部科学省、外务省、人事院、日本学生支援机构、日本中国友好协会等机构、团体的有关负责人、各界留华毕业生代表等约300人出席交流会。中国驻日本大使馆公使刘少宾代表程永华大使在致辞中表示，希望留华毕业生充分发挥自己的优势，积极推动中日两国在各领域的交流合作，为增进两国人民的相互理解和长期友好作出更大贡献。期待更多日本青年到中国留学，加入到中日友好的行列。

留学中国故事多

国之交在于民相亲。中日两国作为一衣带水的邻邦，2000多年来人文交流对两国文化和社会发展一直发挥着重要的作用。2017年，为纪念中日邦交正常化45周年，在中国驻日本大使馆的支持下，日本侨报社在2017年4月举办首届“难忘的中国留学故事”征文活动。45天里收到93篇文章，其中获奖的文章均被收录至《难忘的中国留学故事》一书中，其中的作者有已经退休的老人，也有尚在中国学习的年轻学子；有经济界人士，也有知名的国会议员。讲述了在中国的留学经历，分享了在中国留学的体验。

中国驻日本大使程永华在《难忘的中国留学故事》序言中表示，因作者的留学年代跨越了近半个世纪，留学大学遍及中国多省，由一个个小故事汇集而成的文集相映成趣，构成了23万日本留华毕业生的缩影，既反映出中日两国关系的时代变迁，也从一个个侧面反映出中国改革开放以来的发展历程。日本前首相福田康夫为该书所作的序言表示，“通过阅读作品，充分了解到日本留学生在中国各地经历了各种体验，与中国老百姓深入开展真挚交流，这些成为支撑日中关系的重要基石和强劲力量源泉。”

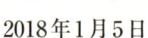

新华网 www.news.cn www.xinhuanet.com

2017年12月11日

中国驻日使馆举办2017年度日本留华毕业生交流会

中国驻日本大使馆公使刘少宾在交流会上致辞。新华网记者 姜俏梅摄

新华网东京12月11日电(记者 姜俏梅)2017年度日本留华毕业生交流会8日在中国驻日本大使馆举行。日本文部科学省、外务省、日本学生支援机构、日本中国友好协会等机构及各界留华毕业生代表200多人出席交流会。

2017年4月17日

“难忘的中国留学故事”征文活动在日本启动

新华社东京4月17日电（记者杨汀）为纪念中日邦交正常化４５周年，首届“难忘的中国留学故事”征文活动１７日在东京启动。

“难忘的中国留学故事”征文活动由日本侨报出版社主办，获得中国驻日本大使馆、日中协会等支持，邀请有在中国留学经历的日本各界人士，以２０００字的篇幅讲述在中国留学期间的难忘故事，介绍所认识和理解的中国及中国人等，在中日邦交正常化４５周年的大背景下弘扬中日友好。

日本侨报出版社社长段跃中表示，希望通过留学生的作品，让更多人了解到在中国留学的意义，让更多人感受到中国的魅力。

活动将在5月8日至３１日期间受理投稿，遴选４５篇获奖作品结集出版，并从中选出一等奖１０名、二等奖１５名、三等奖２０名。评选结果将于6月３０日公布。

按照活动规则，一等奖得主将获得中国大使馆赞助赴中国旅行一周的奖励。二等奖及三等奖得主将获得日本侨报出版社出版的书籍。

据中国驻日本大使馆教育处的数据，中国从１９６２年开始接受日本留学生，５５年来日本累计赴华留学人数超过２２万，其中享受中国政府奖学金的日本留学生超过７０００名。截至２０１５年１２月，在华日本留学生人数为１４０８５人。中国驻日本大使馆从２０１５年年底开始每年举行一次日本留华毕业生交流会，受到日本各界好评。

人民网 people.cn

2017年12月10日

“到中国留学是人生的宝贵财富”

本报驻日本记者 刘军国

2017年12月09日

《难忘的中国留学故事》在东京首发

视频介绍

当地时间12月8日晚，2017年度日本留华毕业生交流会暨《难忘的中国留学故事》首发式在中国驻日本大使馆举办。来自日本文部科学省、外务省、日本中国友好协会等机构、团体的有关负责人、各界留华毕业生代表等约300人出席交流会。（人民日报记者 刘军国）

2017年4月17日

“难忘的中国留学故事”征文活动在日本启动

原标题：“难忘的中国留学故事”征文活动在日本启动

为纪念中日邦交正常化４５周年，首届“难忘的中国留学故事”征文活动１７日在东京启动。

“难忘的中国留学故事”征文活动由日本侨报出版社主办，获得中国驻日本大使馆、日中协会等支持，邀请有在中国留学经历的日本各界人士，以２０００字的篇幅讲述在中国留学期间的难忘故事，介绍所认识和理解的中国及中国人等，在中日邦交正常化４５周年的大背景下弘扬中日友好。

日本侨报出版社社长段跃中表示，希望通过留学生的作品，让更多人了解到在中国留学的意义，让更多人感受到中国的魅力。

活动将在5月8日至３１日期间受理投稿，遴选４５篇获奖作品结集出版，并从中选出一等奖１０名、二等奖１５名、三等奖２０名。评选结果将于6月３０日公布。

东京汉语角第600次交流会 宣读孔铉佑大使贺词

7月14日下午，日本侨报社创办的星期日汉语角在东京西池袋公园举行了第600次交流会。会上，中国驻日本大使馆三秘邹健代读了孔铉佑大使的贺词，原日本驻华大使宫本雄二等中日两国上百人参加了当天的活动。NHK、共同社、每日新闻、朝日新闻、读卖新闻、TBS、人民日報、新华社、CCTV等数十家中日媒体采訪报道了当天的活動。

孔铉佑大使的贺词全文如下：

欣闻日本侨报社创办汉语角以来，12年风雨无阻举行了600次交流会，累计近三万人次参加，对此表示衷心祝贺，并向参加今天交流活动的朋友们致以亲切问候。

今年是中日关系改善发展的关键年份，习近平主席在G20大阪峰会前夕同安倍首相举行会晤，双方就推动两国关系进一步改善发展达成十点共识，并确认要拉紧人文纽带，加强两国青少年交流，促进两国民众相知相亲。在两国领导人重要共识指引下，中日人文交流面临新的重要机遇。希望参加汉语角的朋友们再接再厉，用好这一民间交流平台，弘扬友好传统，增进两国民众相互理解和友好感情，为发展中日友好事业再立新功。

中华人民共和国驻日本国特命全权大使

孔铉佑

「漢語角」600回記念写真（2019年7月14日）

編者略歴

段 躍中（だん やくちゅう）

日本僑報社代表、日中交流研究所所長。1958年中国湖南省生まれ。有力紙「中国青年報」記者・編集者などを経て、1991年に来日。2000年新潟大学大学院で博士号を取得。

1996年日本僑報社を創立。以来、書籍出版をはじめ、日中交流に尽力している。2005年から作文コンクールを主催。2007年に「星期日漢語角」（日曜中国語サロン、2019年7月に600回達成）、2008年に出版翻訳のプロを養成する「日中翻訳学院」を創設。

2008年小島康誉国際貢献賞、倉石賞を受賞。2009年日本外務大臣表彰受賞。北京大学客員研究員、湖南大学客員教授、立教大学特任研究員、日本経済大学特任教授などを兼任。主な著書に『現代中国人の日本留学』『日本の中国語メディア研究』など多数。

詳細：http://my.duan.jp/

The Duan Press

中国で叶えた幸せ

第2回「忘れられない中国滞在エピソード」受賞作品集

2019年11月22日　初版第1刷発行

著　者　鈴木憲和・乗上美沙など77人

編　者　段 躍中（だん やくちゅう）

発行者　段 景子

発売所　日本僑報社

〒171-0021 東京都豊島区西池袋3-17-15

TEL03-5956-2808　FAX03-5956-2809

info@duan.jp

http://jp.duan.jp

中国研究書店 http://duan.jp

装　丁　小熊未央

Printed in Japan.

ISBN 978-4-86185-286-2

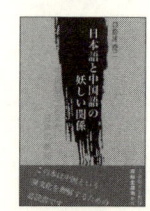

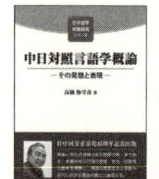

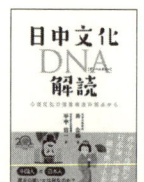

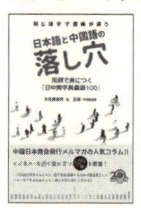

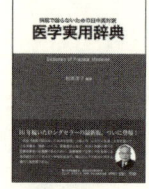

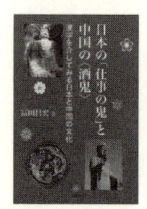

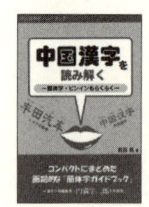

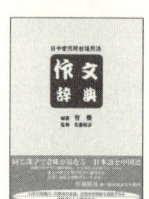

日本僑報社好評既刊書籍

ご注文はhttp://duan.jp/

日中中日翻訳必携

武吉次朗 著

古川 裕（中国語教育学会会長・大阪大学教授）推薦のロングセラー。
著者の四十年にわたる通訳・翻訳歴と講座主宰及び大学での教授の経験をまとめた労作。

四六判177頁 並製 定価1800円＋税
2007年刊 ISBN 978-4-86185-055-4

日中中日翻訳必携 実戦編

よりよい訳文のテクニック

武吉次朗 著

好評の日中翻訳学院「武吉塾」の授業内容が一冊に！
実戦的な翻訳のエッセンスを課題と訳例・講評で学ぶ。
『日中中日翻訳必携』姉妹編。

四六判177頁 並製 定価1800円＋税
2007年刊 ISBN 978-4-86185-160-5

日中中日翻訳必携 実戦編Ⅱ

脱・翻訳調を目指す訳文のコツ

武吉次朗 著

日中翻訳学院「武吉塾」の授業内容を凝縮した『実戦編』第二弾！
脱・翻訳調を目指す訳文のコツ、ワンランク上の訳文に仕上げるコツを全36回の課題と訳例・講評で学ぶ。

四六判192頁 並製 定価1800円＋税
2016年刊 ISBN 978-4-86185-211-4

日中中日翻訳必携 実戦編Ⅲ

美しい中国語の手紙の書き方・訳し方

千葉明 著

日中翻訳学院の武吉次朗先生が推薦する『実戦編』第三弾！
「尺牘」と呼ばれる中国語手紙の構造を分析して日本人向けに再構成し、テーマ別に役に立つフレーズを厳選。

A5判202頁 並製 定価1900円＋税
2017年刊 ISBN 978-4-86185-249-7

日中中日翻訳必携 実戦編Ⅳ

こなれた訳文に仕上げるコツ

好評シリーズ最新刊!!

武吉次朗 編著

「実践編」第四段！「解説編」「例文編」「体験談」の各項目に分かれて、編著者の豊かな知識と経験に裏打ちされた講評に加え、図書翻訳者としてデビューした受講者たちの率直な感想を伝える。

四六判176頁 並製 定価1800円＋税
2018年刊 ISBN 978-4-86185-259-6

『日本』って、どんな国？

―初の【日本語作文コンクール】世界大会―
101人の「入賞作文」

大森和夫・弘子 編著
(国際交流研究所)

初の日本語作文コンクール世界大会入選集。54カ国・地域の約5千編から優秀作101編を一挙掲載！
世界の日本語学習者による「日本再発見！」の作品集。

四六判240頁 並製 定価1900円＋税
2017年刊 ISBN 978-4-86185-248-0

中国人ブロガー22人の「ありのまま」体験記

来た！見た！感じた!! ナゾの国 おどろきの国

でも気になる国日本

中国人気ブロガー招へいプロジェクトチーム 編著
周藤由紀子 訳

誤解も偏見も一見にしかず！SNS大国・中国から来日したブロガーがネットユーザーに発信した「100％体験済み」の日本論。

A5判208頁 並製 定価2400円＋税
2017年刊 ISBN 978-4-86185-189-6

新中国に貢献した日本人たち

続編も好評です

中日関係史学会 編
武吉次朗 訳

元副総理・故後藤田正晴氏推薦!!
埋もれていた史実が初めて発掘された。登場人物たちの高い志と壮絶な生き様は、今の時代に生きる私たちへの叱咤激励でもある。
－後藤田正晴氏推薦文より

A5判454頁 並製 定価2800円＋税
2003年刊 ISBN 978-4-93149-057-4

日本僑報社　書籍のご案内

中国の人口変動　人口経済学の視点から　李仲生

日本華僑華人社会の変遷（第二版）　朱慧玲

近代中国における物理学者集団の形成　楊艦

日本流通企業の戦略的革新　陳海権

近代の闇を拓いた日中文学　康鴻音

早期毛沢東の教育思想と実践　鄭萍

現代中国の人口移動とジェンダー　陸小媛

中国の財政調整制度の新展開　徐一睿

現代中国農村の高齢者と福祉　劉燦

中国における医療保障制度の改革と再構築　羅小娟

中国農村における包括的医療保障体系の構築　王崢

日本における新聞連載　子ども漫画の戦前史　徐園

中国都市部における中年期男女の夫婦関係に関する質的研究　于建明

中国東南地域の民俗誌的研究　何彬

東アジアの繊維・アパレル産業研究　康上賢淑

中国工業化の歴史　―化学の視点から―　峰毅

中国はなぜ「海洋大国」を目指すのか　胡波

屠呦呦　中国初の女性ノーベル賞受賞科学者　『屠呦呦伝』編集委員会

中国政治経済史論　毛沢東時代　胡鞍鋼

中国政治経済史論　鄧小平時代　胡鞍鋼

新しい経済戦略を知るキーポイント中国の新常態　李揚　張暁晶

「一帯一路」沿線64カ国の若者の生の声　厳冰　陳振凱

若者が考える「日中の未来」シリーズ
宮本賞 学生懸賞論文集

監修　宮本雄二

①日中間の多面的な相互理解を求めて

②日中経済交流の次世代構想

③日中外交関係の改善における環境協力の役割

④日中経済とシェアリングエコノミー

⑤中国における日本文化の流行

「ことづくりの国」日本へ　関口知宏

新疆世界文化遺産図鑑〈永久保存版〉　小島康誉　王衛東

忘れえぬ人たち—「残留婦人」との出会いから—　神田さち子

わが七爸（おじ）周恩来　周爾鎏

日本人論説委員が見つめ続けた激動中国　加藤直人

日中友好会館の歩み　村上立躬

二階俊博　—全身政治家—　石川好

日本人の中国語作文コンクール受賞作品集

①我們永遠是朋友（日中対訳）　段躍中編

②女児陪我去留学（日中対訳）　段躍中編

③寄語奥運　寄語中国（日中対訳）　段躍中編

④我所知道的中国人（日中対訳）　段躍中編

⑤中国人旅行者のみなさまへ（日中対訳）　段躍中編

⑥Made in Chinaと日本人の生活（日中対訳）　段躍中編

中国人の日本語作文コンクール受賞作品集

①日中友好への提言2005　段躍中編

②壁を取り除きたい　段躍中編

③国という枠を越えて　段躍中編

④私の知っている日本人　段躍中編

⑤中国への日本人の貢献　段躍中編

⑥メイドインジャパンと中国人の生活　段躍中編

⑦甦る日本！今こそ示す日本の底力　段躍中編

⑧中国人がいつも大声で喋るのはなんでなのか？　段躍中編

⑨中国人の心を動かした「日本力」　段躍中編

⑩「御宅（オタク）」と呼ばれても　段躍中編

⑪なんでそうなるの？　段躍中編

⑫訪日中国人「爆買い」以外にできること　段躍中編

⑬日本人に伝えたい中国の新しい魅力　段躍中編

⑭中国の若者が見つけた日本の新しい魅力　段躍中編

ISBN 978-4-86185-231-2

ISBN 978-4-86185-255-8

ISBN 978-4-86185-284-8

ISBN 978-4-86185-283-1